LES

MÉDAILLES RELIGIEUSES

DU PAS-DE-CALAIS

D. J

Pas d. Calais, 1

C (1)

————

Extrait des *Mémoires de l'Académie d'Arras.*

————

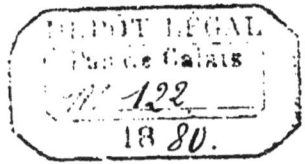
LES

MÉDAILLES RELIGIEUSES

DU

PAS-DE-CALAIS

par

L. DANCOISNE

NOTAIRE HONORAIRE,

Membre de l'Académie d'Arras,
de la Commission des Monuments historiques du Pas-de-Calais,
de la Société française de Numismatique et d'Archéologie, de la Société royale
de Numismatique de Belgique, Correspondant de la Société
nationale des Antiquaires de France, etc.

ARRAS

Imprimerie Rohard-Courtin, place du Wetz-d'Amain, n° 7.

1880

INTRODUCTION

La Numismatique française ne s'est jamais développée comme de nos jours ; que de découvertes et de progrès depuis un demi-siècle dans cette science si utile et si attrayante ! Seules, les médailles religieuses ont été négligées et délaissées jusqu'ici. Comment s'expliquer une pareille exclusion ? Certes, ces médailles, quelque modestes qu'elles soient, offrent souvent autant d'intérêt que beaucoup d'autres qu'on recherche avec ardeur ; il y aurait donc injustice à les tenir plus longtemps éloignées de la grande famille numismatique, où leur place est d'ailleurs marquée. C'est ce que nous entreprenons aujourd'hui pour le département du Pas-de-Calais, composé de l'Artois, du Boulonnais, du Calaisis, de l'Ardrésis, et formant le diocèse d'Arras.

Les médailles religieuses, appelées aussi médailles de dévotion ou de piété, sont ordinairement faciles à reconnaître : destinées à être portées au chapeau, au cou ou sur la poitrine, elles sont presque toutes garnies d'une bélière. Elles sont généralement petites, minces et ovales; les sujets qu'elles retracent sont empruntés à l'hagiographie ; les légendes et inscriptions précisent les dévotions locales auxquelles elles se rapportent. Nous n'aurons pas à comprendre dans notre travail les médailles historiques frappées pour conserver le souvenir d'événements ou de faits religieux. Nous en exclurons aussi les médailles des associations, confréries et communautés religieuses, qui doivent être considérées comme des marques distinctives, si elles ne sont pas des jetons de présence ou des méreaux.

Une étude sur les médailles religieuses d'une contrée étant un sujet presque nouveau, nous croyons utile de donner un certain développement à notre introduction. Nous commencerons par rechercher ce que les médailles pieuses, ou les objets qui en tenaient lieu, ont été à différentes époques. Mentionnons d'abord les amulettes payens ou philactères, que les anciens portaient sur eux et suspendaient ordinairement à leur cou, en leur attribuant la vertu surnaturelle de conjurer tous maléfices, de préserver de toute maladie, de guérir tout mal et d'éloigner tout danger. Ce sont des pratiques et croyances superstitieuses qui se retrouvent à toutes les époques et chez les divers peuples de l'antiquité, tous enclins au merveilleux.

Ces amulettes étaient principalement : chez les Egyptiens, des scarabées avec hiéroglyphes et caractères mystérieux ; chez les Grecs, de petites plaques métalliques avec formules magiques, des pierres rares chargées de sujets et d'inscriptions énigmatiques; chez les Romains, des bulles, des couronnes de perles, des colliers de coquillages ou de pierres précieuses, des monnaies trouées [1], de petites plaques gravées, des feuilles de métal, couvertes d'écriture cursive et roulées dans des bulles ou renfermées dans des étuis; chez les Gaulois, de petits silex taillés et polis, des pierres minces, arrondies et trouées, des perles, annelets et rouelles, enfin, des monnaies percées [2].

Les chrétiens des premiers siècles ne furent pas exempts des erreurs accréditées sur le pouvoir chimérique des amulettes payens. Eux aussi portèrent de ces prétendus préservatifs, pratiques idolâtres, contre lesquelles les Pères et les conciles s'élevèrent avec force [3] et qui furent réprimées sévèrement par des édits d'empereurs romains [4].

1. Voir ce que dit l'abbé Cochet sur ces monnaies, dans ses curieux et savants ouvrages: *La Normandie souterraine*, pages 263, 349 et 353, et *Le Tombeau de Childéric Ier*, pages 337 et 345.

2. J. J. Chifflet, *Anastasis Chilperici I*, p. 265. — Montfaucon, *L'Antiquité expliquée*, t. II, 2e partie, qui comprend trente-cinq planches d'abraxas. — Caylus, *Recueil d'Antiquités*, t. VI, p. 64 et suiv. pl. XIX à XXII. — Mongez, *Encyclopédie méthodique, Antiquités*, t. I, pages 14 et 160. — Cahier et Martin, *Mélanges d'Archéologie* (Notice de M. François Lenormant), t. III, p. 156. — L'abbé Martigny, *Dictionnaire des Antiquités chrétiennes*, p. 28. — Terninck, *Etudes sur l'Atrébatie*, p. 128. — L'abbé Cochet, *La Normandie souterraine*. — G. de Mortillet, *Amulettes gauloises et gallo-romaines*.

3. Saint Irénée, Saint Basile, Saint Jérôme, Saint Jean-Chrysostôme et Saint Augustin. — J.-B. Thiers, *Traité des Superstitions*, 1re partie, l. v. c. I. — Montfaucon, *l'Antiquité expliquée*, t. II, 2e part., p. 355.

4. Ammien-Marcellin, *Rerum gestarum*, l. XVI, XIX et XXIX.

Il était difficile de faire oublier aux chrétiens des habitudes si profondément enracinées [1] ; l'Église y parvint cependant. Dans sa sagesse, elle christianisa cet usage en le sanctifiant sous des formes nouvelles. Elle permit donc de porter dès amulettes sacrés, mais après avoir tracé avec soin des règles précises qui fissent disparaître la superstition païenne [2]. Ces nouveaux amulettes étaient des objets pieux, tels que : croix, médaillons, monnaies avec sujets saints, reliques, reliquaires ou custodes, poissons symboliques en différentes matières,

1. A la fin du IVᵉ siècle, la superstition entachait encore la foi chrétienne, comme vient le prouver une singulière tessère mystique du Cabinet des Médailles, publiée d'abord par Montfaucon *(L'Antiquité expliquée*, t. II, 2ᵉ·partie, p. 372 et pl. CLXVIII), puis, par M. Cavedoni, *(Revue numismatique*, 1857, page 310, pl. VIII, nº 1). On y voit, d'un côté, le buste à gauche d'Alexandre le Grand, coiffé de la dépouille du lion néméen. Légende : ALEXSADRI. L'autre côté représente une ânesse à droite, allaitant son ânon ; au-dessus, un scorpion. Légende : D. N. IHV XPS. DEI FILIVS. C'était probablement à des bizarreries de ce genre que saint Jean-Chrysostôme faisait allusion, quand il reprochait aux chrétiens d'Antioche de suspendre, par superstition, à leur tête ou à leurs pieds des monnaies de bronze du grand conquérant macédonien *(Ad illum catech. Homil.*, II, nº 5*)*. Selon M. Cavedoni, la tessère ci-devant décrite serait l'œuvre, soit de quelques mauvais chrétiens, soit celle des Gnostiques et des Basilidiens, qui se seraient servis de ce genre de médailles, pour répandre de fausses doctrines dans le peuple *(Revue numismatique*, 1857, page 314).

2. Saint Bazile, *Epist. ad Amphil.* — Saint Jean-Chrysostôme, *Ep. Thess. Hom. 3 ; Jud. Orat. de laude Dei ; Ep. col.* III, *Hom. 8.* — Saint Augustin, *Johan* CVII ; *Psalm* LXX, LXXXVIII, XXXXI — François Lenormant, notice citée. — L'abbé Martigny, *Dictionnaire des Antiquités chrétiennes*, p. 29. — Bergier, *Dictionnaire théologique.*

pierres gravées portant une ancre, petites plaques ou lames de métal avec prières, invocations et adjurations, qui furent souvent employées comme *encolpia*. Ceux qui nous restent ont été trouvés, en grande partie, dans les tombeaux des catacombes et dans diverses sépultures chrétiennes. Citons-en quelques-uns parmi les plus intéressants. Et d'abord, c'est une mince feuille d'or, petite plaque du deuxième siècle, qu'on voit au Cabinet des Médailles, portant en grec cursif une inscription, ainsi interprétée par M. François Lenormant [1] : *Je t'exorcise, ô Satan (ô croix, purifie-moi !) afin que tu n'abandonnes jamais ta demeure, au nom du Seigneur Dieu vivant.* Sur une pierre gravée se lit, en grec, une prière qui signifie : *Dieu, fils de Dieu, garde* [2]. Sur une autre, de la collection Stosch, est une invocation, ainsi traduite : *J'invoque Jésus-Christ de Nazareth, Père, Dieu des armées* [3].

Le poisson, symbole du Christ, est souvent reproduit comme amulette chrétien aux ive et ve siècles ; on en trouve en cristal de roche, en verre, en or, en argent et en bronze [4]. Sur un de ces symboles est gravé le mot

1. *Mélanges d'Archéologie, d'Histoire et de Littérature : Note sur un amulette chrétien conservé au Cabinet des Médailles*, t. iii, p. 154. Ce petit monument établit que, dès le deuxième siècle, les chrétiens croyaient à la puissance du signe de la croix pour mettre le démon en fuite. La formule d'exorcismes qui y est employée, est encore celle de nos jours.

2. Perret, *Les Catacombes de Rome*, pl. xvi, 14.

3. Mémoires de l'Académie de Crotone, t. vii, p. 44, tab. ii.

4. *Revue de l'Art chrétien*, 1868, p. 337. — Costadoni, *Del pesce, simbolo di Gèsu Cristo presso gli antichi christiani*, tab n. ii et iii, 19.

cɷcᴀɪc, sujet et inscription qui doivent s'interpréter ainsi : *Jésus-Christ, Fils de Dieu, sauvez-nous* [1].

Les chrétiens des premiers siècles ont porté sur leur poitrine des médailles gravées, tessères de dévotion employées comme souvenirs pieux, témoignages de foi, signes commémoratifs de consécration personnelle. Divers auteurs des xviiᵉ et xviiiᵉ siècles se sont occupés de ce genre de médailles [2] ; de nos jours ce sujet a été savamment traité par M. le chevalier de Rossi [3]. Dans son ouvrage trop peu connu en France, l'éminent archéologue romain résume toutes les recherches, mentionne toutes les découvertes et établit péremptoirement l'existence de ces médailles dès le iiiᵉ siècle et dans les siècles suivants. Il donne même, dans l'une des planches jointes à sa dissertation, dix de ces pièces, gravées sur bronze, qu'on voit au musée de la Bibliothèque vaticane. Après avoir longuement parlé de celle de ces tessères qui représente le martyr de saint Laurent, l'auteur les classe toutes chronologiquement en les plaçant entre le iiiᵉ et le viᵉ siècle. Il les divise en trois époques bien distinctes :

1. Costadoni, ouvrage cité, iv, 22 et ii, 35. — L'abbé Martigny, *Dictionnaire des Antiquités chrétiennes*, aux mots amulette et poisson.

2. Ne citons que les principaux : Aringhi, *Roma subterranea*, t. ii, p. 567. — Georgii, *De Monogrammate Christi*, pages 13 et 14. — Vettori, *Dissertatio philosofica*. — Pozzi, *Memorie di s. Lorenzo*, pages 1, 33 et 36. — Lupi, *Dissertazioni, lettere ed altre operette*, t. i, pages 192, 197 et suivantes.

3. *Bulletin d'Archéologie chrétienne*, par le chevalier J.-B. de Rossi, *édition française publiée par les soins et sous la direction de l'abbé Martigny*, année 1869, nᵒˢ 3 et 4.

le symbole primitif, les premiers temps de la paix et du triomphe de l'Église, enfin le commencement de l'art appelé byzantin. Il disserte ensuite sur la destination et sur l'usage de ces médailles et termine sa très-remarquable étude en établissant la différence qui existe entre ces tessères et les médailles superstitieuses et philactères interdits aux chrétiens.

Certes, un pareil travail est pour nous du plus puissant intérêt et nous y ferions de nombreux emprunts si l'étendue d'une introduction nous le permettait. Nous ne saurions cependant résister au plaisir de reproduire ici une partie des médailles publiées par M. de Rossi, qui a bien voulu nous y autoriser. Elles sont au nombre de cinq et peuvent être attribuées : la première au iii⁰ siècle, les trois suivantes au iv⁰ et la dernière au vi⁰. En voici la description :

Le Bon-Pasteur, abrité sous un arbre et appuyé sur sa houlette, a devant lui son chien qui le regarde; il veille sur son troupeau composé de sept brebis disposées en quatre plans. Cette gracieuse composition rappelle les meilleures sculptures des sarcophages.

Dans une couronne de laurier, deux figures entre lesquelles on voit le monogramme du Christ. Revers : Dans une couronne semblable, trois autres figures. Les groupes ont beaucoup d'analogie avec certaines fresques des catacombes, qui représentent ainsi les âmes accueillies par les saints. Le style de cette médaille et de la suivante les rapproche des médaillons contorniates.

Médaille à bélière. D'un côté, avec la légende GAVDENTIANVS, le tombeau d'un martyr, sans doute celui de saint Laurent, auquel un homme accompagné d'un enfant offre un calice. De l'autre côté, c'est le sacrifice d'Isaac, avec la légende VRBICVS.

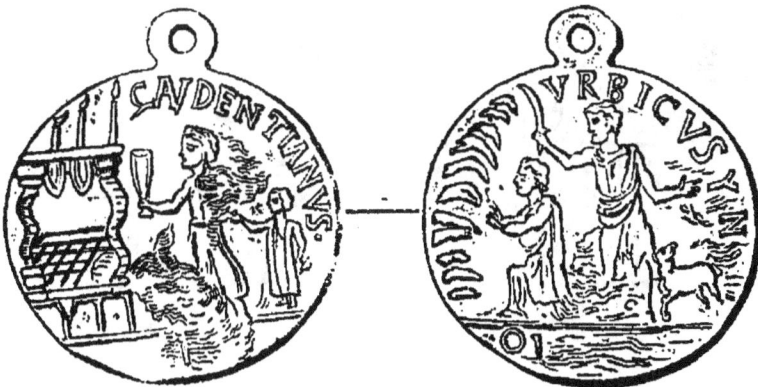

Buste d'homme vu de face; ce doit être celui d'un martyr. Revers : Monogramme du Christ, entre les lettres A et Ω.

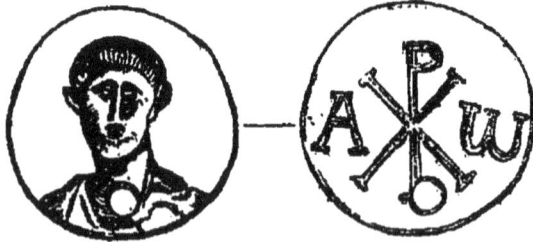

A droite et à gauche d'une croix accostée des mêmes lettres, deux apôtres ou martyrs tenant chacun une croix derrière laquelle est une palme; ils sont couronnés de la main de Dieu le père[1]. Derrière le personnage de gauche est un enfant avec cierge allumé; dans le haut, deux étoiles. ℞. L'adoration des Mages, sujet fréquemment reproduit, qui est considéré comme une profession de foi. La Vierge à gauche, assise sur un trône, tient sur ses genoux l'Enfant Jésus, nimbé, sur lequel plane une croix. L'étoile brille au-dessus du groupe des Mages. Entre la croix et l'étoile, la colombe avec le rameau d'olivier.

1. Sur un médaillon antique, en plomb, publié par le P. Lupi

Nous placerons ici une tessère chrétienne en bronze, de notre collection. Cette pièce remarquable, inédite et sans doute unique, du commencement du IVe siècle, nous semble se ranger parmi les tessères ou *donatifs* que les chrétiens échangaient entre eux en mémoire des martyrs. Elle offre, d'un côté, le buste drapé d'un martyr diadémé qui s'endort dans la paix du Seigneur. Le revers représente deux colombes se désaltérant dans un calice [1].

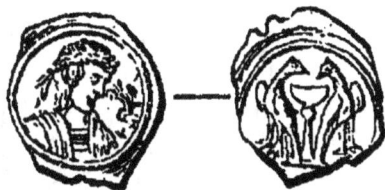

Dans notre collection se trouve une autre tessère de dévotion du IVe siècle : elle est en ivoire et encore inédite. Nous publions ici cette rareté d'autant plus volontiers qu'elle comprend tout le symbolisme chrétien des premiers siècles. Sur l'un des côtés. on voit, entre les lettres A et Ω personnifiant la Divinité, une ancre sous laquelle

(Dissert. e Lett), on voit un bras couronnant une femme qui symbolise l'âme de saint Laurent expirant sur le gril. — On observe aussi sur un grand nombre de fonds de coupe le Christ déposant de chaque main une couronne sur la tête de deux saints, qui sont probablement saint Pierre et saint Paul.

1. Dans le millier de tessères romaines en plomb que nous avons recueilli, nous en voyons quatre avec des caractères chrétiens, qui pourraient être des médailles baptismales (V. la belle dissertation de M. l'abbé Corblet sur ce genre de médailles, dans la *Revue des Sociétés savantes*, année 1878).

sont deux poissons; l'autre côté montre une forte colonne dont la base est gardée par deux colombes et dont le chapiteau est surmonté du monogramme du Christ, composé des lettres grecques XP, commencement de XPιστος. Un trou percé dans le haut fait voir que cet objet, dont l'ensemble emblématique est si remarquable, a été suspendu au cou comme médaille de dévotion [1].

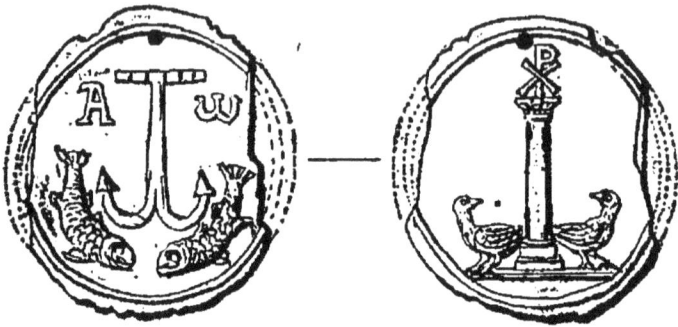

Des médaillons d'or, d'argent et de bronze, portant le monogramme du Christ, adopté par les chrétiens des premiers siècles, furent leurs amulettes les plus ordinaires, aussi en a-t-on recueilli certain nombre dans les tombeaux de leurs martyrs [2].

Vers le milieu du IVe siècle, les chrétiens affectèrent au même usage des monnaies de bronze, notamment des

1. Les signes suivants peuvent servir à établir la date de ce petit monument : Le monogramme du Christ se trouve de 335 à 493 ; les lettres A et Ω, de 338 à 547 ; la colombe, de 268 à 612. Quant à l'ancre et aux poissons, symboles chrétiens fort anciens, on les rencontre jusqu'à 474.

2. Aringhi, *Roma subterranea*, lib. I. VI, c. 33. — L'abbé Martigny, *Dict. des Antiquités chrétiennes*, p. 29.

pièces du tyran Magnence et de Décence, son frère, parce qu'elles offraient au revers le même monogramme entre les lettres A et Ω [1].

Il n'est pas rare de voir de ces médailles trouées, dont l'emploi comme amulettes ne paraît pas douteux. Nous en connaissons plusieurs, découvertes dans notre contrée. C'est probablement une monnaie de ce genre que sainte Geneviève portait au cou [2].

On trouve aussi de nombreux exemplaires de monnaies byzantines, au type de la croix ou à celui du Christ, qui furent portées comme médailles de dévotion. Le trou de

1. Des signes chrétiens se remarquent sur des monnaies romaines, notamment sur des pièces du commencement du Bas-Empire. Ils ont été l'objet de savantes études faites par MM. de Witte, Charles Lenormant, Feuardent, Cavedoni, Garrucci et Martigny.

2. Citons, à ce sujet, un épisode de la vie de cette illustre patronne de Paris. Saint Germain d'Auxerre, traversant Nanterre, remarque dans la foule qui l'entoure, une petite fille à laquelle il demande si elle voudrait être un jour l'épouse de Jésus-Christ ; elle lui répond affirmativement. L'apôtre voit au même instant à ses pieds une monnaie marquée de la croix ; il la ramasse et l'offre à l'enfant, en lui recommandant de la porter en souvenir de sa parole qui ne sera pas étrangère à sa vocation. C'est pourquoi la Bergère de Nanterre, une des gloires les plus pures de la France, est toujours représentée avec une médaille au cou (Surius, die 31 julii. — Baronius, ad annum 429. — Bollandus, *Acta sanctorum*, die 30 januarii). — Dans un missel d'Amiens, on lit les vers suivants, que nous donnons d'après le P. Cahier (*Caractéristiques des Saints*, p. 42):

Hic ad pectus virgineum
Pro pudoris signaculo
Nummum suspendit æneum
Insignem crucis titulo.

suspension et la place qu'il occupe peuvent servir à les reconnaître [1].

Après avoir reçu les premiers enseignements du christianisme sous Constantin le Grand et ses successeurs, la Gaule-Belgique, souvent envahie et occupée par des hordes barbares, était retombée dans les ténèbres de l'idolâtrie. C'est seulement après la conversion de Clovis qu'elle devint chrétienne. Dès lors, la croix figura sur ses monnaies comme type du revers [2]. Il est permis de supposer qu'une partie des triens mérovingiens percés ou munis d'une bélière, ont été portés par les Francs comme amulettes sacrés [3].

1. Les collections numismatiques renferment souvent de ces pièces ; on en voit plusieurs dans les ouvrages suivants : F. de Saulcy, *Essai de classification des suites monétaires byzantines* (pl. xv, n° 9 et pl. xxi, n° 2). — Sabatier, *Monnaies byzantines* (pl. xliv, n° 13, pl. xlvii, n° 1 et pl. l, n° 6).

La coutume de porter au cou des monnaies byzantines comme amulettes s'est continuée jusqu'à ce jour parmi quelques populations chrétiennes de la Turquie.

2. Pendant près de douze siècles, la croix fut le type ordinaire du revers des monnaies royales et baronales de toute la France.

3. C. A. Serrure, *Observations archéologiques à propos de quelques monnaies inédites de Saint-Omer*, p. 6. — Cependant des objets semblables ont souvent orné des colliers, des bracelets et des boucles d'oreilles Les amulettes des gentils n'étaient pas disparus entièrement aux vi, vii et viii° siècles. Le roi Childebert renouvela, en 554, les édits des empereurs romains contre le paganisme et ses singulières pratiques. Dans une allocution que saint Éloi adressait aux habitants de la Flandre, il s'élevait contre leur habitude de porter des phylactères diaboliques. « Un chrétien, disait-il, ne suspend point d'amulettes au cou de l'homme ou d'un animal quelconque, quand

Des pièces carlovingiennes ont reçu la même destination ; mais elles sont beaucoup plus rares. Existait-il des
médailles de dévotion sous la seconde race? On a bien
avancé que Charlemagne portait au cou une médaille de
la sainte Vierge, et que son fils, Louis le Débonnaire,
avait suivi son exemple [1], mais nous ne trouvons pas
la preuve de cette assertion.

Un chroniqueur du commencement du XIIIᵉ siècle,
Robert, abbé du Mont-Saint-Michel, continuateur de la
chronique de Sigebert de Gembloux, est sans doute le
premier qui ait parlé des médailles pieuses [2]. Ce qu'il
rapporte en contemporain est assez curieux pour être
rappelé, malgré le merveilleux de son récit. En l'an 1182,
la sainte Vierge apparut, dit-il, à un charpentier travaillant
dans une forêt, et lui remit une médaille *(Sigillum)*, qui
la représentait avec le Sauveur, et sur laquelle étaient
marqués ces mots : *Agnus Dei qui tollis peccata mundi,
dona nobis pacem* [3]. Marie lui ordonna en même temps

---

même il le verrait faire et pratiquer par un clerc, quand même on
lui dirait que c'est une œuvre sainte et salutaire ; car Jésus n'a pas
mis un remède dans ces choses, mais le diable y a mis son poison. »
(V. Ed. Leglay, *Histoire des Comtes de Flandre.*)

Le concile tenu en 743, par ordre de Carloman, à Leptines (Estines,
en Hainaut), réprouve aussi l'usage des phylactères, « qui sont des
inventions magiques. » (Schayes, *La Belgique et les Pays-Bas, avant
et pendant la domination romaine*, t. II, pages 141, 144 et 147).

1. Gergères, *Le culte de Marie*, p. 413.

2. *Sigeberti Gemblocensis cœnobitæ chronicon* Paris, 1513. Aubert
Le Mire a donné, en 1608, une nouvelle édition de cette chronique et
de sa continuation.

3. Dans sa préface du premier volume des *Ordonnances des Rois*

de remettre cet objet sacré à l'évêque du Puy et de lui
enjoindre, en son nom, de prêcher aux fidèles de sa province et des lieux voisins une guerre d'extermination
contre les Routiers, bandes de pillards qui ravageaient
alors la France. Le prélat devait recommander à chaque
enrôlé de porter un petit capuchon blanc, où serait attachée, en signe de paix, une médaille de plomb semblable
à celle qui était censée venir du Ciel; c'est ce qui fut fait.
Une confrérie s'établit aussitôt sous le nom de *Paciferi*;
elle forma bien vite une armée considérable qui, l'année
suivante, défit entièrement les ennemis de la paix [1].

Une de ces médailles a été retrouvée par M. Auguste
Aymard, conservateur des Antiquités du Musée du Puy,
qui l'a publiée [2]. C'est une plaque polygonale, avec
oreille de suspension, représentant l'antique Vierge du
Puy assise sur un trône, ayant sur le genou gauche
l'Enfant Jésus nimbé, qui tient de la senestre une croix
en forme de sceptre. La légende porte bien : AGNUS DEI
QUI TOLLIS PECCATA MUNDI DONA NOBIS PACEM. Nous donnons
ci-après la figure de cette curiosité.

---

de France, de Laurière rapporte les faits et reproduit même le
passage de la chronique, qui y est relatif.— Dans son *Discours historique de Notre-Dame du Puy*, le P. Oddo de Gissey explique autrement l'apparition supposée : Un jeune homme aurait été déguisé en
Notre-Dame du Puy, par un chanoine, et se serait ainsi présenté, la
nuit, dans l'église cathédrale, à ce charpentier, nommé Durand.

1. Voir sur ce sujet, Arnaud, *Histoire du Velay*, t. I, p. 135.

2. *Notice sur la Confrérie des Chaperons blancs*, insérée dans le
Congrès scientifique de France, 22ᵉ session, tenue au Puy, t. II, p. 623.

Si cette médaille rentre dans la classe des signes de ralliement, il en était d'autres, à la même époque, dont le caractère était purement religieux. On a, sur les signes de pèlerinage, un ancien document fort important. Il établit qu'au xiie siècle, les pèlerins qui allaient visiter, dans la Basilique de Rome, les tombeaux de saint Pierre et de saint Paul, y achetaient des espèces de médailles à l'effigie de ces apôtres, destinées à augmenter leur piété et à témoigner de l'accomplissement de leur voyage. Par sa lettre du 15 des calendes de février 1198, le pape Innocent III abandonne aux chanoines de sa basilique, non-seulement le droit dont il a joui jusqu'ici, ainsi que ses prédécesseurs, de faire couler de ces enseignes, mais encore et surtout le profit devant résulter de la vente. Il défend, sous peine d'excommunication, à qui que ce soit, d'oser s'ingérer dans ces choses sans leur assentiment et leur consentement formel [1]. Comme, parmi les pèlerins qui

1. La lettre papale est insérée dans le *Patrologiæ cursus completus* de l'édition de l'abbé Migne, t. ccxiv, col. 490 et 491.

avaient entrepris le voyage de la ville éternelle, il s'en trouvait beaucoup de notre contrée, l'on doit admettre que ces pieux objets s'y répandirent assez vite. On peut supposer aussi que ce qui se pratiquait à Rome fut suivi ailleurs pour d'autres pèlerinages.

Le xiiie siècle fournirait facilement des exemples de l'emploi de médailles religieuses. L'Hôtel-Dieu du Puy fabriquait des médailles de pèlerinage, en vertu d'une autorisation épiscopale de 1210, confirmée par deux bulles d'Alexandre IV. Ce droit lui avait été concédé, avec peine d'excommunication contre les contrevenants[1].

On sait quelle fut la profonde vénération du peuple pour la mémoire de Louis IX, que l'Église a mis au nombre des saints. Après la mort de ce prince, arrivée en 1270, beaucoup de ses monnaies furent trouées et portées par les fidèles, qui les considéraient comme des reliques et leur attribuaient une vertu miraculeuse[2]. Cette pieuse pratique se répandit en France et dans les pays voisins, notamment en Flandre; elle contribua à propager d'autres objets de dévotion dont nous allons parler.

1. M. Aymard, notice déjà citée.

2. Dans son *Traité historique des monnoyes de France* (édition d'Amsterdam, p. 176), Le Blanc rapporte, d'après Sponde, que les monnaies de saint Louis guérissaient les malades qui les portaient. Il ajoute : « De là vient peut-estre que la pluspart des monnoyes de ce saint roy sont trouées, les malades les portant sans doute pendues à leur col ou à leurs bras, comme on y porte aujourd'huy les médailles des saints. » La collection de monnaies de M. Dassy, de Meaux, dont le catalogue a été rédigé par MM. Rollin et Feuardent, renfermait, selon ces savants experts, trois deniers tournois de Louis IX, qui ont été portés comme reliques, et un gros tournois, au nom du même roi, mais de frappe postérieure, considéré comme pièce religieuse.

Depuis le xiiie siècle jusqu'au milieu du xvie, et même un peu au-delà, nous ne trouvons pas pour notre contrée de médailles religieuses proprement dites [1]. Les objets de dévotion qui en tenaient lieu étaient désignés sous les noms de *signum, insignium, signe, enseigne, imaige* ou *image* [2]. Ils ont un caractère particulier qui les distingue des médailles; ce sont des espèces d'images métalliques ou des plaques de plusieurs formes, le plus souvent carrées ou octogones, avec crochets, oreilles, anneaux et trous. Presque toujours les enseignes sont unifaces, surtout quand elles sont en argent et en cuivre; faites pour être portées ostensiblement, comme des cocardes ou des décorations, elles visaient à l'effet. Les sujets qu'elles retracent sont ceux des médailles, mais ils sont traités plus naïvement.

Les médailles particulières qui ont remplacé les enseignes, en diffèrent sous plusieurs rapports; elles ont

1. Nous ne considérons pas comme une exception une pièce d'argent de notre collection, retouchée au xive siècle, sur le revers d'une monnaie antique de Corinthe, pour figurer la résurrection du Rédempteur.

2. Nous devons faire remarquer que ces expressions désignaient aussi d'autres objets de métal, tels que petites plaques, bijoux et figurines de piété qui s'agrafaient à la coiffure ou se portaient au cou. Les mots *signum* et *insignum* pour *insignium* se lisent sur d'anciennes plaques rondes du pèlerinage de saint Jean-Baptiste, d'Amiens.

deux côtés et sont d'ordinaire plus petites, plus soignées et mieux composées ; ovales et quelquefois rondes, elles portent un anneau.

Mais revenons aux enseignes. En 1311, les religieux de Saint-Maximin, en Provence, faisaient couler des images de sainte Madeleine dans des moules en fer et en cuivre, appartenant à la sacristie du couvent. Ces moules étaient confiés à des marchands, chargés de fabriquer ces effigies de plomb et d'en vendre aux pèlerins qui affluaient à Saint-Maximin. Des maladies contagieuses ayant décimé la population, la piété, exaltée par la crainte, fit tant rechercher ces enseignes, que d'autres fabricants ne craignirent pas de graver des moules, de couler de nouvelles images de plomb et d'en vendre. C'était un grand préjudice pour les moines, aussi portèrent-ils plainte à l'autorité royale : en 1354, ils étaient maintenus dans leur possession, et défense était faite de vendre de ces sortes d'images sans l'autorisation du prieur du monastère [1].

En 1379, les religieux de l'abbaye de Saint-Eloi, de Noyon, demandaient à être maintenus dans les immunités dont ils avaient toujours joui, pour la vente de *signes* de pèlerinages aux fidèles qui se rendaient en foule au tombeau de l'évêque monétaire [2]. Nous trouvons, en 1397, la mention d'une *ensaigne* d'argent pouvant valoir deux sols [3].

1. L'abbé Faillon, *Histoire des monuments inédits de l'apostolat de Marie-Madeleine.*

2. Jacques Le Vasseur, *Annales de l'église cathéd. de Noyon*, p. 495.

3. Carpentier, continuateur de Du Cange. *Glossarium novum ad scriptores medii œvi.*, t. IV du supplément.

Le xvᵉ siècle fournit de nombreuses mentions d'enseignes de pèlerinage[1]. Sans parler de celles qui rentrent dans notre cadre et dont nous parlerons dans le cours de ce travail, nous citerons les suivantes, concernant : Notre-Dame de Halle en 1420, 1436, 1440 et 1441 ; Saint-Adrien de Grammont en 1438 ; Sainte-Catherine de Fierbois en 1455 ; Notre-Dame de Rœux en 1457[2]. On doit supposer que l'origine des enseignes ou

1. Les enseignes de plomb et d'étain étaient, au xvᵉ siècle, l'objet d'une industrie importante à Paris et ailleurs. Dans son ouvrage : *Histoire et recherches de la ville de Paris* (notes sur les comptes de la prévôté pour les années 1433 et 1434), Henri Sauval, qui vivait au milieu du xviiᵉ siècle, s'exprime ainsi : « Sçavoir ce que c'est qu'un *biblotier?* c'est un faiseur et mouleur de petites images de plomb, qui se vendent aux pèlerins et autres. » A la même époque, on appelait *miraclier*, le marchand de choses pieuses, notamment d'enseignes de vermeil, d'argent, de plomb et d'étain. (D'Arbois de Jubainville, *Documents relatifs à la construction de la cathédrale de Troyes*). Dans les *Règlements sur les arts et métiers de Paris*, recueillis par Etienne Boileau et publiés par Depping en 1837, on lit : « Quiconques veut estre ouvriers d'estain, c'est à savoir fesieres de miroirs d'estain, de fremœus d'estain, de souneites, de anèles d'estain, de mailles de plon, de méreaus de toutes manières et de toutes autres menues choseites appartenant à plon et à estain, il le peut estre franchement, et ouvrer de nuiz et de jours, se il li plaist et il en a mestier, et avoir tant de vallés comme il li plaira ». On voit par là qu'il devait exister à Paris une industrie de plombs, qui pouvait alimenter les grands pèlerinages, comme le fait judicieusement remarquer M Forgeais dans sa *Collection de plombs historiés*, 2ᵉ série, p. 75.

2. De Laborde, *Les Ducs de Bourgogne*, preuves, *passim*. — *Revue de la Numismatique belge*, 1868, p. 75, article de M. de la Fons Mélicocq.

Il existe une publication intéressante sur un grand nombre de imaiges religieuses du nord de la France est également bien reculée ; cependant les plus anciennes connues ne peuvent guère être attribuées qu'à la première moitié du xv⁰ siècle. Beaucoup de signes ou de souvenirs de pèlerinages affectent des formes bizarres ; ce sont des curiosités qui ne sauraient être prises pour des médailles religieuses, aussi n'ont-elles qu'un faible rapport avec la numismatique : elles forment une classe à part, qu'on pourrait désigner sous le nom d'*Imagerie populaire*. Nous ne comprendrons pas dans nos planches celles des enseignes de ce genre qui se rapportent à des localités

curieux monuments de cette classe ; elle est intitulée : *Collection de plombs historiés trouvés dans la Seine et recueillis par Arthur Forgeais ; deuxième série : enseignes de pèlerinage.* M. Chalon, directeur de la *Revue de la Numismatique belge*, y a rendu compte de ce travail (p. 101 du t. 1ᵉʳ de la 4ᵉ série) ; le savant et spirituel numismatiste n'a pas manqué d'exercer sa verve satirique et railleuse sur ces images métalliques, dont la plupart, il faut le dire, laissent trop à désirer sous bien des rapports. M. Didron, l'éditeur des *Annales archéologiques*, mentionnant à son tour cet ouvrage dans son recueil (année 1861, t. xxi, p. 52), n'a pas eu de termes assez dédaigneux pour ces pauvres plombs qu'il avait trouvés aussi laids que faux. C'était certainement aller trop loin. M. Garnier prit la défense de ces modestes monuments, dans sa *Notice sur quelques enseignes de pèlerinage en plomb concernant la Picardie* (p. 36 et suiv.). Après avoir constaté leur authenticité, le docte Secrétaire perpétuel des Antiquaires de Picardie prouve que ces enseignes, quelqu'imparfaites et grossières qu'elles soient, ne sont pas cependant dépourvues d'intérêt et indignes de la science historique. Aussi M. Forgeais a-t-il obtenu de l'Académie des Inscriptions deux récompenses flatteuses pour ses recherches, dont l'ensemble forme un ouvrage vraiment précieux, suivant les termes mêmes du rapport présenté par M. de Saulcy.

du département du Pas-de-Calais ; il nous suffira de les mentionner ; d'ailleurs, ces plombs excentriques sont assez rares pour nos contrées, où ils n'ont jamais joui d'une grande vogue [1]. En effet, malgré les actives recherches faites jusqu'ici, l'on n'en a découvert qu'une vingtaine, et dans ce nombre figurent, pour les trois quarts, ceux de Notre-Dame de Boulogne. Il convient aussi de faire remarquer que, comme plus de la moitié de ces images métalliques, décrites par M. Forgeais [2], ont été trouvées à Paris, dans le lit de la Seine, on peut supposer qu'elles ont été fabriquées aussi bien pour le pèlerinage de Notre-Dame de Boulogne-sur-Seine, que pour celui de Notre-Dame de Boulogne-sur-Mer [3].

Il était cependant des enseignes d'un genre tout différent ; ci-après nous en placerons une du xve siècle, bien intéressante, trouvée récemment à Arras : elle est gravée en creux sur cuivre fort argenté et paraît avoir été niellée autrefois. On y voit le corps inanimé d'un enfant emmailloté, déposé aux pieds de la Vierge, couronnée et nimbée, assise sur un trône dont la partie supérieure est couverte d'*ex voto*. La Reine du ciel tient l'Enfant Jésus sur ses genoux ; de chaque côté, un ange vêtu d'une longue robe porte un chandelier. Ce gracieux ensemble laisse entrevoir la résurrection de l'être que

1. L'usage de ces images métalliques s'est, jusqu'à ce jour, conservé en Espagne ; nous en avons vu de modernes, exposées en vente chez des orfèvres de Barcelone et de Tortose.

2. *Collection de plombs historiés*, 2e série, p. 7 et suiv.

3. Rouyer, *Notice historique sur quelques médailles de Notre-Dame de Boulogne*, p. 17. — Forgeais, ouvrage cité ci-dessus, p. 12. — Garnier, *Notice sur quelques enseignes de pèlerinage*, p. 11.

.la mort a frappé si tôt. Notre enseigne se rapporte visiblement au pèlerinage d'un sanctuaire qui passait pour avoir été témoin du miracle.

Ce qui caractérise les médailles religieuses, ce sont non-seulement leur forme et leur bélière, mais encore les sujets pieux qu'elles retracent, et qui se rattachent, soit à des pèlerinages renommés, soit à des dévotions populaires. Quelque variées qu'elles soient, les formes des médailles de piété de nos contrées sont ordinairement assez simples, jamais elles ne sont bizarres comme beaucoup de ces objets de dévotion trouvés dans la Seine. Elles sont rondes, ovales, carrées, losangées, octogones, eu cœur ou disposées en niche. Le contour est quelquefois orné, dentelé, ou carré quadrilobé. Sur quelques médailles quatre globules extérieurs forment une croix ; sur d'autres, les mêmes grains, au nombre de dix, servaient de dizain. En général, dans les xve et xvie siècles, les médailles de piété sont estampées, rondes ou carrées ; dans le xviie, elles sont ovales, rarement rondes ou octogones ; dans les xviiie et xixe, elles sont ovales. La bélière est presque toujours adhérente à la médaille; si elle en a été détachée, elle y a laissé presque toujours quelque trace.

Les médailles que nous publions offrent souvent pour type principal une seule figure, quelquefois deux, rarement trois. Elles représentent le plus ordinairement la Divinité sous ses diverses apparences, la sainte Vierge sous ses différentes dénominations [1], les saints et saintes particulièrement honorés dans les principaux pèlerinages et dans les dévotions spéciales. Puis viennent les légendes et inscriptions, les attributs et symboles, enfin les accessoires et particularités servant à fixer les attributions et à les justifier. On remarquera souvent que ce qui caractérise nos saints sur leurs médailles, c'est plutôt le souvenir d'un fait ou d'une circonstance que l'expression d'une idée abstraite.

C'est en notre siècle qu'ont été produites les plus belles médailles de piété ; le sentiment religieux qui les a inspirées, la dignité des sujets, l'élégance des types, le fini des détails et la sûreté de la frappe permettent souvent de les comparer à nos médailles historiques. [2] Mais

1. On consultera, avec autant d'intérêt que de fruit, sur l'ancienneté, l'importance et le nombre des médailles de la sainte Vierge, une dissertation de l'abbé Bourassé, le savant archéologue. Elle a pour titre : *Numismata Mariana* et a été insérée dans le *Summa aurea B. V. Mariæ*, t. v, p. 538 et suiv. de l'édition de l'abbé Migne.

2. Les maisons Vachette, Robineau, Vincard, Naudin et Massonnet, de Paris, de même que la maison Penin, de Lyon, ont produit une quantité considérable de médailles de piété répandues sur la surface du globe. Le plus grand nombre de ces médailles a été frappé à la Monnaie de Paris.

Il est juste de dire que précédemment, notamment dans le XVIIIe siècle, des artistes de talent se sont distingués dans la gravure de ce genre de médailles ; citons, entre autres, Philippe Roettiers, dont les coins particuliers sont conservés au dépôt de coins, poinçons et matrices de Bruxelles.

cette perfection a été rarement atteinte pour les médailles qui font le sujet de cet ouvrage. Trop longtemps, ces petits monuments furent exécutés par des artistes sans talent ; orfèvres, fondeurs, potiers d'étain ou marchands ambulants, qui en faisaient le commerce. Ces fabricants plus ou moins habiles avaient surtout le lucre pour but, aussi, s'inquiétant peu de la vérité historique, ne cherchaient-ils presque jamais à copier les statues vénérées qu'ils devaient reproduire. Ce qui pourrait expliquer une telle négligence sans l'excuser, c'était le bas prix de ces médailles ; pour que le débit en fût facile et assuré, il fallait qu'elles fussent d'une minime valeur[2]. Voilà pour-

2. Nous devons à l'obligeante amitié de M. de Schodt, le docte secrétaire de la *Société royale de Numismatique de Belgique*, de précieux documents sur la fabrication et le prix des médailles religieuses du milieu du XVIIe siècle. Ces renseignements sont tirés d'un manuscrit flamand intitulé . *Kercke-Boeck van O. L. V*, livre à l'usage de l'église Notre-Dame de Courtrai, et traduits ainsi : Paiement de médailles dorées et de médailles d'argent, de cuivre et d'étain, fournies à l'église pour être emportées par les pèlerins et les personnes dévotes. Le 7 novembre 1642, il a été livré 18 douzaines de médailles d'argent à 25 sous la douzaine, une douzaine à 50 sous et 10 douzaines de médailles d'argent à 15 sous. — Le 24 des mêmes mois et an, il a été payé à François Grognard, fondeur à Valenciennes, 29 douzaines de médailles à 4 sous la douzaine et 15 douzaines à 2 sous. — Le 6 juillet de l'année suivante, il a été payé 13 grosses de médailles d'étain, venant de Lille, à 2 livres la grosse, port en sus, autre grosse de mêmes médailles au même prix et 7 douzaines de grandes, moyennes et petites médailles d'argent venant aussi de Lille, coûtant avec le port 17 livres 5 patards. — Enfin, le 28 septembre 1643, il a été payé à Lille, 12 douzaines et demie de médailles d'argent à 5 livres la douzaine, 26 douzaines à 15 sous et 14 autres à 25 sous. Voilà donc en moins de deux ans le nombre considérable de 3,606 médailles pour une seule dévotion.

quoi les métaux employés ordinairement pour la fabrication, étaient les plus communs et les moins coûteux : c'étaient le cuivre, le plomb, l'étain ou un alliage de ces deux derniers métaux [1]. Les médailles de cette nature étaient surtout celles qui se distribuaient dans les pèlerinages ou qui se vendaient à la porte des églises et des chapelles lors des neuvaines et pendant les fêtes consacrées aux dévotions populaires. Il en est encore ainsi de nos jours.

Les médailles d'argent, beaucoup moins nombreuses, étaient aussi vendues par les marchands spéciaux d'objets de pèlerinage, mais elles rentraient plus particulièrement dans le commerce des orfévres et des marchands d'ornements d'église [2]. Quant aux médailles de vermeil et d'or, toujours si rares, c'étaient les orfévres et les marchands d'ornements qui les faisaient frapper, après commande. Le même mode de vente subsiste toujours pour les médailles d'or, de vermeil et d'argent.

La vente des médailles religieuses n'était pas toujours l'affaire exclusive des marchands qui les avaient commandées à des artistes plus ou moins expérimentés, s'ils ne les avaient faites eux-mêmes. Quelquefois, les chapelains, les sacristains ou autres employés des lieux de

---

1. Les médailles de plomb et d'étain étaient parfois dorées, aussi en retrouve-t-on avec des traces de dorure que le temps n'a pas encore effacées entièrement. C'est du reste ce que confirme cet extrait d'inventaire dressé, en 1567, chez le secrétaire du comte de Hornes : « Deux rondes médailles petites de plomb dorées, l'une de Notre-Seigneur et l'autre de Notre-Dame. » (Pinchart, *Archives des Arts, Sciences et Lettres*, t. I, p. 185).

2. Nous en verrons des exemples à l'article de Boulogne-s-Mer.

pèlerinage ou de dévotion n'étaient pas étrangers à cette vente ; ils en retiraient un bon lucre dont ils profitaient, ou qui était employé à l'entretien et à l'embellissement des sanctuaires. Aussi gardaient-ils les moules et les coins pour se réserver le privilége de la vente et mieux s'assurer leur part dans le bénéfice qu'elle devait produire. Et si parfois il arrivait que, sans leur consentement, des marchands vendissent de nouvelles médailles, ils ne manquaient pas de les entraver et d'arrêter la vente. De là, contestations et procès [1].

Il faut le reconnaître, il eût été désirable qu'une surveillance fût exercée activement sur ce commerce [2]. Une telle mesure aurait arrêté maintes fois le débit de tant de

1. Voir notamment: *Histoire des monuments inédits de l'apostolat de Marie-Madeleine*, par l'abbé Faillon.

Des *enseignes* et des médailles d'or, de vermeil et d'argent furent quelquefois offertes aux rois, aux princes, aux prélats et aux personnages qui se rendaient à des pèlerinages, comme cela s'est pratiqué à Boulogne-sur-Mer et à Cambrai. (Voir pour cette dernière ville ses *Mémoires de la Société d'émulation*, année 1823. p. 313, t. xxxi, p. 270 de la première partie). Souvent des pièces du même genre, mais en cuivre, en étain et en plomb, étaient distribuées aux pèlerins moyennant une légère offrande, et même gratuitement.

2. Une petite fraude à signaler : on se tromperait si l'on croyait que toutes les médailles religieuses portant pour exergue ROMA ont été frappées dans la ville éternelle. Souvent les marchands y ont fait graver ce nom pour laisser supposer aux acheteurs trop crédules que ces pieux objets venaient de Rome même et avaient été bénits par le père commun des chrétiens. On verra un exemple de ce singulier procédé sur une médaille du Calvaire d'Arras, au revers de Notre-Dame de Montserrat (n° 98).

médailles grossières et de mauvais goût, trop défec-
tueuses pour porter à la dévotion et surtout indignes du
culte qu'elles devaient entretenir et propager.

Il est facile de se faire une idée de la manière dont ce
genre de commerce s'exerçait d'ordinaire autrefois, en
se reportant à ce qui se pratique de nos jours dans les
fêtes patronales, où figurent encore les étalages d'objets
de piété. A la porte de l'église ou de la chapelle que
fréquentaient les pèlerins, étaient rangées les baraques
et les échoppes des marchands que la fête avait attirés.
Aux premières places étaient exposées avec symétrie
des médailles spéciales au pèlerinage, les bagues
à sujets pieux, les chapelets, les images et les petits
drapeaux triangulaires représentant le saint vénéré.
Les nombreux visiteurs s'arrêtaient devant ce brillant
étalage et ne manquaient pas d'y acheter, entre autres
objets, des médailles qu'ils portaient sur eux ou qu'ils
attachaient à leur chapeau, comme souvenirs de leur
pèlerinage.

Autrefois, presque toutes les médailles d'or, de vermeil. d'argent et de cuivre se frappaient au marteau
avec des coins en acier ; les autres se coulaient dans des
moules de cuivre ou d'ardoise.

Depuis la seconde moitié du xve siècle jusqu'au commencement du xviiie, beaucoup de ces médailles ont été
frappées sur de minces feuilles de métal, comme les
bractéates, dont elles se rapprochent assez par la forme.
Souvent, les deux côtés ainsi estampés séparément
étaient soudés, encastrés ou joints ensemble par les
bords. Quelquefois, ils étaient réunis au moyen d'un
léger cercle ou disque du même métal formant la tranche

et ménageant un vide pour faire un petit reliquaire de la médaille ainsi composée [1].

Nous possédons deux moules en pierre d'ardoise, dans lesquels on fondait des médailles de plomb et d'étain. Ces matrices, trouvées près de Béthune, font voir comment le métal était conduit par des jets dans chaque forme. Les ronds qu'on y remarque sont des points de repère qui permettaient de joindre exactement les deux côtés du moule. Ces matrices, comme celles publiées par M. Forgeais [2], montrent que souvent on coulait à la fois plusieurs médailles différentes. La première, gravée sur les deux faces, prouve de plus que, pour activer le moulage, on superposait plusieurs moules dans lesquels on versait le métal fondu. Cette opération, dont on s'explique facilement la simplicité, était faite sans doute par les vendeurs eux-mêmes, qui pouvaient ainsi fabriquer, où ils se trouvaient, les médailles et autres objets de piété, selon leur débit.

Quand parfois des médailles religieuses étaient destinées à des personnages, elles étaient en or, en vermeil ou en argent, et quelquefois elles étaient rehaussées d'un entourage, où s'enchâssaient habilement des perles et des pierres précieuses [3]. Souvent cet encadrement

1. Dans ces espèces de reliquaires on trouve quelquefois, soit de tout petits morceaux de pain, de cire ou d'étoffe, soit des parcelles de reliques, soit même de la terre du lieu de pèlerinage.

2. *Collection de plombs historiés trouvés dans la Seine*, t. IV, p. 44 et t. V, p. 251 et 253.

3. *Inventaire de Charles V*, fol. 29. Voir aussi les comptes des ducs de Bourgogne aux Archives générales du Nord, à Lille, et

était artistement exécuté en filigrane d'un métal précieux, dont les filets, d'une finesse admirable et d'une
extrême légèreté, s'enlaçaient et se contournaient gracieusement pour former un ensemble harmonieux,
comme on en voit dans notre cabinet et dans celui de
M. Delattre, de Cambrai.

Comme il sera plusieurs fois question, dans notre
travail, de médaillons religieux, en forme de boîte, assez
répandus aux xvie et xviie siècles, nous croyons pouvoir
publier ici, d'après notre collection, un de ces objets,
aussi curieux que compliqué. Il est en argent, ovale et à
bélière ; il porte, d'un côté, le monogramme du Christ,
et de l'autre, celui de sa mère. Il contient séparément :
1° la sainte face, entourée de douze rayons ; 2° la Vierge
et l'Enfant Jésus ; 3° un cornet de chasse avec chaînette
à laquelle est attachée une tout petite médaille en brac-

les extraits qui en ont été faits par M. de Laborde, pour son curieux
travail, malheureusement inachevé : *Les Ducs de Bourgogne.* Loin
de suivre ce luxe effréné de la maison de Bourgogne, Louis XI avait
choisi le plomb pour la médaille fixée à son chapeau.

Nous ne saurions partager l'opinion émise par M. Forgeais dans sa
Notice sur les plombs historiés trouvés dans la Seine, p. 5, touchant
l'usage des trois enseignes de Gabrielle d'Estrées, estimées
25,000 écus. La description détaillée de ces magnifiques objets,
contenue en l'inventaire des bijoux de la célèbre maîtresse de
Henri IV, démontre clairement que c'étaient des joyaux ou parures
d'un caractère tout-à-fait mondain. On peut lire cette description
dans l'ouvrage de M. le comte de Laborde : *Notice des émaux du
Louvre,* 2e partie, glossaire, p. 262.

téale, représentant saint Hubert entre les lettres S H, ses initiales.

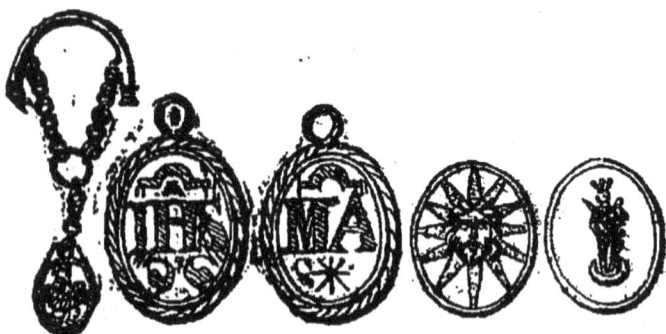

Notre collection renferme un bon nombre de médailles religieuses, unifaces et assez grandes, des xvᵉ et xvıᵉ siècles, en cuivre ou en plomb, trouées sur les bords ou munies d'une agrafe. Ces plaques, qui s'attachaient surtout au chapeau, servirent de signes de ralliement et de reconnaissance. Elles furent employées pour constater l'accomplissement de vœux, de devoirs pieux ou de peines à expier, mais elles étaient presque toujours des marques extérieures de dévotion [1]. On se rappelle la médaille ou l'image de plomb que Louis XI portait à son chapeau [2]. L'on sait aussi que l'exemple donné par le

1. Les enseignes et médailles que les pèlerins rapportaient de leurs pérégrinations facilitèrent souvent leur retour ; montrées aux fidèles, elles leur inspiraient la charité.

2. Philippe de Comines, *Mémoires*, livre second, chap. vııı.— Dans son *Trésor des merveilles de Fontainebleau*, le père Daniel dit avoir vu, dans cette résidence royale, une petite image de plomb représentant la Vierge, que l'on tenait être celle que ce prince portait ordinairement à son chapeau.

Dans son *Histoire des Ducs de Bourgogne de la Maison de Valois* (6ᵈ édition, t. vııı, p. 184), M. de Barante s'exprime ainsi, à l'année superstitieux et rusé monarque fut bientôt suivi par ses sujets, et combien cette mode se répandit dans les campagnes, où elle se maintint longtemps [1]. Pendant les troubles des Pays-Bas, en 1566, cet usage reprit une nouvelle faveur dans ces provinces; il eut d'abord un caractère politique, mais il redevint et resta religieux [2].

1483, touchant la piété de ce roi dévot pour les médailles religieuses : « Il avait toujours eu une grande foi aux images bénites, et souvent en avait porté sur lui, cousues à son chapeau. Maintenant il en avait un plus grand nombre que jamais, et, selon sa fantaisie du moment, il avait dévotion tantôt à l'une, tantôt à l'autre. Il les baisait de temps en temps, ou bien se jetait à genoux et récitait soudainement une oraison adressée à quelqu'une de ces images...... Presque toutes étaient de plomb ou d'étain, comme on les vendait au peuple. Les marchands colporteurs venaient lui en apporter, et une fois il donna cent-soixante livres à un petit mercier qui, dans sa balle, en avait une bénite à Aix-la-Chapelle. »

1. Montfaucon, *Monuments de la monarchie française*, XVe siècle. — Monteil, *Histoire des Français des divers états*, t. II, chapitre intitulé : *Le Cultivateur*. On trouve dans les manuscrits un grand nombre de miniatures qui représentent des personnages avec une médaille au chapeau.

2. Strada, *Histoire de la guerre des Pays-Bas*, t. I, liv. V. — Van Loon, *Histoire métallique des XVII provinces des Pays-Bas*, t. 1, p. 84.

Lors des troubles, les confédérés connus sous le nom de Gueux, avaient porté au cou par affectation et comme signe de ralliement, des médailles de cire ou de bois, puis de cuivre, d'argent et d'or, sur lesquelles on lisait : *En tout fidelles au roy jusqu'à porter la besace.* Pour combattre cette démonstration hostile, le duc d'Arschot, qui avait une grande vénération envers Notre-Dame de Halle, fit frapper des médailles d'argent en l'honneur de ce culte célèbre parmi les catholiques de la contrée. Il porta cette médaille à son chapeau comme preuve de son récent pèlerinage à cette dévotion ; son exemple fut bientôt suivi par ses gentilshommes et par de nobles Bruxellois. Le pape en ayant été informé par la gouvernante des Pays-Bas, approuva cette piété, bénit et consacra les médailles

Aux xviiᵉ et xviiiᵉ siècles, les médailles de dévotion, plus petites que les premières et d'un usage plus général, avaient deux types et une bélière. Les hommes pieux les attachaient bien à leur chapeau par un cordon; mais ce n'était plus que comme des souvenirs de pèlerinage, ou comme des objets de dévotion particulière. Les femmes, les jeunes filles et les enfants n'ont cessé d'en porter au cou et sur la poitrine.

Rappelons encore quelques emplois des médailles religieuses. Les fidèles en gardaient dans leur bourse, afin d'être souvent incités à la prière et à de bonnes œuvres; ils en ornaient de petites boîtes de bois qu'ils portaient sur eux avec la même intention; ils en mettaient dans leurs constructions nouvelles et dans leur demeure pour y appeler la protection divine. Ils en ornaient les croix et reliquaires [1]; ils en mettaient au bas des chapelets, et quelquefois à chacune de leurs dizaines de grains [2].

dont elle était l'objet, et y attacha des indulgences. Dès lors, tous les catholiques de ces provinces portèrent des médailles de Notre-Dame de Halle ou d'autres dévotions. (Juste Lipse, *Histoire de Notre-Dame de Halle.* — Strada, *Histoire de la guerre des Pays-Bas*, t. I, liv. v. — Van Loon, *Histoire métallique*, t. I, p. 84 à 87. — Derode, *Histoire religieuse de la Flandre maritime*, p. 168).

Dans les *Mémoires de Pontus Payen*, t. I, p. 365, on lit qu'une médaille de la Vierge fut donnée à l'infortuné Lamoral, comte d'Egmont, décapité, en 1568, pour avoir entretenu des liaisons avec les confédérés. C'était sans doute une médaille de Notre-Dame de Halle.

1. Nous avons admiré dans la trésorerie de la cathédrale de Cologne un riche reliquaire cylindrique auquel sont appendues dix précieuses médailles de piété.

2. Nous possédons trois de ces chapelets ainsi composés.

Enfin ils en plaçaient comme *ex-voto* dans les chapelles.
On retrouve encore de nos jours la plupart de ces pieuses
pratiques. Dans les familles chrétiennes, vous voyez la
médaille de la Vierge Marie, protectrice de la France,
et celles de nos saints les plus vénérés [1].

Nous n'avons pas à parler ici des effets prodigieux attribués aux médailles de dévotion ; ce sujet a été traité, pour
plusieurs d'entre elles, dans des ouvrages spéciaux [2].
Disons cependant un mot de la confiance et de la piété
qu'inspirent encore ces médailles. C'est avec amour que
la tendre mère passe sa médaille au cou de son jeune
enfant ; c'est avec foi que le soldat sur le champ de
bataille, et le marin dans les tempêtes et au milieu des
écueils de l'Océan, portent celle que leur pauvre mère
leur a remise à leur départ.

La médaille religieuse la plus répandue depuis le

1. Que de médailles religieuses furent dispersées et anéanties
pendant la Terreur, quand, en 1793, la commune de Paris défendait,
par arrêté, d'en vendre et même d'en montrer ; quand elle faisait
brûler publiquement toutes les choses saintes que, dans sa fureur
impie et sacrilège, elle appelait hochets de fanatisme ! Les nouveaux
niveleurs eussent voulu aussi interdire la prière, comme le démontre
une de leurs brochures : *Grande dénonciation faite aux Jacobins
dans la dernière séance contre les diseurs de chapelets, et découverte
d'une conspiration universelle dans les patenôtres.*

2. Voir notamment : *Notice historique sur l'origine et les effets de
la nouvelle médaille frappée en l'honneur de l'Immaculée-Concep-
tion de la très-sainte Vierge, et généralement connue sous le nom de
Médaille miraculeuse.* — Aladel, *La Médaille miraculeuse.* — Le
R. P. Dom Prosper Guéranger, abbé de Solesmes, *Essai sur l'origine, la signification et les priviléges de la Médaille ou Croix de
saint Benoît.*

xviie siècle jusqu'à la Révolution fut celle de saint Benoît ; aussi en connait-on une infinité de variétés. Nulle part cette médaille n'a été mieux accueillie que dans le nord de la France, si l'on en juge par le grand nombre d'exemplaires qu'on y trouve [1]. La spécialité de notre travail nous engage à rappeler, après beaucoup d'autres, le sens de lettres détachées qui se lisent sur la médaille, initiales à l'apparence si mystérieuse, que le vulgaire avait donné à cette pièce le nom de médaille des sorciers [2]. Voici quels sont ces caractères avec leur signification latine : IHS *(Iesus Hominum Salvator).* VRSNSMV. SMQLIVB *(Vade Retro, Satana ; Nunquam Suade Mihi Vana. Sunt Mala Quæ Libas ; Ipse Venena Bibas).* Sur la ligne perpendiculaire de la croix sont les lettres : CSSML. *(Crux Sacra Sit Mihi Lux).* Sur la ligne horizontale : NDSMD. *(Non Draco Sit Mihi Dux).* Entre les branches de la croix : CSPB. *(Crux Sancti Patris Benedicti).*

Celles des médailles de saint Benoît qui, par leur style, leur fabrique et leur nombre, semblent appartenir à notre contrée, sont aux types suivants : Le religieux, nimbé, vu en buste à droite, est près d'un prie-Dieu sur lequel est un livre ouvert ; il est en prières devant un

---

1. Notre médaillier renferme plus de cent variétés de cette médaille, recueillies dans la contrée.

2. *Les effets et vertus de la croix, ou médaille du grand Patriarche saint Benoist.*—*Le Magasin Pittoresque,* t. IX, p. 92. — Le R. P. Dom Guéranger, ouvrage déjà cité. — L'abbé Coffinet, *Médaille de saint Benoît, vulgairement et improprement appelée la Médaille des sorciers,* notice insérée dans les Mémoires de la *Société académique du département de l'Aube,* t. XXIX. p. 253.

crucifix au pied duquel on voit une mitre. La légende porte :
S P BENEDICTVS. Souvent ce sujet est remplacé par les
lettres IHS, qu'entoure une légende composée des initiales des deux premiers vers transcrits ci-dessus. Le
revers offre toujours la croix ancrée, avec les autres
initiales.

Au siècle dernier, jusqu'à la Révolution, d'autres
médailles de piété trouvèrent un débit considérable
dans tout le nord de la France, notamment dans l'Artois Citons celles de saint Hubert, de saint Roch, de la
sainte face, du saint suaire de Besançon, de Notre-
Dame de Liesse, de Notre-Dame de Cambrai, de Notre-
Dame de Bon-Secours et du Calvaire d'Arras. Notre siècle a aussi produit, pour ces dévotions, de nouvelles
médailles qui se sont encore vendues à très grand nombre dans notre contrée ; ajoutons-y la Médaille miracu-

leuse, celles de Notre-Dame de Boulogne et celles du bienheureux Labre.

Les médailles religieuses, surtout les plus anciennes, n'ont souvent qu'un côté ; quelquefois elles en offrent deux semblables. Pour la classification de celles qui présentent deux faces différentes, il convient de distinguer le droit, ou côté principal, du revers, qui n'en est ordinairement que le complément ou l'accessoire. Cependant, les deux sujets ayant parfois la même importance, chaque côté peut être pris également pour droit et revers; c'est ce qui arrive surtout quand la médaille a été fabriquée pour être vendue à deux pèlerinages. Sans motif de préférence, nous attribuerons la médaille à celle des deux dévotions qui se présentera la première dans l'ordre alphabétique. On observera que le sujet principal n'est pas toujours celui qu'on supposerait. Citons pour exemple le type si répandu de Notre-Dame-de-Grâce de Cambrai ; la médaille qui l'offre d'un côté ne doit pas appartenir à cette ville, si le sujet reproduit sur l'autre lui est tout-à-fait étranger.

Nous avons adopté pour la classification des médailles de ce recueil, l'ordre alphabétique des lieux et une seule suite de numéros, ce qui facilitera beaucoup les recherches, sans nuire trop à l'ensemble. Chaque article sera précédé d'une notice succinte, où nous retracerons l'histoire du culte auquel les médailles se rapportent. Nous aurons soin de mentionner ce qui pourra servir à leur explication et à leur interprétation, et d'indiquer la bibliographie et l'iconographie de toute dévotion spéciale. Comme la plupart des médailles comprises dans notre travail sont de forme ovale et portent une bélière, nous

nous dispenserons de noter ces particularités ; donc l'absence d'indication sur la forme de la pièce signifiera qu'elle est ovale et à bélière. De même, les personnages figurés sur les médailles étant ordinairement représentés en pied, debout et de face, nous supposerons qu'ils sont ainsi disposés ; quand il en sera autrement, mention en sera faite. Nous devons encore prévenir le lecteur que, s'il ne trouve point après la description de la médaille l'indication du cabinet où elle se trouve, c'est que nous la possédons. La plupart des médailles que nous allons publier ont été trouvées dans le département du Pas-de-Calais. Le plus grand nombre font partie de notre collection ; les autres nous ont été communiquées obligeamment par plusieurs amateurs, parmi lesquels nous aimons à nommer MM. Preux, Rigaux, Delattre et Faucheux.

En terminant cette introduction, nous prions nos lecteurs d'être indulgents pour un travail qui ne peut être qu'un essai, malgré les longues recherches qu'il a nécessitées.

I

ABLAIN-SAINT-NAZAIRE

Médailles de saint Nazaire

Nous commençons ce recueil par un lieu de pèlerinage qui fournit une suite nombreuse de médailles de dévotion. Assis au pied d'une colline, dans une vallée riante qu'arrosent les sources d'une rivière, le village d'Ablain-Saint-Nazaire n'avait anciennement qu'une petite église; elle était placée sous le vocable de saint Nazaire, le diacre qui. sous Néron, reçut à Milan la palme du martyre[1]. Déjà le modeste monument était renommé pour son grand pèlerinage, où l'on venait de toutes parts supplier ce saint d'implorer la miséricorde

---

1. Voir sur ce village, spécialement sur son église et sur le pèlerinage de Saint-Nazaire, les notices et opuscules ci-après : Le comte Achmet d'Héricourt, *Ablain-Saint-Nazaire*. — Le même auteur, *Église d'Ablain-Saint-Nazaire*. — Terninck, *Souchez et Ablain-Saint-Nazaire*. Notre brochure : *Souvenirs métalliques du pèlerinage d'Ablain-Saint-Nazaire*. — *La vie de saint Nazare et de saint Celse, martyrs*. — *Vies de saint Nazaire et de saint Celse, martyrs au Ier siècle, honorés d'un culte spécial dans la paroisse d'Ablain-Saint-Nazaire*.

divine pour la guérison de frénésies, d'autres maladies
mentales et de violents maux de tête[1].

Sur l'emplacement de l'humble édifice s'élève majes-
tueusement une église construite dans le style de la dernière période ogivale. Ce monument, remarquable par
ses belles proportions, par son architecture hardie et gracieuse, ainsi que par la richesse des détails, fut érigé,
vers 1525, par Charles de Bourbon, seigneur de Carency,
en mémoire de la guérison inespérée de sa fille, atteinte
de folie[2]. L'un des autels latéraux, celui de saint
Nazaire, où est exposée une partie du crâne du saint, a
continué d'être visité par des milliers de pèlerins; mais
c'est toujours le 12 juin et pendant la neuvaine, commençant le 28 juillet, que l'affluence des fidèles est la
plus grande[3].

Il est à remarquer que les fous eux-mêmes étaient
quelquefois amenés à l'église : les plus tranquilles pouvaient se tenir sur le banc de pierre placé à l'intérieur de
la tour; quant aux autres, ils étaient attachés à l'extérieur, à l'aide d'anneaux qu'on y voit encore, ou mis dans
une cage de fer. Nous trouvons de curieux détails sur un

1. *La vie de saint Nazare*, p. 10. — *Vies de saint Nazaire et
de saint Celse*, p. 17. Ces petits livres se sont vendus au lieu du
pèlerinage ; le premier renferme des relations de prodiges et des
oraisons en prose et en vers.

2 A. d'Héricourt, *Eglise d'Ablain-St-Nazaire*, page 3. L'auteur
nous a laissé dans sa notice une savante description de cet édifice.

3. Au xve siècle et au xvie, des testateurs ordonnèrent maintes fois
des pèlerinages à l'église d'Ablain-St-Nazaire ; nous en trouvons des
exemples dans des testaments de 1474, 1480, 1508 et 1538, conservés
aux Archives de la ville de Douai.

pèlerinage fait en 1584, par un de ces malheureux. Dans l'espérance d'obtenir la guérison de Jean Clay, de La Bassée, atteint de démence furieuse, le magistrat de cette ville avait décidé que ce pauvre insensé serait conduit au pèlerinage de Saint-Nazaire. Jean Clay y fut mené pour 50 sols, et installé dans une auberge, où se fit une consommation de 31 sols pour sa bienvenue. Mais déjà il avait été chargé de fers et mis dans la cage de Monseigneur Saint Nazaire ; il y resta un mois, c'est-à-dire l'espace de trois neuvaines et quelques jours. De là, une dépense de 19 livres 16 sols pour soins, et de 22 livres pour nourriture. Quant aux frais du retour, ils ne furent que de 14 sols. Le curé, qui avait lu chaque jour l'Évangile, à l'intention du forcené, et avait attesté l'accomplissement de son pèlerinage, reçut pour ces causes 24 sols. De son côté, le chapelain toucha 10 sols pour honoraires de messes qu'il avait célébrées le premier jour de chaque semaine. Enfin, le receveur de l'église perçut 4 livres pour droits ordinaires. C'est un total de 52 livres 5 sols acquitté pour le pèlerinage de Jean Clay par la ville de La Bassée, suivant ses comptes municipaux.

Sur toutes les médailles de ce pèlerinage, saint Nazaire est représenté en diacre et nimbé. Il tient d'une main une palme rappelant avec son martyre, la victoire qu'il a remportée au prix de son sang[1]. Souvent il tient

---

1. Quelquefois cette palme mal dessinée ou incomprise passe pour une forte branche de buis avec laquelle saint Nazaire semble asperger un suppliant agenouillé. Souvent la palme a été prise pour des verges et baguettes, ce qui forme un contre-sens, car l'action du saint ne peut être que bienveillance et charité.

dans l'autre main, ouvert ou fermé, le livre de l'Évangile, allusion à ses fonctions diaconales.

Les médailles du pèlerinage de Saint-Nazaire connues jusqu'ici et décrites ci-après, sont au nombre de vingt-deux : la neuvième, trouvée dans le lit de la Seine, a fait partie de la collection de M. Arthur Forgeais, de Paris ; les dix-septième et dix-neuvième se voient dans celle de M. Delattre. Les sept premières sont en cuivre, ainsi que les n°ˢ 16, 17 et 18 ; les n°ˢ 8 à 14 inclusivement, le n° 20 et le n° 21 sont en plomb ; les n°ˢ 15 et 19 en argent et enfin le dernier est en alliage de nickel et de zinc.

Nous assignons le milieu du xvᵉ siècle à la première de ces médailles, le xviᵉ aux treize suivantes et le xviiᵉ aux n°ˢ 15 à 20 inclusivement. Le n° 21 appartient au xviiiᵉ, enfin le dernier ne date que d'une vingtaine d'années. Voici la description de ces objets de piété :

1. S. ΝΑΖΑRE · ΔΕ ΑΒΕΛΑΙ. Cette légende, la seule où se lise le nom d'Ablain-Saint-Nazaire, remplit trois côtés d'un encadrement au milieu duquel est placé le saint, vêtu de l'aube et de la dalmatique. Il tient d'une main la palme et de l'autre l'Évangile fermé ; à gauche, est une figure agenouillée, derrière laquelle on voit des ceps ou un fragment de chaîne. Cette curieuse plaque est carrée ; elle a été estampée sur une mince feuille de cuivre jaune. Au bas, est indiquée la place du trou qui devait servir à l'attacher, mais qui a été maladroitement fait au-dessus de la tête du saint.

2. Dans un double cercle, au-dessus duquel règnent des branches et des rosaces, est figuré saint Nazaire,

tenant à la main droite une branche dont le bas se termine en fleur de lis et présentant l'Évangile de l'autre ; devant lui, un suppliant à genoux. Médaille ronde fragmentée, frappée sur une légère feuille de cuivre.

3. Plaque de cuivre, découpée à jour, représentant, dans un cercle cordé, le diacre martyr, tenant d'une main le livre de l'Évangile et de l'autre une palme, devant un suppliant à genoux. La queue, en pointe longue et aiguë, qu'on voit de l'autre côté fait supposer que cet objet a été fixé à un cierge.

4. S. NAZARE. Médaille à jour, entourée d'une torsade ; la légende, entre deux cercles, est suivie de dix globules alternant avec des doubles points. Le saint diacre, qui tient l'Évangile, asperge avec une branche une figure agenouillée, placée à sa droite.

5. Variété sans torsade et sans jour ; ici les mains du suppliant paraissent attachées à un poteau placé devant lui.

6. Le martyr, tourné à droite vers un suppliant à genoux, tient de la main droite des baguettes en faisceau et de l'autre l'Évangile. Cette petite médaille est, comme la suivante, frappée sur une mince feuille de cuivre. Nous en possédons trois exemplaires ; sur le premier on remarque quatre petits trous qui ont servi à attacher cet objet de dévotion à une coiffure ou à un vêtement. Les deux autres, assemblés par un cercle avec anneau, forment ainsi un petit reliquaire qui était porté au cou [1].

1. D'ordinaire ces sortes de boîtes contenaient des reliques, des parcelles d'étoffes ou du pain bénit On en a souvent trouvé dans la Morinie.

7. Médaille dont le champ est pointillé ; elle offre le même sujet, mais ici le diacre est posé en sens inverse ; le faisceau est dans sa main droite et l'Évangile dans l'autre. La figure agenouillée est aussi posée en sens inverse.

8. Médaille-reliquaire sans revers. Saint Nazaire y est représenté ayant à sa droite une figure priant agenouillée ; de l'autre côté, la lettre Ω, initiale du saint.

9. Plaque en carré long. dont les angles supérieurs sont arrondis, présentant ainsi la forme d'une niche. Les deux côtés sont ornés d'une bordure en torsade. Le droit nous montre saint Nazaire, tenant une branche au-dessus d'un suppliant agenouillé à sa droite. A sa gauche, ses initiales S. N superposées ; au-dessus, des ceps ou un fragment de chaîne. Revers : la Vierge, nimbée. tenant l'Enfant Jésus sur le bras droit ; près d'elle, deux plantes ; dans le haut, deux grandes fleurs renversées. Cette curiosité a été publiée par M. Forgeais, dans sa *Collection de plombs historiés*, 4° série, p. 205 à 208, et par le Père Cahier dans ses *Caractéristiques des Saints*, p. 789 [1].

10. Ce plomb a la même forme que le précédent, c'est aussi celle des quatre numéros suivants. Dans un encadrement composé d'une torsade et d'un filet se trouve

---

1. Après une assez longue discussion, M. Forgeais avait proposé de donner cette singulière plaque à saint Mathurin ; le Père Cahier accepta et reproduisit cette attribution. Si ces deux estimables auteurs avaient connu les médailles déjà publiées du pèlerinage de Saint-Nazaire, ils ne se seraient certainement pas égarés ainsi.

La découverte de cette plaque dans la Seine prouve combien cette dévotion était accréditée au loin.

saint Nazaire, portant aube et dalmatique; il est légèrement incliné et tourné à gauche. Il tient en la main gauche l'Évangile et asperge avec une branche un enfant attaché à un pilier, les mains derrière le dos. ℞. Dans un encadrement semblable, avec arcatures dans le haut, on lit
l'inscription suivante disposée en trois lignes : S. NASSAR.

11. Plomb un peu plus haut, comme les trois suivants; ici une simple torsade forme la bordure. C'est le
même saint, se tenant du même côté, la tête droite;
il touche avec une branche l'épaule d'un malheureux
forcené attaché à un poteau par les mains fixées derrière le dos. ℞. Dans un encadrement de grènetis avec
filet, dont le haut porte intérieurement des ornements
fleuris, on lit en trois lignes : · S · NASZAR.

12. Autre plaque avec bordure cordée, dont le champ
est occupé par le diacre martyr, placé à gauche, tenant
une branche devant un fou presque nu, lié par derrière
à une colonne légère. Le revers est copié sur celui du
n° 11.

13. Variété de la plaque précédente, dont l'exécution
est moins correcte et plus lourde. Il en est aussi de
même du revers, composé comme les deux précédents.

14. Dans un encadrement avec grènetis et filet, le
même type, beaucoup plus soigné et mieux dessiné.
Le saint tient à la main droite une longue branche, et le
fou est attaché à un double pilier. Le revers est encore
le même, si ce n'est que l'inscription porte : S. NASSAR.

15. Petite médaille, formée de deux côtés semblables,
réunis par une soudure. C'est toujours le sujet ordinaire. Le saint touche d'une branche l'épaule d'un for-

4

cené qui est à sa gauche et dont les mains sont liées
derrière lui. Au-dessus, les initiales S. N.

16. Médaille ronde, composée de deux légères feuilles
de cuivre soudées ensemble; elle est d'une exécution
remarquable et surpasse de beaucoup toutes celles que
nous venons de décrire. Légende : S NAZARE. Le glorieux martyr tient de la main droite des branches et de
l'autre l'Évangile ouvert; derrière lui, à sa droite, une
petite figure ayant les mains jointes. ℞. Ostensoir à cylindre, richement orné.

17. S · NAZAR. Saint Nazaire, tenant une palme et le
livre des Évangiles ; à sa gauche, un enfant agenouillé.
Médaille estampée sur une frêle feuille de cuivre ; elle
n'a pas de revers.

18. Médaille octogone, faite de deux légères feuilles de
cuivre. S · NAZARE. Le saint entre deux petites figures
suppliantes, l'une de face, l'autre de profil. ℞. N · D
DE GRACE : buste de la Vierge portant l'Enfant Jésus,
imitation du type de Notre-Dame de Grâce de Cambrai.

19. Autre médaille de forme octogone, au type du
droit de la précédente, avec la légende S · NAZARE.
℞. Notre-Dame de Grâce, telle qu'elle est représentée
sur beaucoup de médailles religieuses de Cambrai,
d'après le tableau si vénéré de la cathédrale de cette
ville. Médaille publiée par M. Robert dans son savant
ouvrage : *Numismatique de Cambrai*, pl. XLIV, n° 9 ;
l'éminent numismatiste, qui reconnaît que cette pièce
n'a pas été frappée pour Cambrai, ne la donne que
comme exemple de la reproduction du type cambrésien.

20. Médaille assez mince, d'une facture bien maigre. L'anneau et trois globules extérieurs forment la croix. Le saint, placé dans un double cercle, tient l'Évangile ouvert et la palme devant un fou attaché à un poteau. ℞. SAINCT· NAZAR·PRIE·POVR NO·, entre un double filet où règne un rang de points et un filet simple. Le centre est occupé par le monogramme moderne du Christ, surmonté d'une croix et séparé des trois clous de la Rédemption par une longue barre.

21. SAINT NAZARE. Le martyr est représenté sur un plancher carrelé, tenant d'une main une palme et de l'autre l'Évangile. ℞. Descente du Saint-Esprit, sous lequel se lit le mot CONSOLATEUR, épithète donnée souvent à la troisième personne du Verbe. Ce sujet est fort bien choisi pour l'objet du pèlerinage.

22. SAINT NAZAIRE. Le saint avec les mêmes attributs. ℞. L'inscription suivante en cinq lignes: SAINT NAZAIRE PRIEZ POUR NOUS. Cette médaille, de forme ronde, sans bèlière, a été frappée, il y a peu d'années, à plusieurs milliers d'exemplaires, par les soins du curé actuel de la paroisse.

Les n°⁵ 1, 10, 15, 19 et 21 ont été publiés dans nos *Souvenirs métalliques du pèlerinage d'Ablain-Saint-Nazaire*.

II

AIRE-SUR-LA-LYS

Les comtes de Flandre Bauduin de Lille et Philippe d'Alsace, l'un fondateur, l'autre bienfaiteur de l'église collégiale de Saint-Pierre d'Aire, l'avaient enrichie de reliques de la vraie croix, de saint Adrien, de saint Pierre et de saint Jacques le Majeur. Dès l'an 1200, le pape Innocent III avait accordé des indulgences aux fidèles qui viendraient y honorer ces reliques; aussi les pèlerins s'y rendaient-ils en foule[1]. A ces reliques vénérées s'en joignirent d'autres de saint Victor, de saint Jean-Baptiste et de saint Eloi, qui furent aussi l'objet d'un culte particulier. Enfin les fidèles y venaient encore implorer la protection de la Reine du ciel dans

---

1. Arnould de Raisse, *Hierogazophylacium belgicum, sive thesaurus sacrarum reliquiarum Belgii.* — Morand, *Esquisse scénographique et historique de l'église Saint-Pierre d'Aire-sur-la-Lys,* p. 33. — L'abbé Van Drival, *Trésor sacré de la cathédrale d'Arras; Histoire du chef de saint Jacques-le-Majeur.* — Rouyer, *Recherches historiques sur le chapitre et l'église collégiale de Saint-Pierre d'Aire-sur-la-Lys.*

son sanctuaire de Notre-Dame-Panetière[1]. En dernier lieu s'établit une dévotion à sainte Æliana, vierge martyre. Nous avons seulement à nous occuper ici de celles de ces piétés dont nous connaissons des souvenirs métalliques et d'une médaille religieuse qui se rattache au siége d'Aire par Louis XIII.

Médailles de saint Jacques le Majeur

Aire n'a pas eu de dévotion particulière plus renommée et plus suivie que son pèlerinage célèbre en l'honneur de cet apôtre. Nous avons déjà dit qu'une relique de ce saint avait été donnée à la collégiale par Philippe d'Alsace. La possession de cette relique, consistant en la partie antérieure du chef, fut la cause d'un différend fort animé entre ce comte et l'abbaye de Saint-Vaast d'Arras, querelle qui dura de 1166 à 1172[2]. Cette relique si disputée, d'abord déposée dans une châsse, fut bientôt placée dans un reliquaire d'argent massif, représentant le buste du saint, posé sur un socle supporté par quatre anges. Elle fut ainsi exposée à la vénération du peuple dans la chapelle du saint, où l'on venait de tous côtés servir le glorieux apôtre. Mais la foule était plus grande encore le 25 juillet, jour de saint Jacques, qui devint une fête communale. C'est alors que « le chapitre faisait dans la

---

1. Rouyer, ouvrage cité ci-dessus, pages 181 et suivantes.
2. Un grand nombre d'historiens ont rapporté ces démêlés, entre autres Guiard des Moulins, Malbrancq, Gazet, Ferri de Locres, Bollandus, Le Nain de Tillemont et, de nos jours, MM. Harbaville, Morand, Rouyer et Van Drival.

ville une procession générale dans laquelle le reliquaire
de saint Jacques était porté par deux chanoines. Les con-
frères-pèlerins de saint Jacques assistaient à cette procession avec leurs larges chapeaux et leurs bourdons ; ils
se faisaient précéder d'un des leurs, monté sur un cheval
blanc, et portant un étendard, pour marque, disent les
anciens mémoires, des victoires remportées par saint
Jacques sur les infidèles [1]. »

Au XVIᵉ siècle, le chapitre faisait vendre à ce pèlerinage des enseignes ou médailles du saint, au profit de la
fabrique de la collégiale. En 1526, Jacques de Favières,
qu'on doit supposer orfévre à Aire, en avait frappé une
douzaine en argent, et, en 1550, François de Favières, sans
doute son fils, en avait fait deux douzaines de même métal, à raison de neuf deniers la pièce, et trois autres douzaines en laiton, au prix d'un denier par médaille [2]. Nous
serions trop heureux de supposer que les deux plaques
décrites ci-après, trouvées à Thérouanne et attribuées
par nous au célèbre pèlerinage d'Aire, sont les médailles
dont il vient d'être question.

23. Très-grande et belle plaque ronde, fort mince, en
cuivre estampé. Un large encadrement contient seize
coquilles dont chacune est séparée par deux besants
placés l'un au-dessus de l'autre. Dans le champ, on voit
saint Jacques assis sur un large siége, entre deux fleurs.
Il porte chapeau de pèlerin et manteau ; il tient de
la main droite un bourdon auquel est attachée une
panetière ; dans l'autre est l'Évangile.

1. Rouyer, *Recherches historiques*, page 176.
2. Comptes de la fabrique de l'église collégiale d'Aire, notamment
ceux de 1526-27 et de 1550-51 (Rouyer, *Recherches hist.*, p. 175).

24. Autre plaque ronde, uniface, frappée aussi sur une mince feuille de cuivre; elle représente le Christ en croix, ayant saint Roch à sa droite et saint Jacques à sa gauche, l'un et l'autre avec leurs attributs ordinaires. De chaque côté, une haute tige portant trois fleurs qui symbolisent la Trinité, et, vis-à-vis du titre de la croix, un croissant et une étoile. Par son style et sa fabrique cette enseigne appartient bien à la Morinie. Il en est de même de la précédente.

Médailles de saint Jean-Baptiste

La relique de ce saint possédée par la collégiale d'Aire y fut longtemps l'objet d'une vénération profonde et d'un culte particulier[1]. Il en fut surtout ainsi après l'abandon, en 1553, de l'abbaye de Saint-Jean-au-Mont-lez-Thérouanne, où le Précurseur était aussi honoré. Il y avait à Aire un hôpital de Saint-Jean-Baptiste et il y existait une confrérie de la décollation du saint, qui avait principalement pour but le soulagement des prisonniers. Les membres de cette association charitable portaient des médailles distinctives en argent. On connaît deux sortes de ces insignes appartenant, l'un, à la seconde moitié du xviie siècle; l'autre, à la première du siècle suivant; elles offrent, d'un côté, la tête du Précur-

1. Dans son *Hierogazophylacium belgicum*, Arnould de Raisse cite une partie du chef de saint Jean-Baptiste parmi les reliques et joyaux de la collégiale. Suivant une communication obligeante de M. le baron Dard, cette relique était très-révérée au xvie siècle et on y faisait des offrandes.

seur, entourée de rayons et penchée à droite sur un plat ; de l'autre, le nom gravé d'un confrère. Le premier de ces insignes, qui est rond et quelquefois entouré d'un cercle d'or avec bélière, porte en légende : *La decollation de S. Jean Baptiste d'Aire*[1]. L'autre, plus grand, ovale et muni d'un anneau, a pour légende gravée : *La conf. de la dec°. de S. Jean-B'. a. Aire*[2].

Nous croyons pouvoir attribuer à la dévotion qui nous occupe plusieurs médailles unifaces, représentant la tête de saint Jean-Baptiste avec une longue chevelure et les yeux fermés, placée dans un bassin dont les bords sont plus ou moins ornés. A l'appui de notre opinion, que nous reconnaissons bien discutable, nous exposons les motifs ci-après : toutes ces médailles, au nombre de quinze, ont été trouvées dans les environs d'Aire, principalement à Thérouanne. Les trois premières, estampées dans la seconde moitié du xvi⁰ siècle sur de minces lames de cuivre, se classent dans la Morinie par leur style et leur fabrique. Les neuf suivantes, aussi en cuivre, toutes munies d'une forte bélière, mais bien plus épaisses, ont entre elles une si grande affinité, qu'il

1. Médaille publiée par M. Preux dans la *Revue de la Numismatique belge*, 1860, pl. xiv.

2. Cette seconde médaille, plus rare que la première, est dans la collection de M. Deschamps de Pas.

Au commencement du xvii⁰ siècle, la confrérie avait créé, pour ses distributions de secours aux indigents, des méreaux particuliers dont le moule est conservé aux Archives municipales d'Aire. Au droit est la face de saint Jean-Baptiste entre les lettres I B, ses initiales ; au revers, une aigle éployée, armes de la ville ; au-dessous, une fleur de lis.

serait difficile de les séparer ; il en est surtout ainsi des n°s 30, 31, 32, 33 et 35, si peu différents l'un de l'autre. Remarquons, en passant, que le n° 29 ~~doit~~ appartenir au commencement du xvie siècle, tandis que les huit autres sont de la première moitié du xviie. Quant aux trois dernières médailles, qui sont d'argent et plus modernes, elles semblent avoir aussi une origine commune. Disons, enfin, que quatorze de nos médailles ne sauraient être attribuées à l'abbaye de Saint-Jean-au-Mont, puisqu'elles sont postérieures à l'abandon de ce monastère.

Malgré les raisons que nous avons alléguées, une partie des médailles dont nous venons de parler pourrait sans doute être revendiquée par Amiens, pour son célèbre pèlerinage de saint Jean-Baptiste. Nous laisserions facilement à ce culte les n°s 28, 29, 34, 37, 38 et 39, si l'on admettait que ces médailles ont pu se vendre aussi à Aire. Voici, du reste, la description de nos médailles, dont les douze premières sont rondes et les trois autres ovales :

25. Tête de saint Jean-Baptiste dans un très-large encadrement composé de lignes, de tresses, de neuf demi-cercles avec rosaces et de grènetis, le tout formant un riche ensemble.

26. Tête plus grande dans un encadrement plus petit, formé de deux lignes circulaires enfermant seize petits cercles avec trèfles, tous séparés par deux points.

27. Tête plus petite encadrée dans deux cercles occupés par des zigzags et des annelets. Collection de M. de Gournay, de Clarques.

28. -SANCTE IOANES. Une fleur est au milieu de cette légende et une autre à la fin. Tête du saint un peu penchée à droite. Même collection.

29. CAPVT' SANCTI' IOANNIS. Cette légende, placée entre deux cercles, forme l'encadrement de la tête du saint, qu'entourent des rayons peu étendus.

30. La face dans un encadrement de huit triangles que relèvent extérieurement des lignes obliques.

31. La même médaille n'ayant que sept triangles.

32. Autre avec six triangles ; ici la tête, au lieu d'être de face, est tournée un peu à gauche.

33. Variété, d'un module plus petit.

34. La face du Précurseur entourée de quatre couronnes[1], séparées par des ornements arrondis, le tout contenu dans une bordure tressée.

35. Médaille qui est presque celle que nous avons décrite sous le n° 33.

36. Médaille plus commune que les précédentes ; le chef de saint Jean-Baptiste, tourné un peu à droite, a pour encadrement deux lignes renfermant treize cercles avec globules.

37. La face du saint dans un double cercle d'écailles.

38. La face dans un ovale de perles entre deux cordons.

---

1. On voit aussi quatre couronnes sur deux médailles amiénoises de saint Jean-Baptiste, publiées par M. Garnier dans sa savante et très-intéressante *Notice sur quelques enseignes de pèlerinage en plomb concernant la Picardie*.

39. Même médaille, d'un module bien plus petit.

Le grand nombre, les divers modules et les variétés de ces objets pieux prouvent qu'ils sont des médailles de dévotion et non des insignes de confrérie.

Médailles de saint Adrien

Saint Adrien, guerrier romain, qui reçut à Nicomédie la palme du martyre, vers l'an 306, dans la dernière persécution générale, était honoré d'un culte particulier dans la chapelle de la collégiale. On y révérait un de ses bras renfermé, en 1475, dans un reliquaire d'argent doré et émaillé, en forme de cornet, puis placé, en 1660, dans un buste d'argent, sur le socle duquel se lisait ce chronogramme : HIC TRANSLATA SVNT OSSA ADRIANI MARTIRIS. Cette translation avait donné lieu à une solennité qui augmenta encore la dévotion envers le saint. Quatre ans auparavant, quand des maladies épidémiques ravageaient les environs d'Aire, il s'était établi dans l'église une confrérie contre la peste ; elle avait choisi ce martyr pour patron [1]. Une piété si ancienne et si répandue laisse supposer l'existence de médailles qui lui soient propres. Aussi lui attribuons-nous celles dont la description va suivre.

40. Petite plaque d'argent, en losange, renfermant un ovale en grènetis, avec oreille de suspension, et trois glo-

---

1. Morand, *Esquisse scénographique*, pages 23 et 33. — Rouyer, *Recherches hist.*, p. 179. — Hennebert, historien de l'Artois, natif d'Aire, a publié un *Manuel des confrères de Saint-Adrien*.

bules extérieurs formant ainsi la croix. Elle représente, entre les lettres initiales S A, saint Adrien, nimbé, vêtu en guerrier, portant un casque panaché, tenant une épée à la main droite, et une enclume avec marteau de la main gauche. A ses pieds, est un animal qui figure un lion. Cette médaille, trouvée à Thérouanne, appartient au milieu du xviie siècle, époque où la dévotion à saint Adrien, a été pratiquée à Aire avec le plus de ferveur. Ces circonstances jointes à la forme, au style et à la fabrication de cette pièce, qui ont beaucoup de rapport avec celles de notre contrée, nous semblent suffire pour autoriser notre attribution.

Les trois médailles suivantes, qui appartiennent au xviie siècle, sont rondes et diffèrent peu entre elles ; les deux premières sont de plomb et la troisième d'étain. Toutes trois proviennent des environs d'Aire ; comme il n'en a pas été trouvé ailleurs, on peut les donner avec assurance au pèlerinage de cette ville.

41. Entre les initiales S A, saint Adrien vu de face; il est nimbé et vêtu en guerrier ; ses bras sont levés, la main droite tient une épée, l'autre porte une enclume avec marteau. Derrière le saint est un lion couché. Cette médaille, qu'entoure un cercle, n'a pas de revers.

42. Variété du type précédent, sans les initiales, avec encadrement tressé. ℞. IHS · S · ADRIE MA. Inscription dans un simple cercle, disposée en trois lignes.

43. Le droit offre le même sujet plus grossièrement dessiné. Une suite de points forme l'encadrement. ℞. L'inscription suivante en deux lignes : · S · ADRIEN.

M. Amédée de Ternas, de Douai, possède une médaille

en argent qui concerne certainement cette dévotion ; elle lui provient d'un membre de sa famille, qui habitait la ville d'Aire. En voici la description :

44. · S · ADRIANE · ORA · PRO · NOBIS. Buste à droite de saint Adrien, portant casque et armure ; il tient une épée à la main droite et sur l'autre une enclume avec un marteau dessus[1]. ℟. S. ISBER ORA PRO NOBIS. Sainte Isbergue, en buste presque de face ; elle a un voile et un manteau. Elle tient dans les mains un plat sur lequel est une anguille[2]. Cette médaille porte un encadrement dentelé. Le revers, dont la légende est en creux, a été retouché au burin et gravé. Il convient de rappeler que sainte Isbergue ou Giselle, sœur de Charlemagne, qui a passé à Aire une grande partie de sa vie et qui y est décédée, était particulièrement honorée dans la collégiale, où une chapelle lui était dédiée[3].

Médaille du siége de 1641

Durant la guerre entre la France et l'Espagne, longue lutte que Mazarin termina par le traité des Pyrénées, la

1. Ce droit est le même que celui d'une médaille publiée avec d'autres, par M. Aug. de Portemont, dans ses *Recherches historiques sur la ville de Grammont*. Il est l'œuvre de Philippe Roettiers, dont il indique le nom. Il fait partie des coins appartenant à la Belgique.

2. Nous décrirons les autres médailles de cette sainte à l'article d'Isbergue.

3. Morand, *Esquisse scénographique*, page 25. — L'abbé Van Drival, *Description de l'Église de Saint-Pierre à Aire*, page 29. — L'abbé Robitaille, *Annuaire du diocèse d'Arras pour l'année 1866*, page 208.

ville d'Aire fut investie, le 19 mai 1641, par le maréchal de la Meilleraie, à la tête de vingt-cinq mille hommes. Son adversaire n'avait à lui en opposer que deux mille, auxquels vint bientôt se joindre une partie des garnisons de Béthune et de Saint-Omer. La place se rendit le 26 août suivant, mais après une défense héroïque, dans laquelle les assiégés avaient rivalisé d'ardeur et de courage. Les pères jésuites d'Aire avaient aussi affronté les périls: deux d'entre eux s'étaient fait remarquer, encourageant et stimulant les assiégés, auxquels ils avaient distribué des médailles pieuses[1]. Celle dont l'explication va suivre fut très-probablement donnée en cette circonstance.

45. S · IGNATI · S · FRAN XAV · Saint Ignace de Loyola et saint François Xavier, nimbés et portant un long vêtement, tournés l'un vers l'autre; le premier présentant un livre au second. A l'exergue, on lit le nom latin d'Aire, ARIA. ℞. S ISIDOR. Saint Isidore, nimbé, faisant jaillir une source avec le fer d'un long instrument de jardinier; il est placé entre les bustes de sainte Thérèse et de saint Philippe de Néri, sous lesquels se trouvent les premières lettres de leurs noms: S THE · S PHI.

Comme c'étaient les pères jésuites d'Aire qui avaient fait frapper cette médaille, ils avaient pris pour sujets du droit la figure du fondateur de leur ordre et celle de son illustre disciple. La composition du revers s'explique

1. Jean Humetz, *Bellum septimestre sive Aria à Gallis obsessa,* p. 29. — Rouyer, *Preuves numismatiques des siéges d'Aire-sur-la-Lys, des* XVIIᵉ *et* XVIIIᵉ *siècles,* p. 7.

aussi facilement ; on comprend le choix fait de saint
Isidore, patron des laboureurs, pour un pays essentiel-
lement agricole. Quant à sainte Thérèse et à saint Philippe de Néri, l'on sait qu'ils étaient honorés particulièrement dans le nord de la France ; de plus, saint
Philippe était le patron du roi d'Espagne, Philippe IV,
comte d'Artois et prince souverain de cette province.
On pourrait voir aussi dans cet ensemble un souvenir
de la canonisation de saint Isidore, de saint Ignace, de
saint François Xavier, de sainte Thérèse et de saint
Philippe de Néri, appelés les cinq Saints, déclaration
solennelle faite par le pape Grégoire XV, le 22 mars
1622 [1].

La précieuse médaille que nous venons de décrire
a été publiée par M. J. Rouyer, dans ses *Preuves numismatiques des siéges d'Aire-sur-la-Lys*, d'après son exemplaire unique dont il a enrichi notre collection.

Médailles de Notre-Dame-Panetière
et de sainte Aeliana

On doit à M. Rouyer une savante histoire de Notre-
Dame-Panetière ; c'est en grande partie à cet intéressant
travail que nous empruntons les détails qui vont suivre [2]. Dès le commencement du xiie siècle, une confrérie

---

1. Nous possédons d'autres médailles aux mêmes types, portant à
l'exergue du droit *Roma* au lieu de *Aria*.

2. *Notre-Dame-Panetière. Notice historique airienne.* — Il a paru
récemment à Aire, à l'imprimerie et librairie de Guillemin, une brochure ayant pour titre : *Notice sur Notre-Dame-Panetière.*

charitable était instituée à Aire sous le titre de l'Assomption de la Vierge ; vers la fin du siècle suivant, elle prenait le nom de Confrérie ou de Charité de Notre-Dame-Panetière, dénomination qui rappelait ses fréquentes distributions de pains. Cette association avait sa propre chapelle dans l'église de Saint-Pierre ; sur l'autel du sanctuaire, on voyait la Vierge Marie, tenant l'Enfant Jésus. C'était principalement le jour de l'Assomption que la statue était revêtue de ses plus beaux ornements. Au milieu du xve siècle, la riche parure se composait, pour la mère, de bijoux et d'une cotte de drap de damas de couleur sanguine claire, parsemée de feuilles d'or, et, pour le Fils, d'une cotte de même étoffe, ornée de trois enseignes en vermeil de Notre-Dame de Boulogne[1].

La confrérie avait contribué, en 1496, à la reconstruction de sa chapelle, et, peu d'années après, elle remplaçait l'ancienne statue par une nouvelle, plus grande et plus riche, représentée sans l'Enfant Jésus, mais ayant auprès d'elle de petits anges dorés. Cette madone est bien celle qui est encore vénérée à Aire ; seulement, une partie des accessoires a disparu. La confrérie continua de se développer et acquit avec le temps une grande importance[2]; la confiance qu'avait inspirée Notre-Dame-Panetière s'était étendue sur toute la ville, qui s'était

1. *Notre-Dame-Panetière*, p. 10.

2. Cette association avait, au xviiie siècle, ses méreaux particuliers, appelés *Plombs de Salve*. Ils portent les lettres N D P avec une S couchée, au-dessous; ils ont été publiés par M. Rouyer dans ses *Recherches historiques sur le chapitre et l'église collégiale de Saint-Pierre d'Aire-sur-la-Lys*.

placée sous son patronage et considérait la statue comme son *palladium*.

Vers le milieu de notre siècle, une dévotion nouvelle s'établit à Aire, dans l'église de Saint-Pierre. Des fouilles exécutées à Rome dans les catacombes de sainte Priscille, par ordre du pape Grégoire XVI, avaient amené la découverte du tombeau d'une martyre, sainte Æliana, qui renfermait ses restes et une fiole encore empreinte de son sang. Ces reliques furent données par sa Sainteté à Mgr Scott, curé-doyen d'Aire, pour son église de Saint-Pierre, et, le 12 août 1844, elles étaient déposées avec grande pompe dans la chapelle qui leur avait été préparée [1]. Dès lors s'y est établie, en l'honneur de la sainte, une dévotion toujours très-suivie, mais surtout le jour de sa fête, qui se célèbre le premier dimanche d'août. La solennité de la translation des reliques et la piété envers la sainte ont donné lieu aux médailles dont nous donnerons bientôt la description.

N'aurait-il existé, avant notre siècle, aucune médaille religieuse de Notre-Dame-Panetière ? on n'oserait trop le supposer, surtout quand il y a lieu de présumer qu'au XVIe siècle, des orfévres d'Aire fabriquaient des médailles de piété. On connaît bien une médaille gravée entièrement en creux, que nous placerons à la fin de cet article, sur laquelle se lit en abrégé le nom de la vierge vénérée, mais cette plaque est plutôt une pièce historique ou une pièce de fantaisie qu'une médaille de dévotion. Il est donc prudent de n'admettre comme médailles religieuses de

---

1. M. Morand a donné, dans son *Esquisse scénographique* déjà citée, un récit intéressant et fort détaillé de la cérémonie.

Notre-Dame-Panetière, que les suivantes, qui ne permettent aucun doute sur leur classification. Les trois premières, frappées l'an 1844, en argent et en cuivre, concernent aussi la dévotion à sainte Æliana.

46. N·D·PARMENTIÈRE, PRIEZ POUR NOUS. Une méprise du graveur rend cette légende inintelligible ; il s'agit bien ici de Notre-Dame-Panetière. Le sujet est une reproduction assez fidèle de la statue révérée. La Vierge est représentée posée sur un croissant, vêtue d'un large manteau, ayant la tête entourée de douze étoiles et tenant une clef au poignet gauche. ℟. S^{TE} ALIANA, MARTYRE, PRIEZ POUR NOUS. Sainte Æliana, et non Aliana ; elle est nimbée, tient une palme à la main droite et place l'autre main sur sa poitrine. Fleur entre deux points, au lieu d'exergue. Cette médaille est bien moins commune que les deux suivantes, ayant été retirée de la vente aussitôt qu'on se fut aperçu de la singulière erreur de la première légende.

47. N·D·PANETIÈRE PRIEZ POUR NOUS. Le sujet est le même que celui du droit précédent. Exergue : AIRE 1844. ℟. S^{TE} ALIANA, PRIEZ POUR NOUS. Sainte Æliana, représentée comme au n° 46. Exergue : AIRE 1844.

48. Même médaille, d'un module beaucoup plus petit. La seconde légende, plus correcte, porte : S^{TE} ÆLIANA PRIEZ POUR NOUS. Même exergue.

Nous avons maintenant à décrire, sous le n° 49, une médaille que Mgr Scott a fait frapper en argent et en cuivre, il y a peu d'années, dans le but de répandre le culte de Notre-Dame-Panetière. Elle représente la Vierge sur des nuages, entre deux anges agenouillés, jouant des instruments à cordes. Le revers se compose de cette inscription en sept lignes : DIVINE MÈRE PANETIÈRE, NOTRE ANTIQUE PATRONNE PRIEZ POUR NOUS.

En 1849, le choléra sévissait à Aire. Comme dans les autres calamités, la population implora le secours de Notre-Dame-Panetière, et, le 30 juillet, à la suite d'une neuvaine, avait lieu une magnifique procession dont l'un de ses principaux organisateurs, M. Topping, alors vicaire d'Aire, nous a donné le récit[1]. Les quatre-vingts portefaix de la ville, membres de la confrérie de Saint-Christophe et de celle de Notre-Dame-Panetière, figuraient dans le cortége ; trente des leurs portaient le guidon de la Vierge, et huit autres la statue révérée. Ce fut pour entretenir et augmenter leur piété envers la Reine du ciel, que M. Topping offrit à chacun d'eux et à diverses personnes une belle médaille de bronze doré qu'il avait fait frapper à Lyon, au nombre de cent cinquante exemplaires[2]. Voici la description de cette médaille, qui rentre bien dans la classe des médailles de dévotion :

50. DIVA MATER PANARIA. — Buste à droite de la Vierge, voilée et nimbée. ℞. Inscription en six lignes, dont les deux premières sont séparées des autres par un léger ornement : CONFRERIE DE Sᵀ CHRISTOPHE — PORTE-FAIX DE LA VILLE D'AIRE 30 JUILLET 1849.

A l'article de Ruisseauville, nous parlerons de l'abbaye

1. *Souvenir de la neuvaine et de la procession de Notre-Dame-Panetière, à l'occasion du choléra.* On y remarque une lithographie de J. Saudeur, représentant la statue, entourée d'anges.
2. Renseignements fournis par M. Topping.

de moines qui existait en ce village et nous verrons qu'on honorait dans l'église abbatiale une statue de Notre-Dame-de Foi. C'était un lieu de pèlerinage où se vendaient des médailles spéciales. En 1635, les religieux, forcés par le voisinage des armées de fuir leur couvent, s'étaient réfugiés pour quelque temps à Aire. Ils y avaient apporté leur statue et l'avaient placée à l'église de Saint-Pierre, dans la chapelle de Saint-Arnould, que le chapitre de la collégiale avait mise à leur disposition pour la célébration de leurs offices. Comme ils y étaient autorisés, ils étalaient là sur une table images, croix, médailles, couronnes et rosaires qu'ils vendaient aux fidèles et aux pèlerins venant servir Notre-Dame de Foi[1].

Nous décrirons à l'article de Ruisseauville trois médailles de son monastère ; elles offrent au droit l'image de la Vierge, entourée de la légende : N·DAME·DE·FOY, et au revers, soit l'inscription : A L ABBAIE DE RVISSEAVVILLE, 1627 ou 1629, soit un saint nimbé, vêtu d'un rochet. Il est probable que les deux dernières ont été vendues à Aire comme à Ruisseauville. Il pourrait même se faire que la médaille ayant un saint pour revers ait été frappée d'abord pour Aire, mais rien ne le prouve.

Dans un travail intéressant que le baron Dard vient de publier sous ce titre : *Notice sur le refuge de l'Abbaye de*

1. Rouyer, *Notre-Dame-Panetière*, p. 18. — Nous regrettons de ne pouvoir reproduire ici, à cause de sa longueur, l'ordonnance du doyen et du chapitre de la collégiale d'Aire, touchant le refuge des religieux de Ruisseauville et ce qui s'y rattache. Ce document, dont nous devons la connaissance à l'amitié de M. Rouyer, le docte historien et numismate, a été extrait par lui du Registre aux actes du chapitre.

Ruisseauville, est figurée une médaille singulière, gravée en creux sur un flan de cuivre rouge, par un artisan inhabile[1]. Elle comprend trois objets: la Vierge de Ruisseauville, Notre-Dame-Panetière et le siége d'Aire en 1641. D'un côté, se lit l'inscription ARIA·OBSSESA 1641 ; elle est entourée de la légende : ✠ NO · DAME DE RUISSEAUUIL. De l'autre côté, se trouve une petite croix dans une autre dont les extrémités arrondies portent des points ou des clous ; légende : ✠ NO . DA PANT. ✠ ORA PRO NOB. Un trou a été percé dans le haut. Quoique cette curiosité ne soit pas précisément une médaille de dévotion, nous reproduisons ici, la gravure sur bois donnée dans la notice précitée.

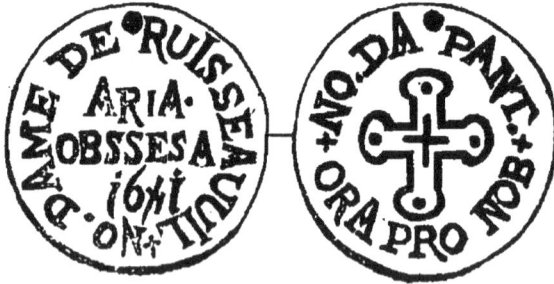

1. Nous n'avons pas à relever les irrégularités que cette pièce bizarre présente dans sa composition et dans la forme de certaines lettres.

III

ALLOUAGNE

─────────────

𝔐𝔢́𝔡𝔞𝔦𝔩𝔩𝔢𝔰 𝔡𝔢 𝔩𝔞 𝔰𝔞𝔦𝔫𝔱𝔢 𝔩𝔞𝔯𝔪𝔢

Allouagne est un grand village à dix kilomètres de Béthune, son chef-lieu d'arrondissement, désigné dans les vieux titres sous les noms peu différents de : *Allone, Alosnes, Alouana, Allouane, Allouaigne, Louaigne, Alloine* et *Allewaigne*. Cette localité a aussi été appelée *Sainte-Larme,* à cause du pèlerinage établi en son église [1].

L'histoire locale nous apprend que cette église fut reconstruite par les seigneurs du lieu, qui descendaient de la puissante maison d'Assignies. Ce vieil édifice, à trois

1. Malbrancq, *De Morinis,* t. III, p. 46 — Arnold de Raisse, *Hierogazophylacium belgicum,* p. 273. — *Abrégé de l'institution ou érection du pèlerinage d'Alloigne, où se conserve une précieuse larme de N. S. J.-C. et des miracles qui se sont opérés par la vertu de cette sainte relique.* — L'abbé Plique, *Allouagne et son pèlerinage en l'honneur d'une sainte larme de N. S. J.-C; Cantiques en l'honneur de la sainte larme de N. S. J.-C. conservée dans l'église d'Allouagne.* — Le chanoine Robitaille, *Annuaire du diocèse d'Arras pour l'année 1870,* p. 215. — Dancoisne, *Numismatique béthunoise,* p. 136.

nefs, de style de transition, est d'ailleurs peu remarquable ; certes, il n'attirerait pas l'attention publique, s'il n'avait été consacré par un culte spécial, but d'un pieux pèlerinage et sujet de la légende que voici : L'Homme-Dieu, au moment de ressusciter Lazare, qu'il avait affectionné, pleura sur son tombeau. Les larmes que Jésus avaient répandues alors, étaient les prémices de la Rédemption ; un ange s'empressa de les recueillir, non pour les reporter au ciel, car elles avaient été versées sur la terre, et Dieu ne reprend pas ce qu'il donne, mais pour les conserver précieusement jusqu'à des temps plus heureux.

Pendant son règne, qui fut de trop courte durée, Godefroy de Bouillon, roi de Jérusalem, s'était procuré en Terre-Sainte d'importantes reliques ; il en avait envoyé plusieurs à sa sainte mère, la bienheureuse Ide. L'illustre croisé offrit en même temps, par reconnaissance, à sa nourrice, qui était née à Allouagne et qui y demeurait, une des larmes que Notre-Seigneur avait versées au sépulcre de Lazare. Elle provenait, paraît-il, du trésor des Lieux Saints. A son tour, la pieuse femme fit don à l'église de son village de cette précieuse relique, exposée depuis lors à la vénération des fidèles.

D'après la tradition rapportée par Malbrancq, la sainte larme d'Allouagne avait été recueillie avec un fragment de la pierre, sur lequel elle était tombée. Cette pièce fut placée dans une petite fiole d'argent que renferma une châsse d'or de grand prix. Telle était la relique vénérée par une multitude de pèlerins venus de France, de Flandre, de Morinie, d'Artois, de Hainaut, d'Amiens et d'autres lieux, pour demander au Sauveur certaines grâces, et, en particulier, la guérison de maladies d'yeux[1]. Dans le cours du pèlerinage, et surtout pendant la neuvaine qui commençait le 21 juin, on distribuait aux fidèles de l'eau dans laquelle on avait plongé la fiole, des médailles d'argent et de cuivre, ou des images pieuses qui avaient touché la relique[2].

La Révolution vint arrêter cette piété; la châsse disparut pendant la Terreur, mais la fiole fut sauvée avec sa relique. Aussi, en 1803, le culte de la sainte larme était-il rétabli, et les pèlerins reprenaient-ils le chemin du sanctuaire qui a toujours été fréquenté depuis lors. Cette dévotion a encore été ravivée par d'imposantes cérémonies et par les fêtes splendides célébrées, en 1868, sous l'intelligente direction du curé de la paroisse, aidé de M. l'abbé Plique, dont on connaît le zèle pour la propagation de cette piété. C'est dans ces cérémonies que furent distribuées à un grand nombre d'exemplaires une fort belle image[3], et la médaille qui sera bientôt décrite[4].

Allouagne n'est pas le seul lieu où s'est établi une dévotion en l'honneur d'une sainte larme du Sauveur; on peut

1. Malbrancq, *De Morinis*, t. iii, p. 46.

2. *Abrégé de l'institution ou érection du pèlerinage d'Alloigne*, page 11.

3. Cette gravure, artistement exécutée par M. Bertin, de Paris, représente, dans la partie supérieure, un ange agenouillé, tenant un linge sur lequel on voit une grande larme radieuse. Au second plan, Jésus-Christ ressuscite Lazare, en présence de quelques disciples et de Marthe. La seconde partie est divisée en deux tableaux, séparés par un ange debout, au-dessus duquel est posée la relique vénérée ; à droite est l'église d'Allouagne, et à gauche, l'autel de la Sainte-Larme.

4. *La Revue Artésienne* du 26 juillet 1868. — Robitaille, *Annuaire du diocèse d'Arras pour 1870*, p. 231.

encore citer Vendôme [1], Thiers en Auvergne, Saint-Maximin en Provence, Saint-Pierre près d'Orléans, Sélincourt au diocèse d'Amiens, Liége et Trèves. Il convient donc de discerner les médailles d'Allouagne d'avec celles qui sont étrangères à son pèlerinage. M. Forgeais a décrit et publié sept objets de piété portant une larme plus ou moins ornée ; ce sont cinq grands sachets, un petit médaillon rond avec anneau à consoles et une petite plaque en forme de cœur couronné [2]. Le numismatiste parisien les attribue tous à la dévotion envers la sainte larme de Vendôme ; toutefois il émet un doute à l'égard des deux derniers objets qui pourraient bien, selon lui, concerner la sainte larme de l'abbaye de St-Pierre-lez-Sélincourt [3].

Nous n'avons pas à nous occuper des cinq sachets, dont les types sont pour la plupart assez bizarres, car ils ne rentrent, sous aucun rapport, dans notre travail ; nous les laissons bien volontiers à Vendôme. L'apparence et le style amiénois du petit médaillon autorisent à le

1. Lire les longues discussions auxquelles deux savants du XVIIe siècle, Thiers et Mabillon, se sont livrés sur la sainte larme de Vendôme.

2. *Collection de plombs historiés trouvés dans la Seine, quatrième série, imagerie religieuse*, p. 65 à 86.

3. Il existe, en effet, des médailles du pèlerinage de Sélincourt, localité du département de la Somme. Nous possédons deux variétés d'une petite médaille en cuivre, du XVIIe siècle, offrant le buste à gauche de saint Pierre, tenant une clef, avec cette légende : ST PIERLE SELINCOVR, et de l'autre, une larme suspendue à un crochet, et ces mots en légende : LACRIMA CHRISTI. Le R. P. Jacques Le Mercier a traité cette dévotion dans un ouvrage ayant pour titre : *Histoire de la Larme sainte de N. S. Jésus-Christ, révérée dans l'abbaye de Saint-Pierre-lès-Sélincourt.*

donner au pèlerinage de Sélincourt₁. Quant à la petite
plaque en cœur, elle est sans doute du même lieu, quoique
par le type elle se rapproche assez de deux médailles
d'Allouagne. Mais ce rapport n'est pas assez déterminant
pour nous faire admettre cette pièce dans notre Recueil.

Les médailles que nous allons décrire, ne laisseront
aucun doute sur leur attribution au pèlerinage si renommé de la sainte larme d'Allouagne ; toutes ont d'ailleurs
été trouvées dans les environs du lieu de la dévotion.
Les quatre premières sont du xvi⁰ siècle et les cinq
suivantes du xvii⁰ ; quant à la dernière, elle ne date que
de quelques années.

51. Ange, sur la tête duquel on voit une petite croix ;
il a les ailes ouvertes et tient devant lui un linge sur
lequel se voit une larme. Petite médaille ronde, entourée
d'un grènetis, frappée, comme les deux suivantes, sur
une mince feuille de cuivre, sans revers.

52. Variété, d'un dessin beaucoup plus correct. Cette
pièce est de mêmes module et grandeur ; un filet remplace le grènetis ; la croix manque, mais de chaque côté
de la figure est une plante à trois branches, emblême de
la Trinité.

53. Le même type, dans un cercle qu'encadre un carré
légèrement cintré, enfermé lui-même par un second
cercle. Les espaces laissés libres sont occupés par une
fleur de lis et de gros points. Médaille ronde beaucoup
plus grande que les précédentes.

1. Dans la note qui terminera cet article, nous décrirons une médaille dont le type principal est presque semblable à ce médaillon.

54. Dans un cercle tressé, garni intérieurement de demi-cercles, est un ange chevelu, aux ailes déployées, vêtu d'une longue robe et d'un manteau, tenant un linge sur lequel on voit une larme. Grande médaille frappée en bractéate sur une feuille de cuivre, carrée et fort mince.

55. Grande et belle couronne royale, avec croix ; dessous, une larme sur un autel, au milieu de deux chandeliers avec cierges allumés, le tout dans un double encadrement octogone. ℞. Dans un encadrement semblable, l'inscription suivante, ordonnée en sept lignes : QUE BENI SOIT LA S E SACRE LARME DE I CRIS EN ALLOVIGNE. *(Qu'elle soit bénie la sainte et sacrée larme de Jésus-Christ, à Allouagne).* Cette intéressante pièce se compose de deux minces feuilles de cuivre estampées, réunies ensuite et découpées de manière à laisser la place d'un anneau.

56. Couronne royale, surmontée d'un petit globe avec croix ; dessous, une larme tombant sur une pierre, ou posée sur un autel ; elle est accostée de deux anges portant des chandeliers avec cierges allumés. Cette médaille, dont les deux côtés sont presque les mêmes, est de forme octogone ; elle se compose de deux feuilles de cuivre réunies au moyen d'une soudure.

57. La sainte larme, dans un reliquaire en forme de monstrance, porté par deux anges, agenouillés. ℞. Le même reliquaire, mais plus grand, et sans les tenants. Médaille losangée en plomb, avec encadrement tressé, de chaque côté.

58. Sur un fond losangé, deux larmes, que sépare l'inscription INRI, rappelant le Christ. ℞. Le Saint-Esprit.

Petite médaille de plomb, formant un carré long ; elle est ornée, des deux côtés, d'un large encadrement.

59. LAZAR. Jésus à droite, ressuscitant Lazare qui se soulève, les mains jointes. ℞. S · LARME LOVAIGNE. Le reliquaire de la sainte larme d'Allouagne, qui affecte la forme d'un ciboire. Cette médaille ovale, ayant un double cercle de chaque côté, est formée de deux feuilles d'argent qu'une soudure a réunies.

60. LA RÉSURRECTION DE LAZARE. Le Christ à gauche, devant le tombeau de Lazare qui soulève la tête. ℞. BÉNIE SOIT LA S^{TE} LARME DE N. S. J. C. CONSERVÉE À ALLOUAGNE. Ange, dans une prairie, tenant à droite un linge où est imprimée la sainte larme. Cette médaille, s'il est possible de donner ce nom à un objet si bizarre, a été faite sur le modèle des larmes d'argent et de cuivre qui se vendent à Vendôme ; il s'en trouve en argent, en similor et en cuivre argenté [1].

Les trois premières médailles, ainsi que les cinquième, septième et neuvième, ont été publiées dans notre *Numismatique béthunoise* (pl. xv et p. 139).

1. Nous possédons encore deux autres médailles en plomb de la sainte larme, qui nous proviennent des collections de MM. Quandalle et Duleau. La première montre, d'un côté, une larme entre deux fleurs, et de l'autre, un saint évêque bénissant ; la seconde offre au droit une larme sur un espèce de chandelier, au milieu d'étoiles, et au revers, la tête nimbée du Christ. Si nous ne comprenons pas ces pièces dans notre Recueil, c'est que, par leur style, leur caractère et leur fabrique, elles paraissent appartenir à l'Amiénois. Nous pensons qu'elles se rapportent à la dévotion de Sélincourt.

IV

AMETTES

———•———

𝕸𝖊𝖉𝖆𝖎𝖑𝖑𝖊𝖘 𝖉𝖚 𝖇𝖎𝖊𝖓𝖍𝖊𝖚𝖗𝖊𝖚𝖝 𝕮𝖆𝖇𝖗𝖊

Quelle magnificence et quelle majesté dans ces grandes
fêtes de 1860, commencées à Rome, continuées à Arras
et terminées dans le modeste village d'Amettes, pour
l'exaltation d'un pauvre pèlerin ! C'est que chacun voulait, à l'envi, honorer la mémoire et célébrer la béatification de celui qui fut, par excellence, le héros de la pauvreté, de la pénitence et de la contemplation.

Benoît-Joseph Labre naquit le 26 mars 1748, à Amettes,
paroisse qui dépendait autrefois du diocèse de Boulogne
et qui, depuis 1801, fait partie de celui d'Arras[1]. Ses

1. Les biographies de Labre sont nombreuses. Le travail le plus
important sur ce bienheureux est celui de M. Desnoyers ; il a pour
titre : *Le vénérable Benoît-Joseph Labre, célèbre pèlerin français.*
Cet ouvrage, qui forme deux gros volumes in-8°, contient, à la
page 560 du tome second, une notice bibliographique sur le saint
pénitent. Nous ajoutons à cette liste les ouvrages et opuscules parus
depuis et surtout en 1860 : *Compendio della vita e virtu del beato
pellegrino Benedetto Giuseppe Labre. — Abrégé de la vie du bienheureux Benoît-Joseph Labre, pèlerin français,* traduction de l'ouvrage précédent. — *Ragguaglio della vita del beato Benedetto Giu-*

parents le confièrent de bonne heure à son oncle, curé d'Érin, qui prit soin de son éducation et lui enseigna le latin. Ce bienfaiteur étant mort, son élève voulut se faire religieux ; il se présenta, sans être admis, d'abord chez des chartreux, puis chez des trappistes; enfin il fut reçu comme novice, à l'âge de vingt-et-un ans, au couvent des Sept-Fonts, mais il quitta ce monastère, huit mois après, pour se vouer entièrement aux pèlerinages. Dès lors, il visita les lieux saints les plus renommés de France, d'Italie, d'Espagne, de Suisse et d'Allemagne ; enfin il se fixa à Rome, passant toute la journée dans les églises, surtout dans celle de Notre-Dame-des-Monts, prosterné constamment au pied des sanctuaires. La charité, la prière et les macérations furent l'unique occupation de l'humble pauvre volontaire, qui rendit sa belle âme à son créateur, le 16 avril 1783.

Au premier bruit de la mort du serviteur de Dieu, la ville éternelle s'émeut toute entière ; partout on entend ce cri : le saint est mort. Le corps, porté dans l'église de Notre-Dame-des-Monts, est aussitôt entouré d'une foule consternée, qui ne cesse de se renouveler et de grossir. On s'agenouille avec respect devant la dépouille mortelle de l'homme qu'hier on ne daignait pas honorer d'un regard, et dont on proclame aujourd'hui les vertus

seppe Labre dato in luce nella solennità della sua beatificazione. — Le bienheureux Benoît-Joseph Labre. — Vie du bienheureux B.-J. Labre. — l'abbé Robitaille, Vie du bienheureux Benoît-Joseph Labre. — Mandements de Mgr Pierre-Louis Parisis, évêque d'Arras, de Boulogne et de Saint-Omer, à l'occasion de la béatification de Benoît-Joseph Labre. — Aubineau, Vie admirable du bienheureux mendiant et pèlerin Benoît-Joseph Labre.

héroïques. Chacun veut toucher les restes du prédestiné, en approche chapelets et médailles. Bientôt on se disputera la moindre parcelle des haillons de l'humble indigent, dont il sera fait plus de quatre-vingt mille reliques qui se répandront rapidement par toute l'Europe. L'image du pèlerin français est reproduite de toutes manières, en argent, en cuivre, en étain, en plomb et en cire, sur toile, sur bois et sur porcelaine, mais ce sont surtout les portraits gravés, soit en pied, soit en buste, qui ont le plus de vogue, aussi s'en vend-il un nombre prodigieux d'exemplaires [1].

. Quand on considère une telle dévotion, quand on voit tant d'objets de piété, bien propres à l'entretenir et à la propager, on pourrait supposer qu'à la même époque, il a existé à Rome, en France et ailleurs, un grand nombre de médailles au type de l'humble serviteur de Dieu.

1. D'après M. Desnoyers, ouvrage cité, t. ii, p. 225 et 509, les cuivres gravés à Rome, à l'effigie du bienheureux, s'élevèrent, en quelques mois, à 85 ; en 1791, ils dépassaient de beaucoup la centaine ; il en fut tiré 135,000 exemplaires. De plus, Capoue et Fabriano éditèrent d'autres portraits du même personnage et en vendirent une soixantaine de mille. Quel nombre obtiendrait-on si l'on ajoutait tout ce qui a été exécuté, sur le même sujet, en France et dans d'autres pays ? Nous connaissons 86 portraits de Benoît ; ils ont été gravés ou lithographiés, savoir : 25 à Rome, 58 à Paris, Arras, Douai, Lille, Avignon, Orléans et Epinal, 1 à Gand et 2 à Munich. Sur 48, le pèlerin est en pied, debout ou à genoux, à droite ou à gauche ; presque toujours il a la tête découverte et les bras croisés ; il est vêtu d'un vieux manteau déchiré, à la ceinture duquel pendent, à droite, un tricorne, et à gauche, une écuelle. Les 38 autres, qui sont en buste, à droite ou à gauche, représentent de même le bienheureux de l'Artois.

Pourtant toutes nos recherches ne nous en ont fait découvrir que trois différentes, et encore sont-elles d'origine française. Ceci laisserait croire qu'à Rome surtout, il n'était pas d'usage, que peut-être il n'était pas permis, de fabriquer des médailles religieuses de personnages dont la béatification ou la canonisation n'étaient pas encore proclamées.

De nombreux prodiges s'opérèrent au tombeau de Benoît, élevé dans l'église Notre-Dame-des-Monts ; des fidèles et des pèlerins de toutes les nations n'ont cessé d'y affluer, même dans les temps les plus agités. Le titre de vénérable avait été décerné, dès 1783, au serviteur de Dieu ; sa béatification fut déclarée en 1860. Vers le milieu de notre siècle, on frappait, à Saumur, une petite médaille qui représente le saint pèlerin, marchant à gauche, et s'appuyant sur un bâton, comme on le vit à la fin de sa carrière, pièce qui lui donne, par anticipation, le titre de bienheureux.

Mais ce fut en 1860 que la gloire de l'illustre pénitent du xviiie siècle se manifesta dans tout son éclat, surtout pendant les fêtes solennelles qui suivirent sa béatification[1]. Qui ne se rappelle cette procession d'Arras, qui,

1. Les principales publications sur ces fêtes sont les suivantes : *Programme des fêtes qui seront célébrées à Arras, les 15, 16 et 17 juillet 1860, à l'occasion de la béatification de Benoît-Joseph Labre et de la translation d'une relique insigne du bienheureux.* — *Le bienheureux B.-J. Labre et les fêtes d'Arras.* — L'abbé Robitaille, *Compte-rendu des fêtes d'Arras et d'Amettes.* — L'abbé Van Drival, *Récit des fêtes célébrées à Arras, les 15, 16 et 17 juillet 1860, à l'occasion de la béatification et de la réception d'une relique insigne de B.-J. Labre.* — *Procession célébrée à Arras, le 15 juillet 1860, en l'honneur du bienheureux Benoît-Joseph Labre,* magnifique album colorié, édité en 1861 à Arras, par Brissy.

dans le pays, n'eut jamais d'égale pour l'importance, la richesse et la pompe, cérémonie que rehaussait la présence de vingt-trois évêques et archevêques, présidés par un prince de l'Église ! Quel immense concours de fidèles et de curieux, tant dans la ville épiscopale que dans le village d'Amettes !

Dès lors, s'établirent en l'honneur de Benoît-Joseph Labre deux pèlerinages très-fréquentés. Le premier est celui de la cathédrale d'Arras, où se voit la belle statue du bienheureux, placée près du calvaire. Le second a été institué dans l'église d'Amettes, village où tout parle du pèlerin de l'Artois, le sanctuaire, sa maison paternelle, l'école qu'il a fréquentée, le sol qu'il a foulé, les rues qu'il a parcourues. C'est là, du reste, que les pèlerins se rendent de préférence et en plus grand nombre, principalement à l'époque des neuvaines [1].

La béatification de Benoît-Joseph Labre, les fêtes célébrées à cette occasion et les pèlerinages en l'honneur du bienheureux, ont produit un nombre considérable d'objets de piété, tels que bustes et figurines en plâtre, portraits gravés et lithographiés, images de toutes formes et de toutes grandeurs, médailles et médaillons. Il en fut fait un immense débit durant et après ces magnifiques fêtes, dont chacun voulait emporter et conserver un souvenir.

Avant de nous occuper plus particulièrement des médailles, nous pensons devoir décrire ici un objet qui s'y

1. Tous les détails désirables sur ces deux pèlerinages sont rapportés par M. le chanoine Robitaille dans ses *Annuaires du diocèse d'Arras*, travail fort important qui renferme une foule de renseignements fort utiles.

rattache. C'est un petit médaillon ovale dans un gracieux encadrement doré, avec bélière, dont chaque côté est protégé par un verre bombé. Au droit est le buste photographié du pèlerin par excellence, tourné à gauche et entouré de ces mots : BENOIT JOSEPH LABRE. Le revers est frappé en argent ; on y lit en légende et en inscription : BENOIT JOSEPH LABRE BÉATIFIÉ LE 20 MAI 1860 ; sous le millésime, deux tiges de lis[1]. Voici ce pieux objet :

1. D'autres petits médaillons, fabriqués à l'occasion des mêmes fêtes, seraient probablement oubliés, si nous ne les rappelions ici ; ce sont, du reste, des bijoux plutôt que des médailles. Ces médaillons-reliquaires, ronds ou ovales et de plusieurs modules, avec encadrements plus ou moins ornementés, renferment, sous verre, le buste photographié déjà décrit. Le revers est disposé en boîte, sur fond rouge ou bleu, pour recevoir soit une relique, soit un pieux souvenir. Un petit médaillon ovale, de même travail, encadre, sous verre, deux photographies ; l'une représente le bienheureux, debout, à gauche, entouré de ces mots : *Bienheureux B J Labre né à Amettes;* sur l'autre est la Vierge de l'Immaculée Conception, avec les mots : *O Marie conçue sans péchés p p n.* Citons enfin un petit médaillon ovale, avec encadrement de cuivre, composé de deux lithographies, fortement vernies et collées sur carton épais. D'un côté, on voit le buste, à droite, du bienheureux, avec les mots : *Le V^bte Benoit Labre;* de l'autre, l'humble serviteur de Dieu, prosterné, à droite, devant une chapelle. Légende : *En l'ég^se N. D. des Monts ;* exergue: *Rome.* Les sujets ont été tirés en couleur carminée, violâtre, brune, verte et bleue sur fond de bois clair.

Nous diviserons les médailles de Benoît-Joseph Labre
en trois catégories. La première se composera des pièces
qui ont été fabriquées en France, et très-probablement à
Paris, à l'époque de sa mort. La deuxième sera formée
de la médaille frappée à Saumur, vers 1850, la seule qui
doive avoir été faite pendant la première moitié de ce
siècle. Enfin la troisième catégorie comprendra les nombreuses médailles avec légendes italiennes et françaises,
frappées en 1860, à l'occasion de la béatification et des
grandes fêtes dont elle fut l'objet, et, depuis lors, pour
le pèlerinage d'Amettes. Toutefois, nous reporterons à
Boulogne-sur-Mer les médailles offrant, d'un côté, le type
de Labre en pied, et, de l'autre, celui de Notre-Dame de
Boulogne, parce qu'elles ont été plus particulièrement
distribuées et vendues en cette ville. Si l'on en excepte
une seule, dont l'origine nous semble difficile à établir,
toutes les médailles de la troisième classe ont été frappées à Paris, même celles avec légendes italiennes. Ces
dernières avaient été commandées par Mgr Haffreingue,
protonotaire apostolique, de Boulogne, d'après le désir
du Père Virili, postulateur de la cause du bienheureux.

Voici les médailles que nous avons à décrire :

MÉDAILLES DE 1783.

61. Dans un encadrement formé d'un double grènetis,
Labre en pied, marchant à gauche, vêtu en pèlerin, tel
que le représentent les premières gravures de grand format ; à sa droite est une colonne, à sa gauche l'église de
Notre-Dame-des-Monts. ℟. Madone dans une chapelle
composée de deux colonnes réunies, dans le haut, par un

cintre et, dans le bas, par une balustrade sous laquelle est un grillage; dans le champ, des globules. Le graveur de ce plomb a voulu imiter, sans la connaître, la cha-pelle qu'affectionnait l'illustre indigent.

62. Médaille de plomb, avec grènetis et filet. BENOIT JOSEPH LABRE. Buste légèrement tourné à gauche, du grand pénitent, vêtu d'un large manteau, tête décou-verte, chapelet au cou, mains croisées tenant un cruci-fix; type copié sur un des nombreux portraits du ser-viteur de Dieu. ℞. Cénotaphe vu du côté de la tête, entouré des attributs de la mort : linceuls, faux, sablier et cyprès; on y lit: D O M B · J · LABRE MORT A ROME EN ODEUR DE SAINTE (sic).

63. Autre médaille de plomb, avec grènetis et grande bélière ; elle est de forme octogone, aux côtés inégaux. Au droit, se voit le buste de Labre, avec la tête entourée d'une auréole lumineuse; le saint homme porte un ample manteau à lignes, dont le large et long collet lui couvre les bras ; les mains sont croisées sur la poitrine. Le revers consiste en l'inscription suivante, disposée en trois lignes : · V · B · J · LABRE · P · P · NOUS ; au-dessous est un petit ornement ayant la forme d'une S.

MÉDAILLES FRAPPÉES VERS 1850

64. BIEN⁻BENOIST JOSEPH LABRE P. P. N. Benoît, en pèlerin, marche à gauche sur un chemin, s'appuyant de la main droite sur un long bâton. ℞. JÉSUS MODÈLE DE RÉSIGNATION. Le Sauveur du monde, en *Ecce Homo*, est présenté sur un plancher carré, portant un long manteau, et tenant à la main gauche un roseau fleuri. Des

deux côtés, au lieu d'exergue, une étoile entre deux points. Cette médaille, de petit module, se trouve en argent, mais plus souvent en cuivre jaune argenté. . ‥

MÉDAILLES DE LA BÉATIFICATION

65. BEATO BENEDETTO GIUSEPPE LABRE. Benoît-Joseph Labre, dont la tête découverte est entourée de rayons lumineux, s'achemine à gauche, les mains croisées selon son habitude. Notre pèlerin, chaussé de gros souliers, vêtu d'un manteau à large collet rabattu, porte un chapelet au cou, et un autre à la main gauche; il presse un petit crucifix contre son cœur. A son côté gauche pend une écuelle. ℞. Légende disposée en deux lignes : PELLEGRINAGGIO DEL B. B. G. LABRE A S. MARIA DE MONTI A ROMA DOVE RIPOSA IL SUO CORPO. Autel de la sainte Vierge en l'église de Notie-Dame-des-Monts. La mère de Dieu y est représentée assise, tenant sur son genou gauche l'Enfant Jésus, qui bénit et porte en main un globe impérial. Aux deux côtés sont placés debout deux martyrs avec palmes : saint Laurent et saint Étienne. Au bas de l'autel, sont agenouillés saint Benoît, qui vient d'y déposer mitre et crosse, et saint François de Paule, au bras duquel est un chapelet. Cette belle médaille, vraiment remarquable, a été frappée, probablement à Rome, en argent, en bronze et en cuivre jaune; son module est de 32 millimètres de haut, non compris l'anneau.

La même médaille se trouve réduite aux deux tiers; elle a été frappée en argent et en cuivre jaune. Nous croyons inutile de la reproduire dans nos planches. ‥

66. Réduction aux trois-cinquièmes de la médaille n° 65 ; on la trouve en argent et en cuivre jaune.

67. Variété de la médaille n° 65, frappée à Paris en argent, en bronze et en cuivre jaune. Ici le personnage du droit est plus grand ; il en est de même du sujet du revers, dont toutes les figures ont une auréole. La légende de ce revers ne comprend qu'une ligne.

68. La même médaille, réduite aux deux tiers ; elle existe en argent et en cuivre.

69. Autre réduction, aux trois cinquièmes, en mêmes métaux.

70. BIENHEUREUX B. J. LABRE NÉ A AMETTES DIOCÈSE D'ARRAS. Type du droit du n° 67. ℞. Sᵀᴱ MARIE DU MONT A ROME. Type du revers de ce même numéro. C'est avec les mêmes poinçons qu'ont été frappés les carrés ou coins des deux médailles. Nous possédons cette belle pièce en argent, en bronze, en cuivre jaune et en cuivre argenté.

71. Même médaille, réduite aux cinq neuvièmes. Cette pièce, dont l'exécution ne laisse rien à désirer, a été faite en argent, en cuivre et en cuivre argenté, ainsi que les trois numéros suivants.

72. Même médaille, de 18 millimètres.

Il existe encore deux autres médailles variées, de 15 mill., en vermeil et en argent ; elles sont aux types et légendes ordinaires. Elles ne diffèrent entre-elles que par l'arrangement des légendes et par quelques détails.

73. Petite médaille, qui est spéciale au pèlerinage d'Amettes. Le droit est le même que celui du n° 72, quoi-

qu'il soit d'un autre coin. ℞. SOUVENIR DE PÉLERI-
NAGE. Vue du village d'Amettes, avec la maison où le
bienheureux vit le jour, et l'église, à la flèche élancée [1].
A l'exergue : AMETTES.

74. Très-petite médaille d'argent, aux type et légende
ordinaires du droit. ℞. O MARIE CONÇUE SANS PÉCHÉ
PRIEZ POUR NOUS QUI AVONS RECOURS A VOUS. Cette
légende, composée en deux lignes, encadre la Vierge.
Exergue : 1830. C'est, comme on le voit, le type si connu
de la médaille miraculeuse.

Nous indiquons ici, sans la comprendre dans notre
planche, une très-petite médaille en argent, (onze
millim.), dont les types et légendes sont exactement
ceux du numéro précédent.

75. BENOIT JOSEPH LABRE. Labre, à gauche, représenté à mi-corps, la tête découverte et légèrement inclinée. Le pèlerin a les bras croisés ; il tient un chapelet à
la main droite et porte à sa droite son tricorne, et à sa
gauche, une écuelle. C'est bien la copie des portraits du
prédestiné. ℞. L'inscription suivante en neuf lignes :
BENᵀ JOSEPH LABRE NÉ A AMETTE LE 26 MARS 1748
MORT EN ODEUR DE SAINTETÉ A ROME LE 16 AVRIL
1783.

Notre collection renferme des exemplaires en vermeil,
en cuivre jaune et en cuivre argenté de cette pièce, dont
le module est de vingt millim. Il existe une variété en
cuivre jaune ou en cuivre argenté, d'un autre coin, dont
les caractères sont un peu plus grands. Sur des exem-

---

1. Cette église possède deux beaux reliquaires-ostensoirs d'argent,
qui sont anciens et fort remarquables.

plaires de la même pièce, où lit, en face du second millésimé : DÉPOSÉ, mot qui exprime trop crûment l'esprit mercantile qui l'a dicté.

Citons une autre médaille dont le droit est le même, mais dont l'inscription identique est disposée en dix lignes, avec le mot DEPOSE, en face des deux dernières. Elle existe en argent, en cuivre jaune et en cuivre argenté.

On trouve encore une médaille de dix-sept millimètres, réduction assez exacte de la médaille précédente, frappée aussi en argent et en cuivre. Cette pièce et les trois suivantes sont quelquefois renfermées dans des encadrements, avec verres légèrement bombés. Mentionnons enfin une variété de la même médaille. dont l'inscription est en caractères un peu plus grands, et où se lit le mot DÉPOSÉ.

76. Médaille en argent et en cuivre, de quinze millimètres, aux mêmes types, sans l'indication du dépôt. Une autre semblable porte cette indication.

77. Petite médaille, aussi aux mêmes types, dont le module n'est que de douze millimètres.

Enfin on connaît encore une très-petite médaille, aux mêmes types, qui n'a que neuf millimètres. Cette pièce et la précédente sont en argent.

Les n⁰ˢ 62, 63 et 64 ont été publiés dans notre *Numismatique béthunoise*, à l'article d'Amettes. Le n° 62 figure aussi dans la *Vie du bienheureux B.-J. Labre*, éditée par M. Brissy, d'Arras.

V

ANNAY

—■—

𝔐édailles de saint 𝔍gnace

Ce village du canton de Lens possédait, sous le nom de l'abbaye de la Brayelle, un monastère de filles, de l'ordre de Cîteaux. Cette pieuse maison avait été fondée en 1196, par Ada, veuve de Michel de Boulers, connétable de Flandre ; elle reçut, dans la première moitié du xiiie siècle, de notables accroissements, grâce aux libéralités de Michel d'Antoing, châtelain de Harnes, qui passe pour son second fondateur. Les religieuses, dont le nombre s'éleva à cinquante, avaient pour directeur spirituel l'abbé de Loos, près de Lille.

La vieille église abbatiale, qui renfermait le tombeau de Michel d'Antoing, le bienfaiteur du monastère, fut reconstruite en 1522 ; deux siècles après, il y était encore fait des travaux assez considérables [1].

Cette abbaye se faisait gloire de posséder des reliques

1. *Cartulaire de l'abbaye d'Annay*, manuscrit de la Bibliothèque de la ville d'Arras. — *Gallia Christiana*, t. iii, p. 451. — Harbaville, *Mémorial historique et archéologique du Pas-de-Calais*, t. i, p. 346. — De Marquette, *Histoire générale du comté de Harnes en Artois*, t. i, p. 131.

de saint Ignace, évêque d'Antioche, martyr du IIe siècle,
qui fut dévoré par les lions dans le cirque de Rome. On
y venait invoquer ce saint, le 17 décembre, contre
l'esquinancie, violent mal de gorge, connu alors sous le
nom de *sinanche*[1]. Cette dévotion, appelée le pèlerinage
des pardons de l'abbaye d'Annay, paraît avoir été longtemps fort renommée et très-suivie. Elle était certainement bien fréquentée en 1635, puisqu'on trouve la mention de procès-verbaux de cette année, concernant l'éta-
blissement de baraques ou échoppes élevées à l'occasion
de cette fête religieuse[2].

C'est dans ces boutiques en plein vent que se vendaient des souvenirs du pèlerinage, et notamment des
médailles frappées pour la circonstance, modestes monuments que le cataclysme révolutionnaire n'a pu englou-
tir avec le monastère. Ces médailles, au nombre de
quatre, sont si rares que nous les croyons uniques. La
seconde, seule, exprime complétement son origine. Quoique les trois autres n'offrent pas la même certitude
d'attribution, elles ne sauraient appartenir qu'au Pardon
d'Annay, car dans nos contrées, on ne trouve ce culte
établi que dans ce village. D'ailleurs, ces pièces sont
incontestablement du pays par leur style et par leur
fabrique. Terminons ce petit chapitre par la description
des médailles qui en sont l'objet.

78. S IGNACE. Sur une lame de cuivre fort mince,

1. Le Père Ignace, *Dictionnaire du diocèse d'Arras*, t I, p. 131.—
Gazet, *Histoire ecclésiastique des Pays-Bas*, p. 189.
2. Inventaire des titres et papiers de la seigneurie de Harnes, reposant aux Archives de la Flandre orientale, à Gand. (Communication
obligeante de M. Albert de Marquette.)

découpée en cœur, on voit l'évêque martyr, crossé et
mitré, qui bénit. A sa gauche et derrière lui sont des
lions mal formés. Les vides de la légende sont occupés
par de légers ornements, et la pointe porte une fleur de
lis. Enseigne de la fin du xv⁰ siècle.

79. Saint Ignace, à gauche, portant mitre et manteau,
tenant à la main droite une longue croix ; deux lions se
ruent sur lui pour le dévorer. Quelques rayons s'échappent d'un nuage pour éclairer la tête du martyr.
℞. Sᵀ IGNACE MARTIR A LABAI DANAY, inscription en
cinq lignes. Notre médaille est octogone ; elle est formée
de deux feuilles d'argent, estampées et réunies par une
soudure. L'octogone est bordé d'un encadrement simple,
renfermant un ovale qui entoure le sujet et l'inscription ;
entre l'encadrement et l'ovale sont placés trois globules
et un trou pratiqué pour porter un anneau de suspension. Médaille du xviiᵉ siècle, ainsi que la suivante.

80. Saint Ignace, mitré et crossé, sur lequel deux lions
se jettent. ℞. La tête nimbée du Christ à droite. Petite
médaille d'argent, dont chaque côté est entouré d'une
large bordure torse.

81. · S · IGNACE · MT ·. Le saint, dépouillé de ses vêtements, ayant les mains liées derrière le dos et les pieds
enchaînés ; il s'affaisse sous les griffes de deux lions.
Médaille ovale, sans revers, frappée vers 1700, sur une
mince feuille de cuivre, coupée à sept pans, à laquelle
est attaché un anneau.

VI

ARRAS

———

Le chef-lieu du département du Pas-de-Calais, qui est aussi le siége du diocèse d'Arras, nous fournit plus de médailles religieuses qu'aucune autre localité ; elles s'élèvent à cinquante au moins. Nous les classerons dans l'ordre suivant : I. Le calvaire d'Arras ; — II. La sainte manne ; — III. La sainte chandelle ; — IV. Saint Marculfe ; — V. Saint Vaast.

Pour rendre plus facile et plus claire la description de ces médailles, nous donnerons d'abord l'historique et l'explication des sujets qu'elles représentent.

I. LE CALVAIRE D'ARRAS[1].

En 1677, les capucins d'Arras avaient, à la demande de l'évêque Gui de Sève, prêché en cette ville une mission, qui s'était terminée par la plantation d'un calvaire,

---

1. Voir sur ce sujet : Lefebvre, *La dévotion au Calvaire*. — *Instruction nécessaire à ceux qui désirent participer aux grâces attachées à l'Association du Mont Calvaire.*—Le Père Ignace, *Mémoires du diocèse d'Arras*, t. VI et *Recueil de diocèse d'Arras*, t. II. — *Dévotion au Calvaire.* — *Le Calvaire d'Arras.* — *Notice sur le*

que le prélat avait béni. La croix fut élevée au-dessus
de la porte de la partie de l'ancien rempart qui séparait
la cité de la ville proprement dite. Bientôt ce signe de la
Rédemption fut l'objet d'une fervente piété, aussi se
couvrit-il de cœurs d'or et d'argent et d'autres *ex-voto*.
Les rares médailles de ce premier calvaire nous en ont
conservé la figure et la disposition : sur une porte de
ville, construite en grès, on voit la croix vénérée, dont
les trois branches supérieures sont fleurdelisées ; elle est
soutenue par de forts pieux. A sa droite, est fichée une
grande lanterne de procession, et, de l'autre côté, se
montre la cathédrale de Notre-Dame, comme pour rappeler la présence de la tendre Mère à l'agonie et à la
mort de son divin Fils.

Le calvaire tombait de vétusté, en 1738, quand un
jésuite canadois, le Père Duplessis, éminent missionnaire,
vint prêcher une mission dans l'église des jésuites
d'Arras. Cette mission fut close par la plantation d'un
calvaire qui remplaça l'ancien. La veille de la cérémonie, Marie-Isabelle Legrand, d'Arras, pauvre estro-
piée, qui, depuis plus de trois ans, ne pouvait faire un
pas sans béquilles, s'était traînée en cette église. Elle

Calvaire d'Arras. — Le Calvaire d'Arras et le Père Duplessis. —
L'abbé Robitaille, *Annuaire du diocèse d'Arras, pour l'année 1865,*
p. 274 et ceux des années suivantes.

Notre collection renferme diverses gravures et images du
XVIIIe siècle, qui reproduisent exactement le calvaire d'Arras ; les
principales gravures ont été éditées à Paris, par de Poilly, Chéreau
et Basset, en 1738 et dans les années suivantes. Nous possédons, sur
le même sujet, une petite planche de cuivre, au bas de laquelle on
lit : *Vray Calvaire d'Arras, l'an 1738.*

priait de tout cœur au pied de la croix, quand tout-à-
coup elle se sentit guérie. Le prodige s'était opéré
devant de nombreux témoins, il fut aussitôt connu dans
toute la ville et bientôt dans les environs, aussi la cérémonie du lendemain eut-elle lieu avec un concours
immense de peuple[1]. Le nouveau calvaire, fait sur le
modèle de l'ancien, mais plus orné, fut, durant les six
premiers mois, visité par cent mille pèlerins venus de
toutes parts, notamment de tout le diocèse, du Cambré-
sis, de la Picardie, du Laonnais, de la Flandre française
et des Pays-Bas autrichiens[2]. L'hiver diminua cette
affluence, mais le concours des pèlerins fut aussi considérable l'année suivante et se renouvela longtemps
encore[3]. Il fallut les mauvais jours de la Révolution pour

1. *Mandement de Monseigneur l'Évêque d'Arras, au sujet de
la guérison miraculeuse de Marie-Isabelle Legrand.*

2. Le Père Ignace, *Mémoires du diocèse d'Arras*, t. VI. — Cet
auteur y rapporte qu'on se rendait processionnellement à ce pèlerinage pendant toute la journée et que les plus éloignés arrivaient
d'ordinaire la veille, pour commencer leurs pieux exercices le lendemain dès l'aurore. Les processions de Lambres et de Lauwin-Planque
se firent remarquer par leur originalité. Elles étaient précédées de
timbales, de trompettes et de hautbois ; les jeunes garçons étaient
vêtus en jacobins, en carmes, en récollets, en trinitaires, en jésuites,
en chanoines, en abbés et en évêques. Les jeunes filles représentaient
des bergères, des religieuses de divers ordres et des saintes. D'autres
enfants avaient pris des costumes romains, espagnols et orientaux.
(*Nouvelles ecclésiastiques*, n° du 23 septembre 1738).

3. *Notice sur le Calvaire d'Arras.* — On lit dans les *Mémoires* du
Père Ignace que Marie-Isabelle Legrand se tenait toute la journée près
du calvaire, vendant des chapelets, des crucifix et des images de la
croix miraculeuse. Il a omis de parler des médailles de la même

interrompre cette sainte pratique. En 1770, par suite de la démolition de la porte de Cité, le calvaire vénéré avait été posé dans une chapelle récemment construite sur la place de la Basse-Ville. Le dépôt sacré y resta jusqu'en 1791 ; il fut alors confié à l'ancienne cathédrale. Huit ans après, il était descendu dans la crypte, puis brûlé par des mains sacriléges, dans les circonstances frappantes que raconte l'histoire locale [1].

Un nouveau calvaire fut placé, en 1802, dans la cathédrale provisoire ; en 1833, il était transporté dans la nouvelle cathédrale, où il n'a cessé d'être l'objet d'une grande vénération. Mgr Parisis, évêque d'Arras, a rétabli, en 1864, le pèlerinage au calvaire, et en a fixé l'époque à la Pentecôte.

Les nombreuses médailles du pèlerinage du calvaire d'Arras nous ont paru demander l'historique qui précède. Avant de passer à leur description, nous devons expliquer aussi le sujet des principaux revers, qui concernent, soit des dévotions renommées dans la contrée, soit des piétés locales.

Le saint suaire. Arras et ses environs ont vénéré les saints suaires d'une manière toute spéciale. Au xviiᵉ siècle, cette piété avait pour objet la sainte face. Au xviiiᵉ,

dévotion, dont la pieuse femme faisait certainement un débit considérable.

Parmi les objets intéressants que nous avons recueillis sur le grand pèlerinage d'Arras, nous citerons des croix en étain, une autre en chêne, garnie d'argent, des médaillons avec images coloriées et un Christ dans un cadre dont les coins inférieurs sont occupés par une médaille et une figure en étain de Marie-Isabelle Legrand.

1. Voir notamment *Revue du Pas-de-Calais*, 2ᵉ année, p. 201.

on honorait particulièrement le corps du Sauveur, empreint sur son linceul. C'est ce sujet qu'on retrouve sur le revers de plusieurs médailles du calvaire d'Arras; mais il est encore reproduit sur des broderies et sur des images de soie ou de papier, d'origine artésienne[1]. Partout le linceul est tenu aux deux extrémités par Joseph d'Arimathie et par Nicodème, disciples du Rédempteur ; il est soutenu au milieu par un évêque, sans doute celui d'Arras. Des tentures relevées par des glands cachent l'entrée du sépulcre.

Notre-Dame de Bonne-Délivrance doit rappeller surtout Notre-Dame de la Délivrance, célèbre pèlerinage des environs de Caen, où, depuis un temps immémorial, on se rend en foule et souvent de bien loin. Les images que nous possédons pour cette piété portent indifféremment les deux dénominations. Le titre de la dévotion exprime sur le terme des souffrances une espérance qui s'étend à tous les lieux.

Notre-Dame de Bon-Secours est, depuis longtemps, une des dévotions les plus suivies dans toute la contrée. Quoique le principal sanctuaire de ce nom soit dans l'église de Péruwelz, province de Hainaut, il existe encore dans le nord de la France une infinité de chapelles placées sous cette invocation. Ce fut de tout temps, pour nos populations religieuses, un besoin d'avoir auprès d'elles un sanctuaire en l'honneur de Celle qui a

1. Nous possédons la planche en cuivre de l'une de ces images.
Il existe aussi des livrets imprimés à Lille et à Douai, concernant la même piété ; ils sont intitulés : *Pratique pour honorer le saint suaire de Notre-Seigneur Jésus-Christ, ou si suaire de Besançon.*

toujours été leur protectrice dans tous les dangers [1] ; il est donc facile de s'expliquer le grand nombre de médailles qu'on trouve au type de Notre-Dame de Bon-Secours.

Notre-Dame de Grâce. Voici encore une dévotion qui s'est répandue rapidement dans toute la contrée. Vers le milieu du xve siècle, une image de Notre-Dame de Grâce, qui passait pour avoir été peinte par saint Luc, avait été apportée de Rome à Cambrai. Peu après, elle avait été déposée en grande pompe dans la cathédrale de cette ville, et exposée aux hommages et à la vénération des fidèles. Dès lors les pèlerins vinrent en foule, de toutes parts, honorer la sainte image devant laquelle des rois, des princes et des héros ne dédaignèrent pas de se prosterner. Le célèbre tableau de Cambrai fut reproduit de toutes manières, sur bois, sur toile, sur vélin, sur papier, mais principalement sur des médailles de divers modules et de plusieurs métaux. Une dévotion si renommée devait se propager et devenir populaire dans tout le pays ; aussi vit-on s'élever en cent lieux des chapelles à Notre-Dame de Grâce. On s'explique ainsi comment le type cambrésien figure sur tant de médailles de notre recueil et notamment sur celles du calvaire d'Arras.

Notre-Dame de Liesse. On connaît partout ce célèbre pèlerinage du Laonnais, où, depuis plus de sept siècles,

---

1. Il y avait, avant la Révolution, un sanctuaire de Notre-Dame de Bon-Secours dans l'église des jésuites de Béthune ; on s'y rendait en pèlerinage. Nous reviendrons sur cette dévotion à l'article de cette ville.

les fidèles se sont rendus en foule, de tous les points de
la France et de l'Europe même, pour y implorer la protection de la Reine du ciel[1]. Mais il n'était pas possible
à un grand nombre d'habitants de nos contrées d'entreprendre un si long voyage. C'est surtout pour y suppléer
que s'élevèrent çà et là des autels et des chapelles à
Notre-Dame de Liesse. La ville d'Arras avait cette dévotion en vénération profonde, c'est pourquoi l'on y trouve
tant de médailles de cette piété.

Notre-Dame de Montserrat. Non loin de Barcelone se
voit une célèbre abbaye de ce nom, où, de toutes parts,
on se rend en pèlerinage pour y visiter un des sanctuaires les plus riches et les plus fréquentés de l'Espagne. Il est probable que c'est lors du séjour des armées
espagnoles dans nos contrées, que cette dévotion y prit
racine. Il existe encore des chapelles de Notre-Dame de
Montserrat dans les environs d'Arras, notamment près
de Wancourt[2]; on ne doit donc pas s'étonner de voir ce
sujet comme type de revers.

La Médaille miraculeuse. C'est le sujet le plus ordinaire
des médailles de piété frappées depuis 1830; il repré-

1. Consulter le travail publié par l'abbé Duployé, sous le titre de:
Notre-Dame de Liesse, légende et pèlerinage. Cette savante publication reproduit diverses médailles de ce culte.

2. Une confrérie de ce nom fut érigée, l'an 1649, en l'église de
Saint-Georges, à Cambrai. (Bouly, *Dictionnaire historique de la
ville de Cambrai*). Il se trouvait aussi en Artois une confrérie du
même nom, dont M. Victor Advielle s'est proposé d'écrire l'histoire.
(V. *Bulletin historique de la Société des Antiquaires de la Morinie*,
19e année, p. 456).

sente la vision qu'eut, en cette année, une jeune sœur du noviciat des filles de la Charité[1].

Saint Hubert. Elle est bien connue, surtout dans nos contrées, la légende d'Hubert, de ce jeune dissipé, qui, chassant un vendredi saint, dans la forêt des Ardennes, voit s'arrêter devant lui un grand cerf, portant l'image du Christ entre son bois. Le chasseur descend de cheval, se prosterne devant la croix, et prend la résolution de suivre saint Lambert, évêque de Maestricht, dont il sera un jour le successeur. La même légende ajoute qu'un ange remit à Hubert, lors de son exaltation à l'épiscopat, une étole tissée de soie et d'or, comme marque de son autorité. De tout temps on a attribué des effets merveilleux contre l'hydrophobie à l'étole de l'apôtre des Ardennes, conservée en l'église de Saint-Hubert, lieu d'un pèlerinage toujours très-fréquenté[2]. La tradition que nous venons de rapporter est une des plus populaires du nord de la France. La piété si vive envers saint Hubert a donné lieu à un grand nombre de médailles qui, presque toutes, représentent l'apparition de la croix

1. V. *Notice historique sur l'origine et les effets de la nouvelle médaille frappée en l'honneur de l'Immaculée Conception de la très-sainte Vierge et généralement connue sous le nom de médaille miraculeuse.* — La médaille miraculeuse n'est pas la même que celle de l'Immaculée Conception, comme l'a établi Mgr Malou, évêque de Bruges, dans son ouvrage : *Iconographie de l'Immaculée Conception de la très-sainte Vierge Marie, ou de la meilleure manière de représenter ce mystère.*

2. L'abbé Bertrand, *Pèlerinage de Saint-Hubert en Ardennes,* p. 36, 113 et 151. — Edouard Fétis, *Légende de Saint-Hubert.*

et la remise de l'étole[1]. Les marchands d'objets de dévotion et spécialement les marchands ambulants de médailles de saint Hubert, qui les étalaient avec des chapelets et des bagues sur nos places et à la porte des églises pendant les fêtes, les foires et les marchés, ne manquaient pas d'en faire un débit considérable.

Beaucoup de médailles de plomb, au type ordinaire de saint Hubert, ont été fabriquées à Arras, à l'époque où y florissait la dévotion au calvaire ; aussi l'autre côté de ces médailles représente-t-il souvent ce calvaire. Il en est encore plusieurs qui offrent, de ce côté, l'image du saint suaire ; nous ne rappelons ces dernières que pour mémoire, leurs types se retrouvant sur les autres.

Nous avons recueilli vingt-cinq médailles différentes du calvaire d'Arras ; les n°s 82, 83, 101, 105 et 106, sont en argent, les n°s 84 et 103, en cuivre, et toutes les autres en plomb et en étain, ou en alliage formé de ces deux métaux. Les deux premières appartiennent à la fin du XVIIe siècle ; les vingt et une suivantes ont été surtout fabriquées depuis 1738 jusqu'en 1757 ; enfin les deux dernières ont été frappées, l'une, vers 1832, l'autre, quelques années après.

1. Notre collection en renferme plus de quarante différentes, fabriquées dans notre contrée pour cette dévotion. Quant à celles du grand pèlerinage des Ardennes, elles sont bien reconnaissables ; nous lisons à la page 199 de l'ouvrage de l'abbé Bertrand : « Il n'y a pas de fabrication de médailles à Saint-Hubert. Les médailles qu'on y vend viennent des grandes villes... Les habitants les achètent à Namur, à Liége ou à Luxembourg. » Cette indication est utile pour la classification des nombreuses médailles du patron des chasseurs.

Voici la description de ces médailles :

Médailles du premier calvaire

82. Médaille octogone sans revers ; elle est surmontée d'un demi-cercle, percé pour servir d'anneau. Dans un double encadrement, un calvaire, aux branches fleurdelisées, est posé sur une porte de ville ; à sa droite, une lanterne de procession ; à sa gauche, une église avec clocher. Dans le champ, le nom du Christ ainsi écrit : IESV, et six cœurs placés comme *ex-voto*.

83. CALVAIRE DARRAS.·. Calvaire, aux branches fleurdelisées, couvertes de cœurs ; il porte un long écriteau découpé, dont les quatre pointes sont terminées par des globules. L'arbre de la croix est maintenu par deux pieux très-forts. ℞. Entre deux lampes suspendues, Notre-Dame de Liesse, en madone, telle qu'elle est représentée ordinairement ; la tête, couronnée, est entourée d'une auréole rayonnante et les cheveux flottent sur les épaules. La Vierge porte un riche manteau festonné, devant lequel est placé l'Enfant Jésus, aussi couronné, vêtu de même.

Sous le n° 129, nous donnerons une médaille de la même époque, offrant, d'un côté, le calvaire, et, de l'autre, saint Marcou.

Médailles du deuxième calvaire

84. · LA · CROIX · MIRACULEUSE · D'ARRAS ·. Le calvaire, couvert de cœurs enflammés, est posé sur trois degrés, dont le premier porte le millésime 1738, année

de sa plantation. A gauche, est Marie-Isabelle Legrand, à genoux, qui présente ses béquilles au Rédempteur. De l'autre côté, l'on voit un homme prosterné et suppliant. ℞. · CROIX · DE · LA · MISSION ·. Le même calvaire, à la gauche duquel se tient le Père Duplessis, vêtu d'un surplis, avec étole. De chaque côté, une haute plante fleurie. Cette belle et grande médaille, en ovale arrondi, qu'encadre un triple cercle, est d'un style, d'un module et d'une forme peu ordinaires. Très-probablement elle a été frappée à Paris par les soins des éditeurs des belles gravures que nous possédons sur le célèbre pèlerinage de la ville d'Arras.

85. Le calvaire d'Arras, aux trois branches supérieures fleurdelisées, tel qu'il est d'ailleurs reproduit sur toutes les médailles du xviiie siècle, concernant cette dévotion[1]. A droite, est une figure agenouillée, tenant un chapelet; à gauche, une femme aussi agenouillée et en prières, portant transversalement deux longues béquilles. ℞. Type ordinaire de Notre-Dame de Liesse.

86. Médaille d'un module plus grand et d'un dessin encore moins correct. Le droit représente le calvaire ; d'un côté, est un religieux à genoux, et, de l'autre, la femme aux béquilles. Sous la croix, on lit, en exergue, le mot ARAS. ℞. Le saint suaire de Besançon : un évêque, Joseph d'Arimathie et Nicodème tiennent devant eux le linceul sacré, de manière à en laisser voir toute l'empreinte. Au-dessus, une draperie divisée en deux parties.

1. Il est à remarquer que la plupart des médailles du deuxième calvaire sont entourées de grènetis des deux côtés.

Ce numéro et les deux suivants sont presque de même module.

87. Mêmes sujets que ceux du n° 86. Les branches de la croix sont plus minces et la figure, agenouillée à droite, tient une croix et un chapelet. Le mot ARAS forme la légende, qui est divisée en deux.

88. Autre variété, sans légende ni exergue. La figure de droite est suppliante.

89. CALVAIRE D'ARRAS. Porte de ville, avec galerie supérieure ornée de deux vases et soutenue par quatre colonnes. Au-dessus, le calvaire; à droite, une femme qui lui présente ses béquilles; à gauche, un suppliant; ces figures ne sont vues qu'à mi-corps. C'est le type le plus commun des médailles religieuses d'Arras; il présente des variétés assez nombreuses, mais les différences sont souvent si légères, que nous pouvons nous dispenser de les indiquer. ℞. Le saint suaire de Besançon, tel que nous l'avons déjà décrit; seulement les personnages, au milieu desquels se trouve l'évêque, tiennent chacun un cierge allumé, et la draperie se divise en quatre parties[1].

90. Variété du droit du numéro précédent, dont les figures accessoires sont placées en sens inverse. ℞. N·D· DE BONNE DÉLIVRANCE. La Vierge, couronnée, portant un long voile qui lui sert de manteau, tient sur le bras gauche l'Enfant Jésus, aussi couronné; elle a un sceptre à la main droite. La madone est posée sur un scabellon

---

1. M. Delattre, de Cambrai, possède le moule en acier du revers de cette médaille.

à volutes. Cet objet de dévotion est garni d'une bordure en festons à jour, d'un effet gracieux.

91. Variété du droit du n° 90. ℞. N · DAME DE BON SECOURS. La Vierge implorée sous cette dénomination, est représentée comme au numéro précédent, mais avec une robe en forme de manteau. Belle médaille, dont le revers est remarquable par la finesse des détails ; elle est, de chaque côté, entourée d'un grènetis [1].

92. Variété du numéro précédent, dont les sujets sont plus grands ; elle est moins soignée et d'un style différent.

93. Légère variété du droit du n° 89. ℞. NOTRE DAME DE GRACE. La Vierge, à mi-corps, tient dans ses bras son divin Fils ; c'est le type du tableau si vénéré de la cathédrale de Cambrai [2].

94. Mêmes sujets, variés et sans les légendes.

95. Le calvaire et ses accessoires ordinaires ; ici l'une des figures présente deux béquilles et l'autre une : ce droit n'a pas de légende. ℞. Madone avec couronne et auréole, vue à mi-corps ; elle tient à droite l'Enfant Jésus nimbé, et à gauche, un sceptre. L'exergue porte les lettres N · D · D · L (N.-D. de Liesse). Médaille octogone, d'un dessin peu correct.

96. Le calvaire au type ordinaire, mais sans légende. ℞. N · DAME DE LIESSE. La Vierge célèbre, placée entre

---

1. Le moule de cette médaille se voit dans la collection de M. C. le Gentil, d'Arras.

2. La matrice en cuivre de ce revers se trouve dans le cabinet de M. Delattre.

deux lampes, sur large support ornementé, tient un sceptre à la main droite, et porte un grand manteau. Devant elle, est l'Enfant Jésus. Dans le champ, deux cœurs enflammés.

97. Le même calvaire aussi sans légende ; l'écriteau avec les initiales INRI. ℞. N-D MONTSERRAT. La Madone espagnole porte une grande couronne rayonnante à laquelle est fixé un grand voile servant de manteau ; elle est assise, ayant sur le bras gauche le divin Enfant, qui tient une scie[1]. Dans le champ, on voit des ermitages et chapelles semés çà et là[2]. Ce revers, d'un style singulier, paraît être l'œuvre d'un graveur étranger. La médaille est plutôt ronde qu'ovale.

98. Droit du n° 89. ℞. NOTRE DAME DU MONTSERRAT. Ce type de Notre-Dame de Montserrat, qui la représente à mi-corps, tenant l'Enfant Jésus, est pris sur le tableau cambrésien de Notre-Dame de Grâce. A l'exergue est le mot ROMMA ainsi gravé.

Nous aurions pu décrire ici une médaille offrant, d'un côté, le calvaire d'Arras, et de l'autre, Notre-Dame des Vertiges ; mais comme elle concerne plus spécialement le pèlerinage de Riencourt-lez-Cagnicourt, c'est à l'article de ce village que nous en parlerons. C'est aussi pour une raison analogue que nous reporterons à l'article de la sainte chandelle une médaille représen-

1. Cette scie rappelle le lieu du grand pèlerinage espagnol : *Monte serrato* (Mont scié). Les armes de l'abbaye de Montserrat sont une roche avec une scie. (*Histôire de N.-D. de Mont-Serrat*).
2. Montserrat comptait treize ermitages.

tant, d'un côté, l'apparition de la Vierge, et de l'autre, le calvaire d'Arras.

99. CALVAIRE DA RAS. Le Christ attaché à la croix, au bas de laquelle on voit une tête de mort et deux tibias en sautoir. ℞. SAINT HUBERT PRIEX POUR NOUS, légende, ainsi écrite, placée en sens inverse dans un double cercle. Le saint, tourné à gauche, en costume civil du siècle dernier, un genou à terre, prie devant le cerf crucifère ; un ange lui apporte une étole.

100. · C · D'ARAS. Le calvaire, planté sur une porte de ville ayant quatre colonnes ; deux figures agenouillées, celle de droite présentant deux béquilles. ℞. Saint Hubert en chasseur, à droite, à genoux, en prières devant le cerf, dont il est séparé par son chien ; derrière lui est son cheval. L'étole traditionnelle descend d'un nuage. L'exergue, composé des initiales S H entre trois points, se trouve au-dessus d'un fond carrelé. Médaille ronde.

101. CALVAIRE DARRAS. Le calvaire et ses accessoires ordinaires. ℞. Saint Hubert, debout, à droite, entre le cerf et le cheval ; le chien est remplacé par un arbuste. Au-dessus, apparaît l'ange apportant l'étole. Exergue en deux lignes : Sᵀ HUBERT P · P · N · . La forme de cette médaille est un octogone irrégulier.

102. CALVAIRE D ARRAS. Type le plus ordinaire du calvaire. Vis-à-vis de l'écriteau, deux étoiles ; les figures sont debout et vues jusqu'aux genoux. ℞. Saint Hubert, dont la tête est entourée d'une auréole, est à droite, à genoux, en prières entre le cerf et le cheval ; le chien est devant lui. Une longue draperie avec houppe remplace l'ange et l'étole. L'exergue qu'on lit sur ce revers est le même que celui du n° 101.

103. La légende et le type du droit sont, pour ainsi dire, ceux du n° 93. ℞. Saint Hubert, la tête entourée de rayons, est représenté à droite en chasseur, à genoux, en prières devant le cerf dont il est séparé par son chien et par un arbre; le cheval est derrière son maître. L'ange fend l'air et apporte l'étole au futur évêque. L'exergue, en deux lignes, porte : S HUBERT P P N. Cette médaille, frappée en cuivre, est la seule que nous connaissions en ce métal.

104. Type du droit du n° 91, mais sans légende. Médaille incuse, dont les deux côtés sont tout-à-fait semblables; elle a été faite ainsi avec intention, car nous en possédons plusieurs exemplaires.

Médailles du troisième calvaire

105. CALVAIRE DE LA CATHEDRALE D'ARRAS. Christ attaché à une large croix sans ornement. Devant, sainte Philomène dans son tombeau, autour duquel sont agenouillées trois femmes en prières. ℞. O MARIE CONÇUE SANS PÉCHÉ PRIEZ POUR NOUS QUI AVONS RECOURS A VOUS. Cette légende est en deux lignes; au bas, en exergue, le millésime 1830. La Vierge, vêtue d'une longue robe et d'un manteau ; au-dessus de sa tête est une auréole, et de ses mains s'échappent des rayons abondants, figurant les grâces qu'elle répand sur la France. Marie se tient debout sur le globe, autour duquel est un serpent qu'elle écrase. C'est le type si répandu de la Médaille miraculeuse.

106. Variété du numéro précédent.

Ces deux médailles ont été frappées en argent et en cuivre ; elles se sont vendues dans la cathédrale d'Arras, près du calvaire [1].

Médaille de la sainte manne

La plupart des chroniqueurs et des historiens de l'Artois ont rapporté, d'après une tradition constante, que, vers la fin du règne de Julien l'Apostat, les terres de l'Atrébatie avaient été frappées d'une sécheresse excessive. Pendant plusieurs années, les récoltes se desséchèrent sur pied ; aussi s'ensuivit-il une affreuse disette Dans leur désespoir, les Atrébates recoururent au Dieu des chrétiens ; ils le supplièrent de venir à leur secours, et leurs prières furent exaucées. L'an 369, il tombait sur leurs terres stériles une rosée, mêlée d'une espèce de laine blanche qui les rendit si fertiles, qu'elles se couvrirent bientôt des moissons les plus abondantes [2]. Cette laine céleste fut appelée manne, par allusion à la nourriture divine envoyée aux Israélites dans le désert. En mémoire de ce prodige, quelques

1. Mentionnons une grande médaille frappée par souscription, après une mission donnée à Arras, en 1825, comme témoignage de vénération et de reconnaissance envers les missionnaires ; elle fut d'argent pour chacun d'eux et pour l'évêque, et de bronze pour les deux cents souscripteurs. (*Relation de la Mission d'Arras, année 1825*). On trouve facilement des exemplaires en bronze de cette médaille.

2. Une liste d'auteurs nous mènerait trop loin ; il nous suffira de mentionner Guillaume Gazet, qui a écrit la *Briefve Histoire de la sacrée Manne et de la saincte Chandelle miraculeusement données de Dieu et religieusement conservées en la ville et cité d'Arras.*

flocons de la laine furent gardés religieusement, d'âge
en âge, dans un riche reliquaire; à la fin du xiii⁰ siècle,
ils furent placés solennellement dans une grande châsse,
où furent aussi renfermées des reliques insignes. D'après
la description que l'historien Gazet nous en a laissée[1],
ce coffret était en vermeil et enrichi de pierres précieuses; il était entouré des dix vierges évangéliques et
surmonté d'une croix. On y voyait encore figurer le
Sauveur, l'Annonciation de la sainte Vierge et deux
anges.

Cette châsse révérée faisait partie du trésor de la
cathédrale d'Arras; elle était exposée, en cette métropole de Notre-Dame, à la vénération des fidèles pendant
une octave spéciale, et aux principales fêtes de la Vierge.
Des indulgences avaient été accordées, dès 1342, pour
cette piété; elles furent plus tard confirmées et augmen-
tées. C'est surtout au xviie siècle et dans la première
moitié du suivant, que cette pieuse pratique fut la plus
florissante. Les gens de la campagne venaient en grand
nombre s'agenouiller devant le reliquaire, demandant
à l'Auteur de tous les dons de bénir leurs récoltes.

C'est pour cette dévotion qu'au xviie siècle on frappa
la médaille suivante, portant ici le n° 107; elle se
compose de deux feuilles d'argent, réunies par une
soudure, et elle est, de chaque côté, entourée d'un
grènetis contenu par une ligne. · S · MANE. (Sainte manne).
Châsse sommée d'une croix ornée; elle est vue d'un
bout, dont l'aspect se divise en deux parties superposées:
celle du haut, offrant une tête d'ange, aux ailes étendues;

1. Ouvrage mentionné ci-devant, p. 6.

l'autre, montrant deux vierges en orantes, entre trois colonnettes. Cette disposition répond bien à la description donnée par Gazet. ℞. · N · D · D ARRAS. La Vierge, nimbée, portant l'Enfant Jésus sur le bras droit, et tenant à la main gauche une fleur touffue. Ce sujet caractérise la métropole de Notre-Dame, lieu spécialement consacré au culte de la Reine du ciel. Au lieu d'exergue, une croix feuillue, entre deux fleurs.

Médailles de la sainte chandelle

Une terrible épidémie, connue sous le nom de mal des Ardents, s'étendit sur toute la contrée, dans la seconde moitié du xiᵉ siècle et au commencement du xiiᵉ. En 1105, l'horrible fléau frappait et décimait la population d'Arras et celle des environs, sans que rien pût le conjurer. Le peuple consterné n'eut plus recours qu'au Dieu de miséricorde et à la vierge Marie, consolatrice des affligés. C'est dans ces conjonctures que, suivant la légende, une femme d'une éclatante beauté apparaît en même temps à deux ménestrels renommés, Itier, du Brabant, et Norman, de Saint-Pol, que le meurtre du frère du premier avait rendus ennemis implacables. Elle leur ordonne de se rendre à Arras, d'avertir l'évêque, Lambert de Guînes, qu'il devra veiller avec eux, certain jour, pendant toute la nuit, dans sa cathédrale, et visiter les malades répandus dans les cloîtres. Elle leur annonce qu'au premier chant du coq, elle descendrait de la voûte du temple, tenant à la main un cierge allumé qu'elle remettrait au prélat. Enfin elle leur recommande de faire boire aux malades, pour leur guérison, de l'eau dans laquelle seront tombées quelques gouttes de cette cire. D'abord l'évêque ne peut croire à la mission des deux messagers, mais il se rend à leurs instances, et, à l'heure fixée, il se trouve avec eux dans la cathédrale. Fidèle à sa promesse, la femme apparue, qui est la sainte Vierge elle-même, descend du ciel, entourée de nuages resplendissants, remet à l'évêque le cierge sacré et disparaît aussitôt.

Telle est, dans toute sa simplicité, la légende qui, pendant près de sept siècles, a été si accréditée et si populaire dans toute la contrée. Ajoutons, avec l'histoire locale, que l'évêque et les deux ménestrels, remis à peine de leur trouble, employèrent le remède céleste et rendirent ainsi la santé à tous les malades qui y avaient foi[1]. Ces prodiges se renouvelèrent ; aussi la

1. M. de Linas a donné dans son beau travail : *La Confrérie de Notre-Dame des Ardents, d'Arras*, une liste très-longue des historiens qui se sont occupés de la sainte chandelle de cette ville. Mentionnons seulement quelques ouvrages spéciaux : Gazet, *Briesve histoire de la sacrée manne et de la sainte chandelle.*— Le P. Patou, *Discours sur les prodiges du saint cierge.* — Terninck, *Notre-Dame du Joyel* et *Appendice à l'histoire du saint cierge d'Arras.* — Nous avons nous-même donné une *Notice sur les médailles de la sainte chandelle.*

Nous possédons une belle planche en cuivre, où l'on voit, entourée de rayons et de nuages, la Vierge, couronnée, tenant le cierge allumé. Elle descend devant l'autel, au pied duquel les deux ménestrels et l'évêque sont agenouillés. De chaque côté, est le prélat, se préparant à guérir des malades. Le titre porte : *Nostre Dame des Ardens.* — Notre collection renferme aussi une gravure avec ce titre, coupé par un écusson aux armes d'Artois : *Nostre Dame des Ardans.* La Vierge, tenant le cierge à la main droite, est couronnée

croyance en la vertu du saint cierge se généralisa-t-elle.
Une puissante confrérie s'établit à Arras, sous le nom
de Notre-Dame des Ardents : rois de France et d'Angleterre, comtes de Flandre et d'Artois, ducs de Bourgogne, papes, cardinaux et autres prélats s'y firent
inscrire à l'envi. Une autre confrérie se forma dans la
même ville, à la même intention ; c'était celle de la
corporation des drapiers, connue sous le nom de
Petits-Ardents ; elle possédait un cierge qui provenait
du premier.

Avec les gouttes de cire recueillies dans l'eau préparée pour les malades, on fondit d'autres chandelles que
se disputèrent nos villes et villages[1]. Les lieux qui en
obtinrent et propagèrent la même dévotion sont les
suivants, que nous plaçons dans l'ordre de leurs
divisions actuelles : *Pas-de-Calais :* Aire, Blandecques,
Desvres, Fauquembergue, Fleurbaix, Fruges, Heuchin,
Moncheaux, Oblinghem, Œuf-en-Ternois, Ruisseauville,
Seninghem et Wambercourt. *Nord :* Douai, Lille[2], Mar-

par deux anges ; à ses pieds, sont agenouillés et suppliants l'évêque
Lambert et les deux ménestrels. — Rappelons que l'ouvrage cité de
Gazet, porte à la seconde page, une gravure sur bois représentant,
dans un ovale lumineux, la Vierge debout, couronnée par deux
anges et tenant un cierge allumé. A ses pieds, sont l'évêque et les
ménestrels, qui la prient à genoux ; au bas, on lit : *Nostre Dame
des Ardans.*

1. *Sanctuaire de Notre Dame des Ardents ou Notices sur les
saints cierges provenant de la sainte chandelle d'Arras,* ouvrage
attribué à M. le chanoine Proyart.

2. Il existe pour Lille, une médaille de Notre-Dame des Ardents ;
elle a été publiée dans notre *Notice sur les médailles de la sainte
chandelle,* puis par M. Van Hende dans sa *Numismatique lilloise.*

chiennes, Pecquencourt[1] et Thiennes. *Belgique :* Bruges et Courtrai[2].

Mais revenons à notre sujet. Le cierge d'Arras fut déposé d'abord dans l'église de Saint-Aubert ; la chapelle de l'hôpital de Saint-Nicolas le reçut en 1109. En 1215, il était solennellement porté dans l'élégante pyramide qui lui avait été élevée, au milieu de la petite place, par la pieuse Mahaut de Portugal, veuve de Philippe d'Alsace, comte de Flandre, monument bien remarquable que l'athéisme et le vandalisme révolutionnaire ont fait disparaître en 1791[3]. Heureusement, après mille dangers, la relique vénérable a échappé à cette furie sacrilége. Il en fut de même de sa riche custode qu'avait offerte Mahaut de Portugal, étui d'argent niellé, en

1. On connaît deux médailles de Notre-Dame des Ardents, de Pecquencourt : nous avons donné la première dans notre Notice citée ci-devant ; les coins de l'autre sont au Musée de Lille.

2 L'abbaye de Groninghe, de Courtrai, qui tenait en grande vénération un cierge provenant de celui d'Arras, a fait frapper pour cette dévotion une médaille octogone, en cuivre soufflé, sur laquelle on voit, d'un côté, la sainte Vierge, debout et couronnée, tenant à la main droite un sceptre et portant l'Enfant Jésus sur le bras gauche. Légende : *N. Dame d Groenin.* Le revers représente le saint cierge allumé, dans un chandelier à base hexagone, entre deux anges céroféraires, agenouillés ; légende : *La S. Chandel.* Cette médaille, qui fait partie du cabinet de M. Gentil, de Lille, a été décrite par M. de Linas, à la page 70 de son ouvrage déjà cité.

3. Nous donnerons, sous le n° 114, une médaille dont le revers représente cette belle pyramide de la Sainte-Chandelle. Ce n'est pas la seule qui rappelle ce clocher gracieux et hardi, car il figure aussi sur un jeton frappé en 1597, pour les États d'Artois, pièce publiée par M. Deschamps de Pas, dans sa *Notice sur les Jetons d'Artois.*

forme de cône allongé, orné de figures, d'animaux
fantastiques, de guirlandes et d'arabesques[1].

On a vu combien le culte de la sainte chandelle, le
même que celui de Notre-Dame des Ardents ou du Joyel,
a été suivi à Arras. Longtemps il y donna lieu à des
pèlerinages nombreux qui ne cessèrent d'attirer un
grand concours de fidèles[2]. Il a fallu les mauvais jours
de la Terreur pour arrêter cette dévotion si populaire.

Il y a peu d'années, Mgr Lequette, évêque d'Arras,
voulant restaurer le culte presque oublié de Notre-
Dame des Ardents, décida qu'une église sous ce vocable
serait construite dans sa ville épiscopale, et que la
sainte relique y serait déposée dans sa custode. On se
mit à l'œuvre et bientôt s'éleva ce bel édifice, qui fut

1. Cette custode, qui contient encore des parties importantes du
cierge vénéré, a été conservée dans le Trésor de la cathédrale
d'Arras depuis le concordat jusqu'en 1876, année où elle fut déposée
solennellement en l'église de Notre-Dame des Ardents. Elle a été
décrite par M. de Linas, dans son ouvrage cité ci-devant.

2. M. Terninck donne de curieux détails sur ces pèlerinages dans
son ouvrage : *Notre-Dame du Joyel*, p. 34.

Suivant Dom Devienne, (*Histoire d'Artois*, 5e partie, p. 236),
Louis XIV, qui avait pieusement visité le saint cierge, en 1654,
après la levée du siége d'Arras, vint, trois ans après le vénérer de
nouveau avec la reine. Les maïeurs de Notre-Dame des Ardents,
prévenus de la visite, avaient fait fabriquer cinq *agnus* d'or, dans
lesquels ils avaient coulé des gouttes du saint cierge. Ils les offri-
rent à la reine et aux principales dames de sa suite. Certainement
ces agnus n'étaient autres que des médailles en forme de petits
reliquaires, du genre de celles que ce recueil renferme en assez
grand nombre. Nous ignorons ce que représentaient ces médailles,
mais il y a lieu de penser qu'elles étaient au type de l'une de celles
que nous décrirons dans ce chapitre.

consacré dans le mois de mai 1876. A cette occasion furent célébrées de magnifiques fêtes dont le souvenir sera conservé par la description qu'en a donnée M. le chanoine Van Drival, un des principaux organisateurs de ces solennités[1]. Une foule immense accourut de toutes parts pour assister à ces fêtes et surtout à une procession grandiose dont l'éclat était encore relevé par la présence de plusieurs prélats[2]. Des médailles destinées à raviver et à propager la dévotion à Notre-Dame des Ardents, furent commandées par la commission d'organisation à la maison Robineau, de Paris, qui en a frappé 89,448 exemplaires.

Cette piété a été l'objet d'une suite intéressante de médailles dont la plupart sont d'une grande rareté. Nous en connaissons vingt-deux : une concerne Lille, deux sont de Pecquencourt et une se rapporte à l'abbaye de Groninghe, de Courtrai ; nous donnons les dix-huit autres à Arras. L'attribution de quelques-unes ne peut laisser aucun doute, et comme les autres ne fournissent aucune indication qui les rattache à d'autres localités, nous les classons de préférence à la ville qui fut le siége principal de cette piété. Notons d'abord que sur chaque médaille le cierge est allumé, hormis sur celle qui porte le n° 116.

1. *Description des Fêtes du 21 mai solennisées à Arras en l'honneur de N.-D. des Ardents.* — V. aussi le *Programme de la Procession.*

2. On a réimprimé, pour la procession, les guidons des anciennes corporations de la ville ; il en a été fait ensuite un album de quatorze planches, commençant par celle de Notre-Dame des Ardents.

108. ....S. G.. ꟽꟽꟽ. La sainte Vierge, couronnée, vêtue d'une robe et d'un manteau drapés avec goût, tenant l'Enfant Jésus entre les bras. A sa gauche, un homme agenouillé lui présente un cierge. A sa droite, un saint évêque portant mitre, chape et crosse. A la droite du prélat, un grand lis dans un vase. Marie, son Fils et le saint sont nimbés. Cette enseigne ronde, autour de laquelle règne un cercle élevé, bordé de grènetis, est d'un beau style, d'un dessin correct et d'un fini remarquable. Cet objet, en étain, trouvé à Arras, remonte au milieu du xv⁰ siècle. Il est malheureusement incomplet; deux cassures ont enlevé la plus grande partie de la légende, ce qui rend notre attribution assez incertaine.

109. La Vierge, portant son Fils sur le bras droit; elle est entre deux chandeliers avec cierges. Comme sur d'autres médailles que nous décrirons ci-après, les deux cierges ne sont pas placés uniquement pour la symétrie; ils ont une signification : ils indiquent soit les deux saintes chandelles des confréries de Notre-Dame des Ardents et des Petits Ardents, soit le cierge principal et ceux qui en sont provenus. ℟. Évêque nimbé et crossé, bénissant ; c'est très-probablement saint Vaast. Cette petite *imaige* est placée dans un cœur avec encadrement garni de cinq trèfles à l'extérieur et muni d'un grand anneau. Cet objet de piété et les deux suivants sont en plomb et appartiennent au xvi⁰ siècle.

110. Pièce plus petite, aux mêmes types; elle est ronde et encadrée dans une cercle épais.

111. Variété plus correcte ; ici l'évêque est mitré.

112. La Vierge, nimbée, vêtue d'un large manteau ; elle tient le cierge à la main droite. Plaque de plomb, du xvi⁰ siècle, en forme de niche ; elle est encore garnie de son anneau de suspension.

113. La Vierge avec l'Enfant Jésus sur le bras droit ; elle est entre deux cierges mis dans de petits chandeliers affectant la forme d'un sablier. Les lettres S C (*Sainte Chandelle*) occupent les deux côtés laissés libres. ℞. Chapelle à deux fenêtres, avec clocheton et croix ; dans le champ, quatre étoiles. Plomb rond de la première moitié du xviie siècle.

114. La Vierge, couronnée, tenant le cierge à la main droite, descend, entourée de nuages, vers l'évêque Lambert et les deux ménestrels près desquels sont deux violes et un archet. ℞. N · D · DES ARDANS. Représentation assez lourde de la belle pyramide de la Sainte-Chandelle ; au bas, deux rosaces. Grande médaille octogone en argent, du xviie siècle.

115. N D S C DEL (*Notre Dame de la Sainte ChanDELle*). La Vierge, dont la tête, couronnée, est entourée d'une auréole lumineuse ; elle est posée sur des nuages et tient le cierge à la main gauche. ℞. N D S CHANDEL. Le cierge, placé au milieu d'un parquet à carreaux. Médaille ovale du xviie siècle, frappée sur deux feuilles d'argent en losange ; entre l'ovale et les bords se trouvent le cercle de l'anneau et trois globules.

116. Dans un encadrement losangé, orné extérieurement de quatre fleurs de lis, est un double cercle ovale renfermant, d'un côté, le cierge entre les initiales S C, et de l'autre, les lettres I H S, monogramme ordinaire

du Christ, avec la croix et les clous. Petite médaille d'argent, frappée vers le milieu du xviie siècle.

117. La Vierge, tenant un sceptre à la main droite, et portant l'Enfant Jésus sur le bras gauche, l'un et l'autre ayant la tête entourée d'une auréole rayonnante. ℞. La sainte chandelle mise dans un chandelier élevé, entre deux anges agenouillés, qui présentent des palmes. Vis-à-vis du pied du chandelier sont les lettres S C G N (*Sainte-Chandelle, Gardez Nous*). Jolie médaille octogone, en argent, du xviie siècle, bien différente de de toutes les autres par le faire et le style.

118. La Vierge, couronnée et nimbée, ayant sur le bras droit l'Enfant Jésus, aussi nimbé ; elle se tient dans un cercle orné de deux fleurs. De chaque côté, un chandelier avec cierge. Cette médaille uniface, bordée d'un grènetis cordonné, a été frappée dans la seconde moitié du xviie siècle, sur une légère feuille de cuivre jaune.

119. N·D·DES ARDANS. La Vierge, couronnée, tenant le cierge à la main droite, et portant sur le bras gauche l'Enfant Jésus avec le globe terrestre. ℞. LA·S·CHANDELLE. Le saint cierge dans sa custode. De chaque côté, un ange agenouillé portant un chandelier avec cierge. Cette médaille du xviie siècle est de forme octogone ; elle se compose de deux lames de cuivre jaune, estampées séparément, puis réunies par une soudure.

120. SAINTE CHANDELE. La Vierge, entourée de rayons dans un ovale formé de nuages, apparaît à l'évêque et aux ménestrels, tous trois à genoux ; elle tient le cierge à la main droite. ℞. CALVAIRE D'ARRAS. Type le plus ordinaire de ce calvaire, reproduit ci-devant

au n° 93. Belle médaille en plomb et étain, du milieu du xviiie siècle.

121. S·CHANDELLE D ARRAS. On voit dans un double encadrement le cierge placé sur un socle. Exergue : 1757. ℞. CALVAIRE D'ARRAS. Même type que celui du n° précédent, mais la porte est plus haute et mieux dessinée. Médaille octogone en alliage de plomb et d'étain.

122. Intérieur d'église, dont la voûte est à compartiments étoilés ; à l'entrée, la sainte chandelle posée sur un large pied de chandelier. Exergue : LA S·CHANDELLE. Médaille octogone sans revers, estampée sur une mince feuille de cuivre rouge, qui paraît être de la seconde moitié du siècle dernier.

Les trois médailles suivantes sont celles qui ont été frappées pour être distribuées et vendues lors de la procession solennelle du 21 mai 1876 ; il s'en trouve en vermeil, en argent et en bronze.

123. NOTRE DAME DES ARDENTS P. P. N. Dans un encadrement formé d'arcatures, la Vierge apparaît sur un nuage ; elle se présente avec le cierge en main, à l'évêque et aux ménestrels, tous trois agenouillés. Le mot CEREVM qu'on lit plus bas donne en chronogramme le millésime 1105, année de l'apparition, qu'on retrouve sur le nuage. ℞. Dans un encadrement semblable, un calvaire dont les extrémités sont trifoliées ; il est placé sur une porte cintrée au-dessus de laquelle est cette inscription : CALVAIRE D'ARRAS.

124. Même médaille réduite aux deux tiers.

125. Autre plus petite, aux mêmes types, mais sans les encadrements ; on y a supprimé la porte et le mot *cerevm*.

Les n°s 119 et 120 ont été décrits par M. Rouyer dans *L'Écho de la Lys,* en 1842 ; les mêmes n^{os} et les n°s 113 et 114 ont été publiés dans notre *Notice sur les Médailles de la sainte chandelle* ; enfin le n° 110 figure à la planche iv de notre *Essai sur la Numismatique de l'Abbaye de Saint-Vaast* [1].

Médailles de saint Marcou

Ce saint, connu aussi sous les noms de Marcoul, Marculfe et Maclou, missionnaire, puis abbé de Nanteuil vers le milieu du vi^e siècle, était particulièrement honoré à Corbeny près de Laon, où se trouvait son tombeau [2]. Il fut aussi vénéré dans beaucoup d'autres lieux [3] ; on l'invoquait contre les écrouelles. Les rois de France passaient pour avoir obtenu de lui le don de guérir les scrofuleux.

Une église d'Arras, construite dans le xie siècle, était

---

1. C'est par erreur que, dans notre opuscule sur les médailles de la sainte chandelle (pl. i, n° 5), nous avons attribué à cette dévotion une médaille qui représente, d'un côté, la sainte Vierge abritant des pèlerins sous son manteau, et, de l'autre, saint Nicolas avec les trois enfants. Elle appartient aux pèlerinages renommés de Notre-Dame de Bon-Secours, de Nancy, et de saint Nicolas, de Saint-Nicolas du Port.

Nous possédons un petit méreau de plomb, qui se rapporte à l'une des confréries de Notre-Dame des Ardents, établies à Arras.

2. Blat, *Histoire du pèlerinage de saint Marcoul à Corbeny.*

3. Notamment à Valenciennes, en l'église paroissiale de Sainte-Elisabeth, et particulièrement à l'abbaye de Cysoing, où des reliques notables du saint étaient l'objet d'un pèlerinage célèbre. (V. *La vie de S. Marcoul,* imprimée chez de Rache, en 1640).

sous l'invocation de saint Marcou. Plus tard, elle prit le nom de Sainte-Croix, mais la fête de l'illustre abbé n'y fut pas moins célébrée solennellement jusqu'à la Révolution. Une confrérie en l'honneur du même saint avait aussi été instituée en l'église de Saint-Géry d'Arras. La dévotion à saint Marcou était donc assez populaire en cette ville ; c'était du reste le seul lieu du diocèse où il fût honoré d'un culte particulier et suivi.

Il existe des médailles de saint Marcou, qui le représentent en religieux, tourné à droite ou à gauche, tenant sa crosse inclinée et approchant la main de la figure d'un suppliant agenouillé, et qui offrent au revers la statue de Notre-Dame de Liesse. Bien qu'on ait trouvé souvent de ces médailles à Arras et dans les environs de cette ville, nous croyons prudent de les laisser au Laonnais, où on les a rencontrées plus fréquemment. MM. Duployé les attribuent au pèlerinage de Notre-Dame de Liesse[1].

Nous donnons à la dévotion d'Arras sept médailles de saint Marcou. Les trois premières prouvent leur origine par leur caractère artésien et par les sujets qu'elles représentent. Les quatrième et sixième n'ont pas besoin d'explication. La cinquième appartient à Arras, non-seulement par son type, son style et sa facture, mais encore par le revers, offrant le buste de saint Liévin[2]. Quant à la dernière, au buste du saint

---

1. *Notre-Dame de Liesse*, t. i, p. 58 et 59, t. ii. p. 344.

2. A l'article de Merck-Saint-Liévin, nous parlerons de ce célèbre apôtre de l'Artois et de la Flandre ; nous ne dirons donc ici que quelques mots de son culte à Arras. L'église de Sainte-Croix, la

abbé, mitré, dont le revers rappelle la vision de saint
Hubert, type si souvent employé pour les médailles
religieuses d'Arras, elle doit être considérée comme se
rapportant à cette ville, tant par ses types que par son
apparence locale.

126. Plaque carrée de cuivre rouge en bractéate. Dans
un encadrement de deux lignes de grènetis, dont les
angles sont ornés de fleurs se trouve un double cercle
avec anneau. Au centre, saint Marcou, nimbé, tourné à
droite, tenant une crosse ; devant lui un suppliant à
genoux. Enseigne du xvie siècle.

Les deux numéros ci-après, qui sont de forme ronde,
en étain, paraissent un peu moins anciens.

127. Petite médaille uniface, mise dans un encadrement ; elle représente le saint, nimbé, posant la main
droite sur un enfant, et tenant sa crosse de l'autre.

128. Autre médaille encore plus petite, placée dans
un encadrement entouré extérieurement d'un anneau
et de sept globules. On y voit le saint, tenant sa crosse
de la main droite et un petit buste dans l'autre. Le
revers montre un cavalier trottant à droite : c'est saint
Menne, dont nous aurons l'occasion de parler, à l'article
d'Écoust-Saint-Mein.

même où était vénéré saint Marcou, honorait aussi saint Liévin
d'une manière particulière ; la confrérie de ce nom, qui s'y était
établie, prit une grande importance dans le xviiie siècle. Ainsi s'explique la présence du buste de ce saint sur une de nos médaillle de
saint Marcou, d'Arras. La confrérie a été rétablie en l'église de Saint-
Géry, le 5 juillet 1804. (V. Statuts et Règlements de la Confrérie
de saint Liévin. Arras, Brissy, 1849).

129 · S · MARCOVL. Saint Marcou, dont la tête est entourée d'un cercle lumineux, est légèrement tourné à gauche ; il est vêtu en moine et tient sa crosse inclinée. Il approche sa main droite d'un suppliant, à genoux devant lui. ℟. CALVERE DARAS. Le calvaire, fort bas et tourné vers la gauche. Il est à remarquer que l'on a employé pour ce côté un coin plus petit que celui du droit. Cette médaille et la suivante sont en cuivre.

130. · S · MARCO. Dans un double encadrement octogone, le même saint nimbé, tenant sa crosse à la main gauche, va imposer l'autre main sur un roi agenouillé, muni d'un bâton de pèlerin. ℟. S LIEVIN. Buste à gauche de saint Liévin, mitré ; le martyr tient à la main droite une tenaille au bout de laquelle est sa langue arrachée, et à l'autre, une croix à longue hampe et à double croisillon. Cette médaille est composée de deux lames de métal, frappées séparément et réunies par une soudure ; elle appartient bien à l'Artois par son style, sa fabrique et le sujet du revers.

131. Sᵗ MARCOUL PRIEZ P. N. Dans une bordure en grènetis perlé, le saint abbé, vêtu d'un rochet à manches larges, avec croix pectorale, sur la tête duquel plane un nimbe. Il touche de la main droite le cou d'un suppliant à genoux et tient de l'autre main sa crosse inclinée. ℟. Dans un même encadrement l'inscription suivante en quatre lignes : CONFRERIE DE S · MARCOUL A Sᵗ GERY D'ARRAS. Cette médaille d'étain est d'une très-belle exécution ; elle paraît être du même graveur que la première de celles aux types du calvaire d'Arras et de Notre-Dame de Bon-Secours. C'était un objet de dévotion en même temps qu'une médaille de confrérie.

132. S. MARCOV. Le saint, mitré, en buste tourné à gauche ; il tient sa crosse à la senestre. ℟. Saint Hubert à gauche ; il prie devant le cerf crucifère. Au-dessus, un ange qui lui apporte l'étole. A l'exergue : S HUBERT P P N. Cette pièce se trouve en plomb et en étain.

Le n° 129 est du xvii° siècle ; le suivant, du commencement du xviii° siècle ; les deux derniers sont de la seconde moitié du même siècle.

Médailles de saint Vaast

Saint Vaast, l'apôtre de l'Atrébatie, le patron du diocèse d'Arras, doit avoir sa place dans notre petite galerie métallique. Nous n'avons pas à rappeler ici la vie, bien connue d'ailleurs, de cet illustre évêque d'Arras, qui, après avoir pris une part glorieuse à la conversion de Clovis et des Francs, évangélisa, pendant quarante ans, notre contrée retombée dans l'idolâtrie. La grande renommée de Vaast ou Védaste, les miracles qui lui ont été attribués, et la profonde vénération qu'il a toujours inspirée, l'ont fait choisir pour patron d'un grand nombre de lieux des diocèses d'Arras et de Cambrai. C'est ainsi que tant d'églises et de chapelles ont été placées sous son invocation.

La célèbre abbaye d'Arras, qui portait le nom de l'auguste pasteur, avait été érigée en son honneur, l'an 667 ; elle renfermait son tombeau et la plus grande partie de ses ossements. En 880, l'approche des Normands avait forcé les religieux à transporter à Beauvais ces précieuses reliques, déposées dans une châsse ; treize ans après, elles étaient rapportées par eux avec la plus grande solennité. Depuis lors jusqu'à la Révolution, ces restes ont été révérés dans le monastère même, où la dévotion populaire les avait en grande vénération ; ils étaient l'objet d'un pèlerinage : les mères y amenaient leurs enfants malades pour obtenir leur guérison par les mérites de saint Vaast[1].

Comme ce saint a toujours été le plus illustre de la contrée, un des plus populaires et des plus vénérés d'Arras, son culte devait être en cette ville l'objet de médailles spéciales.

A l'article de la sainte chandelle, nous avons décrit, sous les nᵒˢ 109, 110 et 111, trois petites médailles du xvıᵉ siècle, d'origine artésienne et aux mêmes types, où l'on voit, d'un côté, la Vierge entre deux chandeliers avec cierges et, de l'autre, le buste d'un saint évêque bénissant, et tenant une crosse. Comme nous supposons que cet évêque est saint Vaast, nous pensons que ces pièces concernent aussi bien son pèlerinage, que celui de Notre-Dame des Ardents d'Arras. Si nous les avons placées de préférence à cette dernière dévotion, c'est qu'elle a toujours été plus suivie que l'autre.

Nous n'aurons plus à parler ici que de quatre médailles ; les deux premières sont du xvııᵉ siècle, et les deux autres sont de la seconde moitié du siècle dernier.

133. Saint Vaast, mitré et crossé, tenant sur la main droite un modèle d'église ; à dextre, on voit debout

1. Les reliques de l'apôtre principal de l'Artois sont conservées dans le Trésor de la cathédrale d'Arras. (Lire le chapitre qui leur est consacré, dans le savant ouvrage de M. l'abbé Van Drival : *Le Trésor sacré de la cathédrale d'Arras*).

l'ours caractéristique. ℞. Châsse du saint. Cette médaille et la suivante se composent de deux minces feuilles d'argent estampées et réunies ensuite.

134. Le droit offre en petit le même sujet, mais sans le symbole traditionnel[1]. ℞. Buste à droite de saint Benoît que caractérisent l'auréole, le capuchon et la mitre placée devant lui[2]. Or on sait que l'abbaye d'Arras suivait l'ordre de saint Benoît.

135. S·VAST·P·N·. Saint Vaast, tourné un peu à gauche, mais regardant de face ; il porte mitre et large manteau, et tient sa crosse à la main droite ; à gauche, ornement en forme de console. ℞. S··LEV·P N. Saint Loup ou Leu, archevêque de Sens, portant mitre, chape et crosse ; derrière lui passe la tête d'un loup, à côté d'une fleur à haute tige. Cette médaille est, ainsi que la suivante, moulée en plomb et en étain, ou en alliage de ces deux métaux ; elle se rencontre souvent, non-seulement à Arras, mais dans la région, ce qui laisse supposer qu'elle se vendait en divers lieux de dévotion. Citons, entre autres localités, Chéreng, village des environs de Lille, où saint Loup est depuis longtemps l'objet d'une dévotion particulière[3].

---

1. On remarquera que l'ours, qui accompagne souvent saint Vaast sur les monuments, ne figure pas toujours sur les méreaux.

2. C'est bien le type ordinaire des nombreuses médailles de saint Benoît.

3. Le moule de cette médaille, retouché et refait au commencement de ce siècle, était encore, il y a vingt-cinq ans, en possession de M. Rudot, potier d'étain à Lille, qui a coulé une grande quantité d'exemplaires de cette médaille, surtout pour la fabrique de l'église de Chéreng.

136. S·VAST·P·N·. Saint Vaast, représenté comme sur la médaille précédente, mais mieux orné et mieux gravé ; l'ours figure debout à sa droite. Même revers retouché.

Notre *Essai sur la numismatique de l'abbaye de Saint-Vaast* a déjà fait connaître les nᵒˢ 110, 134 et 135.

Il nous reste à parler dans ce chapitre de quelques médailles qui semblent s'y rattacher, mais que nous ne comprenons pas dans nos planches, soit qu'elles ne puissent être attribuées exclusivement à Arras, soit qu'elles ne rentrent pas dans la classe des médailles de piété.

Médailles de la sainte face

Suivant la légende, une femme de Jérusalem s'étant approchée du Sauveur succombant sous la croix, aurait essuyé son visage ensanglanté avec un linge qui en aurait conservé miraculeusement l'empreinte, et cette relique serait parvenue jusqu'à nous. On sait qu'une image de l'Homme-Dieu est, sous le nom de la sainte face, honorée depuis longtemps à Rome, dans la basilique de Saint-Jean de Latran. Une ancienne copie de cette sainte face était, avant la Révolution, très-révérée au monastère de Montreuil-sous-Laon. La plupart des pèlerins se rendant à Notre-Dame de Liesse, ne manquaient pas de s'arrêter à ce couvent, qui se trouvait sur leur chemin, pour y honorer la figure du Christ. C'est pour cette raison que presque toutes médailles du xviiiᵉ siècle représentant Notre-Dame de Liesse offrent la sainte face au revers[1]. Sans doute des Artésiens entreprirent

1. Duployé, ouvrage cité, t. ii, p. 355.

maintes fois ces pèlerinages, quoiqu'ils en fussent assez éloignés, et ils en rapportèrent des médailles ; mais on ne peut pas supposer que ces pèlerins aient été fort nombreux. Cependant les médailles aux types réunis de la sainte face et de Notre-Dame de Liesse, dont nous possédons trente variétés recueillies à Arras et dans les environs s'y rencontrent fréquemment. On doit donc admettre qu'elles se sont vendues en grande quantité dans cette ville, soit qu'elles y aient été fabriquées, soit qu'elles fussent importées de Laon ou de Paris. Toutefois, comme cette origine artésienne n'est pas suffisamment établie, nous ne comprendrons aucune de ces médailles dans nos planches ; il nous suffira d'en placer ici trois, frappées en argent et en cuivre, vers le milieu du siècle dernier [1].

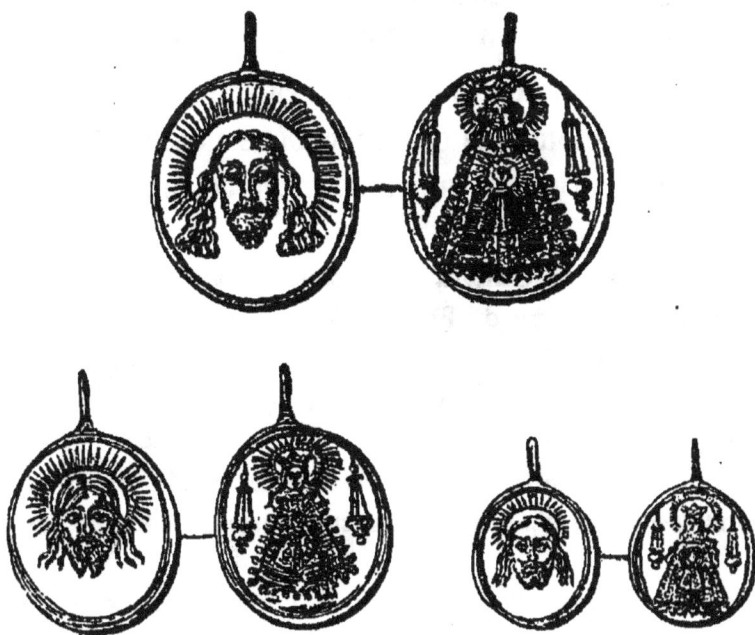

1. Il convient de remarquer que le culte de la sainte face, qui est tout oriental, s'est propagé dans notre contrée ; aussi voit-on ce type reproduit sur des médailles de saint Druon, de Carvin ; de Notre-

Médailles du Saint-Sacrement.

Le diocèse d'Arras s'est toujours distingué dans la dévotion au Saint-Sacrement. Parmi ses évêques les plus zélés pour la pratique et la propagation de ce culte, nous citerons François Richardot, dont les sermons sur ce sujet ont été si répandus dans la seconde moitié du xvi° siècle[1], et Gui de Sève, qui, au commencement du suivant, établit l'adoration perpétuelle du Saint-Sacrement[2]. On doit donc supposer que dans ce diocèse, et à Arras surtout, une telle piété a donné lieu à des médailles spéciales. Aussi, pensons-nous pouvoir attribuer à cette ville une petite médaille de plomb qui y a été trouvée, et qui porte, d'un côté, les lettres S S, initiales de Saint-Sacrement, et de l'autre, le monogramme du Christ avec la croix et les clous. Ce qui corrobore notre attribution, c'est le rapport typique existant entre cette pièce et celle

Dame de Grâce, de Cambrai ; de saint Liévin, de Merck-saint-Liévin et de Notre-Dame du Bois, de Tilloy-les-Mofflaines. Ajoutons qu'un livret sur la *Dévotion au Calvaire d'Arras*, contient des litanies de la sainte face et une oraison pour l'honorer.

Quant à la dévotion à Notre-Dame de Liesse, nous avons dit précédemment combien elle était générale en Artois et surtout à Arras ; aussi trouve-t-on le type de ce culte sur plusieurs médailles de cette ville.

1. *Quatre sermons du Sacrement de l'autel, faicts et prononcez publicquement à Arras, par Messire Françoys Richardot, evesque dudict lieu.*

2. *Mandement de Mgr l'Evêque d'Arras*, 1701. — *L'adoration perpétuelle du Très-Saint-Sacrement de l'autel, établie dans tout le diocèse d'Arras*, 1701.

de la sainte chandelle, décrite sous le n° 116. Voici cette médaille, que nous préférons placer ici.

Dans la première moitié du siècle dernier, il se vendait à Arras, des médailles du Saint-Sacrement, frappées en argent et en cuivre, qu'on retrouve souvent dans cette ville et dans les environs. Elles représentent, d'un côté, un ostensoir entre deux lampes, et de l'autre, soit Notre-Dame de Liesse, soit la sainte face. Mais comme on a recueilli dans le Laonnais beaucoup de médailles à ces types, il est bon de s'en tenir à une simple mention.

Ce n'est pas trop nous éloigner de notre sujet que de rappeler les médailles frappées pour l'inauguration de l'église du Saint-Sacrement d'Arras. Des religieuses de la congrégation de l'adoration perpétuelle, ou bénédictines du Saint-Sacrement, appelées en 1815 dans le Pas-de-Calais, avaient formé à Arras un pensionnat de jeunes personnes ; elles s'établirent ensuite dans l'ancien couvent des trinitaires de cette ville. En 1842 fut commencée la nouvelle église du monastère, début et chef-d'œuvre de Grigny, l'éminent architecte, le restaurateur de l'art chrétien dans le nord de la France. Ce gracieux édifice, élevé dans le style de l'architecture fleurie du xv° siècle, fut inauguré, le 5 août 1846, par le cardinal-évêque d'Arras[1]. A cette occasion, la communauté fit distribuer

1. V. *Archives historiques et littéraires du nord de la France et du midi de la Belgique*, (article de M. Grandguillaume), 3° série, t. I, p. 257. — A. d'Héricourt et Godin, *les Rues d'Arras*, t. I, p. 134.

à ses élèves et aux assistants de belles médailles frappées en argent et en cuivre, par la maison Vachette, de Paris.

La première légende porte : · L'ÉGLISE DES BÉNÉDICTINES DU S SACREMENT D'ARRAS, légende supérieure, en deux lignes. Vue extérieure du monument, prise du côté du portail. A l'exergue : 5 AOUT 1846, date de la bénédiction. ℞. LOUÉ ET ADORÉ SOIT LE TRÈS-Sᵗ SACREMENT. Riche ostensoir, de forme moderne, dont le pied avec l'Agneau est soutenu par des nuages. Au bas est le nom du fabricant. Cette médaille ovale a 39 millim. Il en existe une variété. On trouve aussi la même médaille, réduite à 23 millim., et présentant de légères différences ; ici, devant l'église, on remarque plusieurs personnes ; au revers, la date répétée de la bénédiction remplace le nom du fabricant [1].

En terminant ce chapitre, nous devons rappeler que les médailles dont il se compose ne sont pas les seules qui aient été vendues aux pèlerinages d'Arras. Si nous n'y avons pas décrit celles du bienheureux Benoît Labre, c'est qu'elles devaient être mieux placées à Amettes, lieu de sa naissance et de son principal pèlerinage.

1. Vers le milieu de ce siècle, les dames bénédictines ont fait frapper en argent et en bronze une belle médaille ovale que portent leurs élèves quand elles sont reçues Enfants de Marie. La sainte Vierge y est figurée nimbée, assise sur des nuages, ayant sur sa poitrine un cœur rayonnant. L'Enfant Jésus, dont la tête est entourée d'une auréole lumineuse, se tient debout sur le genou droit de sa Mère. Dans un nuage, à droite, se lit le nom du graveur *Roquelay*. ℞. · ASSOCIATION DES ENFANTS DE MARIE. · MAISON DU Sᵗ SACREMENT. Cette légende est encadrée dans un double cercle et dans un léger grènetis. Le centre est laissé lisse pour la gravure du nom de l'élève.

VII

AUCHY-LEZ-LA BASSÉE

---✳---

Médailles de sainte Apolline

Peaucoup de villages de nos contrées ont mis une grande confiance en un saint, souvent leur patron, qu'ils invoquaient avec ferveur. Il arriva fréquemment que ce culte s'étendit aux alentours ; de là des dévotions populaires et des pèlerinages.

La sainte qui a été honorée particulièrement à Auchy-lez-La Bassée, village à l'extrême limite de l'Artois et de la Flandre, s'appelle Apolline ou mieux Apollonie ; elle y était invoquée contre les maux de dents. L'hagiographie nous apprend que cette vierge souffrit le martyre vers le milieu du IIIe siècle, préférant une mort cruelle à l'apostasie. L'on sait qu'avant de se jeter dans les flammes, la sainte avait eu les dents cassées avec des cailloux ; c'est pour cette cause qu'elle est ordinairement représentée tenant une tenaille au bout de laquelle est une dent.

Il n'est pas probable que le pèlerinage d'Auchy ait jamais été bien important ; de nos jours, c'est à peine si quelques personnes viennent de temps à autre invoquer la sainte devant sa statue.

Un renseignement précieux, extrait des archives communales d'Haisnes, nous apprend qu'en 1676, on frappait encore, à Auchy-lez-La Bassée, sept douzaines de médailles à l'image de sainte Apolline[1]. C'est ce qui nous permet d'attribuer à la dévotion de ce dernier lieu les deux médailles de cuivre décrites ci-après :

137. · S · APOLLONE. Sainte Apolline tenant à la main droite une tenaille qui serre une dent. ℞. S · FIACRE. Buste à gauche de ce saint, auprès duquel est une bêche, son attribut ordinaire.

138. S. APOL. La vierge martyre, représentée comme au numéro précédent. ℞. Le Christ en croix entre sa Mère et saint Jean l'évangéliste. Collection de M. Rigaux.

VIII

BÉTHUNE

Cette ville paraît avoir eu, au commencement du xvie siècle, des enseignes de pèlerinage ou de dévotion. Dans l'inventaire du mobilier de sa halle échevinale, dressé en 1511, sont décrits deux chapelets ornés, le premier, de cinq enseignes de vermeil, le second, de cinq autres de cuivre doré[2]. On doit supposer que, dans ce nombre, il s'en trouvait concernant quelque culte de

1. Communication de feu M. Legrand, de Béthune.
2. A. de la Fons. *Les Artistes du nord de la France..*, p. 117.

la localité. Ce qui fortifie cette conjecture, c'est que la ville comptait alors sept orfèvres[1], et il est naturel de penser que ces artisans fabriquaient aussi de ces objets de piété, dont la vente était si facile et si lucrative.

Comme aucune enseigne béthunoise n'est parvenue jusqu'à nous, nous n'avons à nous occuper, dans ce chapitre, que de médailles moins anciennes, et encore sont-elles en bien petit nombre. Elles regardent : 1° le pèlerinage à Notre-Dame de Bon-Secours, 2° la dévotion à saint Eloi, 3° le pèlerinage à Notre-Dame du Perroy, 4° la dévotion à sainte Wilgeforte. C'est dans cet ordre que nous allons les présenter.

Médailles de Notre-Dame de Bon-Secours

L'église des jésuites de Béthune avait été, au commencement du siècle dernier, terminée et ornée avec magnificence par de hauts personnages. On y remarquait une riche chapelle, qui avait été élevée en l'honneur de Notre-Dame de Bon-Secours, et sur l'autel de laquelle était exposée une image miraculeuse.

Ce sanctuaire était un lieu de pèlerinage fort fréquenté par les fidèles, qui venaient y implorer la Vierge Marie dans toutes les afflictions, mais surtout pour la guérison des maladies graves[2]. On doit supposer qu'au xviii° siècle, époque où le pèlerinage fut le plus florissant, des mé-

1. A. de la Fons, ouvrage cité, p. 117.

2. Le père Ignace, *Mémoires du Diocèse d'Arras*, t. iii, p. 415. Nous ne trouvons pour l'Artois que ce pèlerinage à Notre-Dame de Bon-Secours.

dailles de Notre-Dame de Bon-Secours étaient vendues, à la porte de l'église, pendant les jours spécialement consacrés à ce culte. Avaient-elles été faites pour la dévotion béthunoise? Il y a sans doute une distinction à établir. Nous laissons au Hainaut belge toutes les médailles d'argent et de cuivre représentant, au droit, la célèbre madone de Péruwelz, et au revers, la Sainte-Famille, quoiqu'il en ait été trouvé certain nombre à Béthune et aux environs ; ces pièces n'étaient probablement que des souvenirs du grand pèlerinage. Mais il en est d'autres qui sont certainement d'origine artésienne ; elles représentent, d'un côté, le calvaire d'Arras, et de l'autre une statue de Notre-Dame de Bon-Secours. Ces médailles, qui sont d'étain, et dont nous connaissons deux variétés, ont été frappées, vers le milieu du xviiie siècle, pour être débitées tant au pèlerinage d'Arras qu'à celui de Béthune. Comme elles ont été décrites et figurées, sous les nos 91 et 92, à l'article de la première de ces villes, nous y renvoyons le lecteur.

Médailles de saint Eloi

Ce grand saint du viie siècle, qui d'orfèvre devint monétaire, puis ministre, et fut évêque de Noyon et de Tournai, a été honoré par diverses villes du nord de la France et du midi de la Belgique, comme l'un de leurs plus chers apôtres. Il est le patron de Béthune, et ce n'est pas sans raison. La légende rapporte qu'en 1188, une terrible épidémie continuait de régner sur cette ville ; que saint Eloi était apparu alors à deux maréchaux des environs, Germond, de Saint-Pry, et Gautier, de Beuvry ;

qu'il leur avait recommandé de former une association à l'effet de soigner les malades et d'inhumer les morts. Dès le lendemain, on instituait à Béthune la confrérie des Charitables de Saint-Éloi et, peu de jours après, le fléau s'éloignait de la ville [1].

Cette ancienne association qui, de tout temps, a rendu de grands services, existe encore dans toute sa vigueur. Elle se compose d'un doyen, d'un prévôt, de quatorze maïeurs et de seize confrères, tous choisis dans la ville ; elle a ses statuts, ses règlements, ses usages et ses fêtes. Encore aujourd'hui les Charitables sont tenus d'assister en costume aux funérailles de tous les défunts, de les porter eux-mêmes au lieu de repos et de les inhumer [2].

Nous attribuons à la piété des habitants de Béthune envers saint Éloi une petite plaque octogone frappée au xviiie siècle, sur une mince feuille de cuivre jaune ; cette médaille, considérée comme étant d'origine béthunoise, sera reproduite sous le n° 139 [3].

1. Antoine Delions, *Histoire de l'institution, règles, exercices et privilèges de l'ancienne et miraculeuse Confrérie des Charitables de Saint-Éloy, apôtre des Pays-Bas, évêque de Tournai et de Noyon, patron tutélaire de Béthune et de Beuvry*. Ce petit livre, édité pour la première fois en 1643, était arrivé, en 1753, à la quinzième édition. — *Manuel de la Confrérie de Saint-Éloi, établie en l'église paroissiale de Saint-Martin à Beuvry, au diocèse d'Arras.*

2. Un cartulaire de la confrérie béthunoise repose aux Archives du Pas-de-Calais.

3. Un grand médaillon ovale, en argent, ciselé avec soin, était porté en sautoir par le prévôt dans les cérémonies. Cette plaque, du xviiie siècle, représente saint Éloi, mitré, tenant un grand marteau à la main droite, et de l'autre, sa crosse épiscopale. C'est ainsi que le saint est figuré sur ses gravures et images du pays, notamment sur l'image

Les Béthunois ont toujours eu recours au même protecteur céleste dans les temps de peste et d'épidémie, aussi l'invoquèrent-ils particulièrement quand, en 1832, le choléra fit invasion dans leur ville. Ce fut pour rendre cette dévotion plus vive et plus durable qu'un vénérable prêtre, né à Béthune, M. Flajolet, principal du collège de Mouscron, fit frapper par la maison Pamera-Dechevany, de Lyon, la médaille de cuivre décrite ci-après sous le n° 140, qui se répandit bien vite dans le pays.

Lorsque le fléau meurtrier reparut en 1849, une autre médaille de cuivre fut frappée par la même maison, sur la commande de M. Outrebon, négociant à Béthune, qui en vendit alors un grand nombre d'exemplaires. Cette pièce diffère peu de la précédente, comme on le verra par sa description présentée sous le n° 141.

Les trois médailles de saint Éloi, dont nous venons de parler, sont figurées dans notre *Numismatique béthunoise* sous les n°⁸ 2, 3 et 4 de la planche XIII ; nous les décrivons ici de nouveau.

139. Dans un encadrement octogone, en grènetis, le buste, à gauche, de saint Éloi, mitré, tenant à la main droite le marteau caractéristique, et soutenant de l'autre la crosse épiscopale. Légende : S ELOI.

qui se vendait à Lille chez Louis Mélino, le dernier fabricant des petits drapeaux de pèlerinage. Nous avons vu à Béthune, dans la collection de M. Béghin, une curieuse gravure sur bois, de la seconde moitié du siècle dernier. Elle représente saint Éloi au milieu de nuages, bénissant et tenant le marteau symbolique. Au-dessous est la ville de Béthune, devant laquelle passe la Confrérie des Charitables avec un défunt ; plus bas, deux groupes de pestiférés. Le titre porte : *Confraternitas sancti Eligii apud Bethuneos a peste illesa.*

140. S⟨ᵗ⟩ ELOI DEFENSEUR DE BETHUNE. Le buste du même saint, mitré, un peu penché, montrant de la main droite le ciel, d'où s'échappent des rayons, et portant sa crosse de l'autre. ℞. L'inscription suivante, disposée en quatre lignes, les trois premières droites, la quatrième circulaire : DEFENDEZ NOUS ENCORE DE LA PESTE.

141. Médaille faite sur le modèle de la précédente ; ce sont les mêmes type, légende et inscription. Ici le buste du saint évêque est plus grand et redressé[1].

Médaille de Notre-Dame du Perroy

Hors de l'enceinte de la ville, entre les routes d'Arras et de Douai, s'élevait, avant la Révolution, une grande et belle chapelle, où l'on honorait, sous le titre de Notre-Dame du Perroy, une statue qui représentait la Vierge, en longue et large robe, tenant sur le bras gauche l'Enfant Jésus vêtu de même, selon le type ancien et traditionnel. L'histoire locale rapporte que ce petit édifice fut érigé, en

---

1. Signalons une belle petite médaille ovale, frappée récemment à Paris, bien qu'elle n'entre pas dans notre cadre, malgré son apparence religieuse. Ce n'est, en effet, qu'un souvenir métallique de services rendus par le doyen actuel de la Confrérie des Charitables béthunois. Le sujet principal est saint Éloi, debout, en costume d'évêque, tenant sa crosse et l'Évangile, ayant à sa gauche, comme attribut, une enclume avec marteau. La légende porte : *Saint Eloi patron titulaire de Béthune et Beuvry, p. p. n* ; l'exergue : 1188, année de la fondation de la Confrérie. Au revers, dans une couronne formée de deux branches d'olivier, on lit cette inscription énigmatique : *C. S. 1829, 1838, 1849, 1877* ; elle s'explique ainsi : Clément Sy, confrère en 1829, maïeur en 1838, prévôt en 1849, doyen en 1877.

1110, dans un lieu boisé, nommé le Perroy, par Robert le Gros, seigneur de Béthune. Elle ajoute que Guillaume, son fils et son successeur, enrichit ce sanctuaire, et qu'il fonda, près de là, le prieuré de Notre-Dame du Perroy pour l'abbaye du Mont-saint-Eloi[1].

Cette chapelle, d'abord visitée par les personnes pieuses de la ville et des environs, devint bientôt le but d'un pèlerinage, où l'on venait de toutes parts, pendant les fêtes consacrées à la Vierge, demander à la Mère des affligés de soulager les malades et de secourir les prisonniers. Lors des siéges de Béthune, surtout durant celui de 1710, le monument isolé fut exposé à de grands dangers auxquels il échappa cependant ; il fallait le cataclysme de 1793 pour le faire disparaître : il fut vendu alors, puis démoli. Toutefois la statue avait été sauvée, et quand, au commencement de notre siècle, le calme revint, on plaça la précieuse madone dans une chapelle improvisée sur l'emplacement de l'ancienne. C'est encore là qu'elle est exposée à la vénération publique.

La dévotion à Notre-Dame du Perroy a donné lieu, vers la fin du xviie siècle, à une médaille de plomb, ayant quatre globules extérieurs, disposés en croix. On y voit, du côté principal, la représentation de la statue, c'est-à-dire la Vierge couronnée, tenant un sceptre à la main droite, et portant sur le bras gauche l'Enfant Jésus, aussi couronné. Le revers se compose de la légende sui-

---

1. *Chronique du prieuré du Perroy*, œuvre manuscrite, attribuée à l'abbé Doresmieux, dont une copie se trouvait dans la bibliothèque de M. Godin, Archiviste du Pas-de-Calais. — F. Lequien, *Notice sur la ville de Béthune*. — A. de Cardevacque, *Notice sur le prieuré de Notre-Dame du Perroy*. — Notre *Numismatique béthunoise*.

vante, en quatre lignes: NOTRE DAME DV PERROY. Cette
médaille, publiée dans notre *Numismatique béthunoise*, a
été reproduite par M. de Cardevacque dans sa *Notice sur
le Prieuré de Notre-Dame du Perroy.*

Médaille de sainte Wilgeforte

Cette sainte, honorée en divers lieux comme vierge et
martyre, et qui figure comme telle dans le Martyrologe
romain, est représentée barbue, vêtue d'une longue robe
et crucifiée, et a reçu dans divers pays plus de quinze
noms, la plupart bien différents. On l'a appelée, en
latin : *Wilgefordis, Wegelfortis, Liberata, Liberatrix* et *Eu-
tropia,* et en français : *Wilgeforte, Vilgeforde, Milleforte*
et *Livrade* [1]. Nous n'avons point à raconter ici les choses
merveilleuses que les anciens auteurs espagnols et por-
tugais ont avancées sur sa légende; il nous suffira de dire
quelques mots du culte dont elle était l'objet à Béthune.

Pendant longtemps, des fidèles des environs sont
venus, principalement en été, servir sainte Wilgeforte,
qu'ils nommaient Milleforte. Ils l'invoquaient pour la
santé de leurs enfants qui souffraient de convulsions

1. Aglaüs Bouvenne, *Légende de sainte Wilgeforte.* — Le Père
Cahier a donné, dans ses *Caractéristiques des Saints,* un long article
fort curieux sur cette singulière sainte. M. de Linas a publié aussi
d'intéressants détails sur le même sujet dans *le Moniteur de l'Archéologue et du Collectionneur,* année 1866, pages 7 et 11. Voir encore:
La vie de sainte Wilgeforte d'après les anciennes traditions. Cet
opuscule de 36 pages, imprimé à Boulogne en 1870, avec l'appro-
bation épiscopale, a été publié par M. l'abbé Haigneré, pour le
pèlerinage de sainte Wilgeforte, encore en vigueur à Rinxent, à
Wissant et en d'autres lieux du diocèse.

ou qui étaient rachitiques. On les vit souvent s'agenouiller devant un tableau qui représentait en croix une jeune fille, vêtue d'une longue robe bleue, et portant les cheveux épars, attachée par les bras, les pieds et la ceinture avec des cordes à l'instrument de son martyre. Au bas du cadre on lisait : *Ste Milleforte, p. p. n.* Leur prière faite, les pieux visiteurs allumaient d'ordinaire des cierges ou chandelles devant ce tableau, puis ils se retiraient [1].

Nous possédons une médaille que nous attribuons à cette piété ; c'est le n° 148, pièce octogone du commencement du xviii⁰ siècle, dans le style et de la fabrique de celles du pays, frappée sur deux minces feuilles de cuivre soudées ensemble. D'un côté, l'on voit en croix une femme dont la face virile et barbue est entourée d'un nimbe ; légende : S. WILGEFORT [2]. ℞. S. IACQ MINEVR. L'apôtre saint Jacques le Mineur, nimbé, tenant de la main droite une massue baissée, son symbole ordinaire, et de l'autre, un livre ouvert. Nous ignorons la raison qui a fait choisir ce sujet.

Telles sont les médailles religieuses de Béthune. Il en a cependant été fabriqué d'autres en cette ville, mais elles ne s'y rattachent que par le lieu de fabrication et de vente. Nous voulons surtout parler de médailles

---

1. M. de Linas, articles cités ci-devant, et renseignements fournis obligeamment par feu M. Montbrun, de Béthune, qui a recueilli avec soin les documents relatifs à sa ville.

Avant la récente restauration de l'église, le tableau dont il vient d'être question était placé près de la tour, il en a été retiré alors, ce qui a mis fin à cette dévotion.

2. Les Bollandistes ont donné, dans leurs *Acta sanctorum*, t. v. p 299, une gravure de cette sainte, qu'on trouve reproduite dans les *Caractéristiques des saints*.

d'étain et de plomb, de forme octogone, aux types si connus de saint Roch et de saint Hubert, dont un des moules, en pierre de Tournai, a été retrouvé en cette ville et recueilli par nous.

IX

BLANDECQUES

Médailles de Notre-Dame de Blandecques

Cet ancien village, dont l'intéressante histoire a été esquissée par un auteur audomarois[1], est situé dans une vallée aussi riche qu'agréable, à trois kilomètres de Saint-Omer. Vers la fin du XIIe siècle, s'y établissait une abbaye de filles de l'ordre de Cîteaux, sous l'invocation de sainte Colombe[2]. Ce monastère réunissait une vingtaine de religieuses ; supprimé au commencement de la Révolution, il disparut bientôt presque entièrement. Ses armes étaient: *Une colombe d'argent avec une petite crosse d'or dans un champ de sable.*

La communauté gardait pieusement depuis sa fondation deux cierges qui provenaient de la sainte chandelle

---

1. Piers, *Petites histoires des communes de l'arrondissement de Saint-Omer*, p. 41.
2. *Gallia christiana*, t. III, p. 533.

d'Arras ; l'un était enfermé dans une élégante châsse d'argent, en forme de pyramide ; l'autre était enchâssé plus simplement. Deux fois par mois, on allumait sur l'autel consacré à Notre-Dame du Joyel, ce dernier cierge qui était ainsi exposé à la vénération des fidèles. Mais c'était principalement le jour de la Visitation que les pèlerins venaient de toutes parts, en grand nombre, y invoquer Notre-Dame des Ardents, dont on célébrait alors la fête[1]. Cette dévotion a produit dans la première moitié du xvii⁰ siècle la médaille suivante.

144. NOTRE D·D·BLENDEC. La Vierge, couronnée, tient une crosse de la main droite, et de l'autre, le cierge vénéré. ℞. Colombe à gauche, dans un écu devant lequel est une crosse; c'est, comme on le voit, la reproduction des armoiries du couvent.

Cette médaille, que nous avons vue dans le médaillier de M. Herwyn, de Bergues, a été frappée sur deux feuilles d'argent réunies ensuite ; elle est, de chaque côté, entourée d'un fort grènetis.

1. Le P. Fatou, *Discours sur les prodiges du saint Cierge.* — A. Terninck, *Notre-Dame du Joyel,* p. 42. — *Sanctuaire de Notre-Dame des Ardents,* p. 48.

X

BLANGY-SUR-TERNOISE

𝔐𝔢́𝔡𝔞𝔦𝔩𝔩𝔢𝔰 𝔡𝔢 𝔰𝔞𝔦𝔫𝔱𝔢 𝔅𝔢𝔯𝔱𝔥𝔢

Le pèlerinage de Blangy, l'un des plus anciens et des
plus célèbres du Pas-de-Calais, devait avoir sa place dans
notre histoire métallique des dévotions populaires de ce
département. Donnons ici l'explication de ce culte si renommé. En 644, naquit au château de Blangy une enfant
que l'église devait mettre un jour au nombre de ses
saintes. Berthe, tel était son nom, eut pour père Ricobert,
comte de Ponthieu, pour mère Ursane, fille d'Ercom-
bert, roi de Kent, et pour aïeule paternelle sainte Gertrude, abbesse d'Hamage. Elle reçut une éducation chrétienne, qui développa ses éminentes qualités. A l'âge de
dix-sept ans, elle épousa Sigefroy, de la race des Francs,
dont elle eut cinq filles. Veuve après vingt ans de mariage, Berthe renonça au monde et fonda, près de son
château de Blangy, un monastère qu'elle soumit à la
règle de saint Benoît, vaste couvent qui compta bientôt
plus de cinquante religieuses. La sainte fondatrice en
fut l'abbesse, et y consacra entièrement les quarante
dernières années de sa vie à la prière, aux mortifications
et à la plus admirable charité, donnant ainsi à sa com-

munauté l'exemple de toutes les vertus. En 723, elle quittait la terre pour recevoir la récompense que Dieu réserve à ses élus[1].

Les filles de Berthe s'appelaient Gertrude, Déotile, Emma, Gésa et Gesta. Les deux premières prirent le voile avec elle ; la troisième épousa Seward, prince anglo-saxon ; quant aux deux autres, elles moururent en bas âge.

Les chroniques locales rapportent des choses merveilleuses sur la sainte de Blangy. Un Franc de haute origine, épris d'une vive passion pour Gertrude, avait formé le projet de l'enlever de son monastère ; n'ayant pu y réussir, il avait employé par vengeance des moyens odieux contre la vénérable Berthe ; il en fut puni par la perte de la vue. Emma, délaissée par un époux dépravé, revenait à Blangy, quand elle fut atteinte, dans la traversée, d'une fièvre qui l'enleva aussitôt. La pauvre mère alla à la rencontre du corps inanimé de sa chère enfant qu'elle voulut voir une dernière fois ; Emma ouvrit les yeux et les referma pour jamais. Les récits qui précèdent serviront à expliquer en partie les médailles de cet article.

Sans vouloir faire l'historique du monastère de Blangy,

1. Dom Charles Roussel, *Histoire abrégée de la vie et miracles de sainte Berthe, fondatrice, première Abbesse et Patronne de l'Abbaye Royale de Blangy en Artois.* — Parenty, *Histoire de sainte Berthe et de l'Abbaye de Blangy.* — Bion, *Vie de sainte Berthe, abbesse de Blangy-sur-Ternoise.* — Sellier, *Manuel de dévotion à sainte Berthe.* — Fromentin, *Dévotion à sainte Berthe.* — Robert, *Promenade archéologique à Sainte-Berthe.* — Van Drival, *Légendaire de la Morinie.*

dont il ne reste que des ruines, nous rappellerons cependant qu'en 790, une autre Berthe, fille de Charlemagne, se choisit ce couvent pour retraite, que l'abbaye fut détruite, en 882, par les Normands, et qu'elle fut reconstruite, en 1053, par Druon, évêque de Thérouanne ; que depuis lors jusqu'à la suppression des ordres monastiques, elle fut tenue par des religieux bénédictins. Il convient aussi de dire que, pendant son exil bientôt suivi de son martyre, saint Thomas de Cantorbéry avait visité cette abbaye royale, où était précieusement conservé l'anneau pastoral de l'illustre prélat[1], et où son nom était particulièrement honoré.

Peu de temps après la mort de sainte Berthe, un monument d'une grande munificence avait été élevé dans l'église du monastère, pour recevoir sa dépouille mortelle. Des prodiges s'étant opérés sur cette tombe, on y vint en foule de toutes parts implorer la sainte de Blangy. Le pèlerinage s'est perpétué de siècle en siècle, et n'a jusqu'ici rien perdu de son éclat et de sa renommée. Le trois juillet de chaque année, la précieuse châsse de sainte Berthe, déposée sur le maître-autel de l'église paroissiale, est placée dans le chœur, où elle est exposée à la vénération publique[2].

Nous avons recueilli cinq médailles de ce pèlerinage ; elles sont de cuivre jaune, les trois dernières se trouvent aussi en argent. La première appartient à la seconde moitié du XVIIe siècle ; la seconde, au milieu du siècle

1. Arnould de Raisse, *Hierogazophylacium*, p. 117.
2. Malbrancq, *De Morinis*, t. III, p. 196. — Dans son *Annuaire du diocèse d'Arras, pour l'année 1866*, M. l'abbé Robitaille a consacré un intéressant article au pèlerinage de Blangy.

dernier, et les trois autres ont été frappées vers 1840.
En voici la description :

145. Sainte Berthe, nimbée, en habit monastique, portant transversalement sa crosse abbatiale, est agenouillée à gauche, devant un autel sur lequel elle offre à Dieu la couronne et le sceptre qui rappellent sa royale origine. Au-dessus de l'autel, on voit la Vierge assise sur des nuages avec l'Enfant Jésus, qui va couronner la noble abbesse; Marie et son divin fils sont nimbés. On remarque encore des nues d'où sort la tête d'un ange, les lettres S B, initiales de sainte Berthe, et un monastère. Ρ. Trois saints nimbés, deux de face et le troisième tourné de leur côté. Le premier, vêtu d'une chasuble ornée d'étoiles, et tenant un calice de la main droite, est saint Thomas de Cantorbéry, comme l'indiquent ses initiales S T, placées en légende près de lui. Le second, couronné, ayant une étoile au-dessus de la tête, et sous les pieds les lettres S G, est couvert d'une armure avec manteau et large collet ; de plus il porte un sceptre à la main droite. Ce prince guerrier est le saint Gombert qui figurera sur la médaille suivante. Enfin le troisième, représenté en religieux avec un bâton à la main, est saint François de Paule, que désignent son costume, son appui et ses initiales S F, inscrites près de sa tête. Nous pensons qu'il aura été choisi en qualité de patron de l'abbé qui était en exercice, quand cette belle et curieuse médaille a été frappée[1].

146. Sainte Berthe, à mi-corps, à gauche, en religieuse, la tête entourée d'une auréole rayonnante. Elle tient

1. On trouve en effet sur la liste des abbés de Blangy, François Vollant, de Berville, en 1671, date qui convient bien à notre médaille.

sur la main droite une église, emblème de sa fondation monastique, et de l'autre, sa crosse. Exergue : S. BER-THE. ℞. S·GONBER., légende gravée à rebours. Roi vu à mi-corps et de face ; il porte une longue et forte chevelure et une couronne à fleurs de lis ; il a un sceptre à la main droite[1]. Cette médaille est d'une exécution qui laisse beaucoup à désirer, surtout quand on la compare avec la précédente.

147. Sainte Berthe, en pied, pressant contre son cœur une croix avec palme, et tenant sa crosse. Elle est posée sur un socle où est inscrit le millésime 723, année de sa mort. A sa droite est son monastère ; à sa gauche, son château ; en deçà du couvent, une couronne et un sceptre, puis le corps étendu d'Emma ; de l'autre côté, trois petites figures. Le socle est accosté de deux écussons surmontés d'une mitre et d'une crosse, pour désigner les armes de l'abbaye et celles du dernier abbé. C'est en médaille une réduction modernisée de l'image vendue autrefois aux pèlerins et mise en tête du livre de Dom Charles Roussel[2]. La légende suivante, en neuf lignes, extraite littéralement de la prière mise au bas de cette image : SAINTE BERTHE FONDATRICE ET ABBESSE DE BLANGY PRIEZ POUR NOUS CONSERVER LA LUMIÈRE DE NOS YEUX, AINSI SOIT-IL.

1. Nous avons vainement cherché dans les hagiographies le nom de saint Gombert, dont la longue chevelure semblerait désigner un prince de l'époque mérovingienne. Ne serait-ce pas le père ou l'aïeul de sainte Berthe ?

2. Plusieurs images et gravures de sainte Berthe la représentent ainsi, notamment une grande lithographie éditée à Hesdin, il y a peu d'années.

148. Sujet imité de celui du droit précédent dont il ne diffère que dans les détails; l'exécution en est plus soignée. ℞. Même légende.

149. Sᴱ BERTHE ΓRIEZ POUR NOUS. Même type du droit, d'un autre coin. ℞. Sᵀ LIEVIN PRIEZ POUR NOUS. Saint Liévin en habits pontificaux, tenant une tenaille à la main droite et une crosse de l'autre. C'est la proximité du pèlerinage de Merck-saint-Liévin qui a fait choisir le sujet de ce revers.

XI

BOULOGNE

Médailles de Notre-Dame de Boulogne

La numismatique religieuse de cette ville se rapporte presque entièrement au célèbre culte de Notre-Dame de Boulogne. Quoique restreinte à ce sujet, elle n'en serait pas moins aussi riche qu'intéressante, si l'on était parvenu à retrouver les nombreuses enseignes et médailles auxquelles cette ancienne dévotion a donné lieu dans les xvᵉ, xviᵉ et xviiᵉ siècles. Malheureusement le temps, qui n'épargne rien, a dispersé et anéanti la plupart de ces petits monuments.

Plaçons d'abord ici quelques mots de la légende si

chère aux Boulonnais. En 633 ou en 636, un navire sans voiles ni rames, qui venait sans doute de Palestine, abordait au port de Boulogne. Une lumière brillante qui l'illumine, appelle l'attention des marins du rivage ; ils accourent et voient dans ce vaisseau, conduit par deux anges, une admirable statue en bois représentant la Vierge Marie, tenant l'Enfant Jésus sur le bras gauche. En même temps, la Vierge elle-même apparaît au peuple boulonnais, assemblé pour la prière dans une pauvre chapelle de la Haute-Ville, l'avertit de l'arrivée de la statue et lui prescrit de placer ce dépôt sacré dans ce modeste oratoire. Aussitôt la foule se rend au port, y prend avec vénération la sainte image et la porte solennellement dans ce sanctuaire d'élection qui deviendra plus tard une vaste cathédrale. Il convient d'ajouter avec la tradition que dans le navire se trouvaient aussi deux souvenirs, l'un du Sauveur, l'autre de sa Mère, et une Bible[1].

Telle est l'origine du pèlerinage de Notre-Dame de

1. Les principaux ouvrages relatifs à Notre-Dame de Boulogne sont les suivants : *La manière de la fondation et augmentation de l'église Nostre-Dame en Boullogne*, précieux manuscrit de la bibliothèque de l'Arsenal, dont les magnifiques miniatures ont été publiées par M. l'abbé Haigneré — F. Alphonse de Montfort, capucin, *Histoire de l'ancienne image de N.-Dame de Boulongne.* — Antoine Le Roy, *Histoire de Notre-Dame de Boulogne.* — Le même auteur, *Histoire abrégée de Notre-Dame de Boulogne.* — L'abbé Haigneré, 1o *Histoire de Notre-Dame de Boulogne.* 2o *Abrégé de l'histoire de Notre-Dame de Boulogne.* 3o *Étude sur la légende de Notre-Dame de Boulogne.* 4o *Notice sur les gravures de Notre-Dame de Boulogne.* C'est encore à cet estimable auteur qu'on doit les belles images de cette dévotion, éditées à Paris par Daniel, Bertin et Bouasse-Lebel.

Boulogne-sur-Mer, si renommé par toute la chrétienté, l'un des plus populaires et des plus fréquentés du nord de la France. Les historiens boulonnais mentionnent les principaux personnages qui sont venus s'agenouiller devant la statue vénérée. Ce sont les rois de France Philippe-Auguste, Philippe le Bel, Jean le Bon, Charles V, Charles VII, Louis XI, Louis XIII, Louis XIV et Louis XVIII, le roi d'Angleterre Henri III, les comtes de Flandre Fernand de Portugal et Gui de Dampierre, les ducs de Bourgogne Philippe le Bon et Charles le Téméraire, enfin un grand nombre de hauts barons et de personnes illustres. Les mêmes auteurs citent les importantes libéralités dont le sanctuaire boulonnais a été doté par de pieux pèlerins, et l'hommage fait par Louis XI à la Vierge, du comté de Boulogne [1].

On ne saurait se faire une idée du nombre des fidèles qui allaient chaque année servir Notre-Dame de Boulogne et implorer son secours; mais ce n'était pas toujours la foi seule qui les y conduisait. Quelquefois, des criminels s'y présentaient en expiation de leurs fautes, comme il résulte d'un arrêt rendu, au XIIIe siècle, par le parlement de Paris, et d'une décision prise au XIVe par le pape Grégoire XI. Dans les deux siècles suivants, les testaments contiennent souvent des dispositions qui obligent les héritiers ou les légataires à accomplir ou à faire

---

1. La chapelle de Notre-Dame de Boulogne était, avant la Révolution, d'une richesse extrême : sept lampes, dont trois d'or et quatre d'argent, brûlaient jour et nuit devant la statue vénérée. On y voyait aussi une centaine de grands reliquaires, dix-huit grandes images, onze cœurs, beaucoup d'*ex-voto* d'or et d'argent et une infinité de pierreries.

exécuter le pèlerinage de Notre-Dame de Boulogne[1]. On
peut supposer que ceux qui entreprenaient ces voyages
ne manquaient pas d'en rapporter une enseigne, soit
comme pieux souvenir, soit comme preuve de l'accomplissement de leur pèlerinage.

La première mention que nous trouvions des enseignes
de Notre-Dame de Boulogne-sur-Mer remonte à l'année
1421. Dans un compte, présenté alors par Gui Guilbaut,
comme receveur de Philippe le Bon, duc de Bourgogne
et comte de Flandre, il est porté en dépense douze francs,
payés à Pierre Fortin, orfèvre à Boulogne, pour vingt de
ces enseignes ou représentations, dont quatre de vermeil
et les autres d'argent. L'orfèvre avait fabriqué, y est-il
dit, ces objets pour le duc et la duchesse, ainsi que pour
les chevaliers, écuyers, officiers, dames et demoiselles
de leur suite[2]. En 1426, Gui Guilbaut payait aussi, en la
même qualité, à Jean Martin, orfèvre à Boulogne-sur-Mer,
neuf livres deux sols tant pour une « enseigne ou ymage
d'or, faite en la révérence de Notre-Dame de Boulogne »
et destinée à Philippe le Bon, que pour trois autres de
vermeil et treize d'argent, offertes par ce prince à quel-

1. Citons quelques exemples tirés des Archives de la ville de Douai.
En 1434, Jean Lefaucqueux veut qu'un voyage à ce sanctuaire soit
entrepris par un pèlerin, portant une image de cire, du poids d'une
livre, et qu'une messe y soit célébrée devant lui. En 1452, Jean Gru-
melier donne sa cotte de mailles à son frère Jacquemart, à la condi-
tion de faire exécuter un voyage au même lieu. En 1480, Catherine
Moriel ordonne aussi un pèlerinage à Notre-Dame de Boulogne, et,
en 1508, Robert Lemannier fait une disposition semblable. (Communication obligeante de M. l'abbé Dehaisnes).

2. Le comte de Laborde, Les Ducs de Bourgogne, seconde partie,
t. I, p. 181, d'après les Archives générales du Nord, à Lille.

ques chevaliers et écuyers qui l'avaient accompagné au pèlerinage boulonnais[1].

Par son testament de 1439, un Douaisien, Hue de Lestrée, donne à son fils une image d'argent de Notre-Dame de Boulogne[2].

Dans le compte des années 1456 à 1457, rendu par Roland l'ippe, receveur général du comte de Charollais, figurent les dépenses suivantes : 30 sols pour façon de cinq enseignes d'or, représentant Notre-Dame de Boulogne, au prix d'un noble chacune, et 4 livres 6 sols pour images de vermeil et d'argent, offrant le même sujet[3]. Il est à remarquer que ces paiements coïncident avec le pèlerinage fait à Boulogne par le fils aîné de Philippe le Bon.

Un compte de 1460, concernant la confrérie de Notre-Dame-Panetière, établie en l'église collégiale d'Aire, renferme de précieux renseignements sur les enseignes boulonnaises. On y voit qu'aux vêtements de la Vierge et de l'Enfant Jésus étaient attachées trois images de vermeil de Notre-Dame de Boulogne, dont l'une, de forme ronde, de la grandeur d'un noble[4]. On y lit encore que, sur une

1 Le comte de Laborde, *Les Ducs de Bourgogne*. seconde partie, t. i, p. 231. Cet article de dépense est tiré d'un compte des Archives générales du Nord.

Les mots *enseigne* ou *ymage*, que nous copions littéralement, prouvent bien que ces deux expressions, employées indifféremment, avaient la même signification.

2. Archives de la ville de Douai.

3. Archives genérales du Nord. Extraits publiés par le comte de Laborde dans *Les Ducs de Bourgoyne*, seconde partie, t. i, p 465 et 466.

4. Rouyer, *Notice historique sur quelques médailles de Notre-Dame de Boulogne*, p. 10.

Le noble, monnaie d'or anglaïse, souvent imitée dans nos contrées, principalement par les ducs de Bourgogne, a un diamètre de 33 à 35 millimètres.

pièce de drap, étaient placées trois images rondes de la même dévotion.

Suivant son testament de 1503, une Douaisienne, Béatrix de Haucourt, lègue à Isabet Lefebvre un grand *agnus Dei* d'argent, et un riche chapelet auquel est attachée une enseigne de Notre-Dame de Boulogne[1]. Dans un inventaire, dressé en 1536, des reliques et joyaux conservés dans la trésorerie de l'église collégiale d'Aire, est mentionnée une petite image en vermeil de la madone boulonnaise[2].

Vers le milieu du xvi° siècle, ère de la Renaissance, les souvenirs métalliques du célèbre pèlerinage furent sensiblement perfectionnés et devinrent quelquefois des œuvres d'art et des objets de prix. En 1551, les échevins de Boulogne offraient une image ou médaille, richement façonnée, représentant la Vierge vénérée, à Marie de Lorraine, épouse de Jacques V, roi d'Ecosse, et mère de l'infortunée Marie Stuart[3]. Seize ans après, ils en commandaient, à Paris, une autre en or, qu'ils destinaient à la reine de France, Catherine de Médicis, à l'arrivée de laquelle ils s'attendaient[4].

Mais c'est surtout au xvii° siècle que les échevins et

1. Archives de la ville de Douai.
2. Rouyer, *Notice historique*, p. 11.
3. A. Le Roy, *Histoire abrégée de Notre-Dame de Boulogne*, p. 98.
4. Même ouvrage. – Dans son *Histoire de Notre-Dame de Boulogne*, (2° édition p. 223), l'abbé Haigneré nous apprend, d'après les Archives communales de Boulogne, que cet objet n'ayant point été remis à la destinataire, avait été, en 1623, offert en présent à la marquise de Tréfort, femme de l'illustre connétable François de Bonne, duc de Lesdiguières.

le chapitre avaient coutume d'offrir aux personnages qui venaient visiter le glorieux sanctuaire, soit des médailles représentant Notre-Dame de Boulogne, soit des boîtes ou petits reliquaires au même type[1]. En 1636, le chapitre offrait à l'épouse du duc de Chaulne, bienfaitrice de son église, une image de Notre-Dame, enchâssée en argent[2].

Enfin on voit que, dans les voyages faits à Boulogne par Louis XIV, sa famille et leur suite, en 1670, 1672 et 1680, toute la cour se pourvut de médailles et de boîtes-reliquaires, pour garder le souvenir de ses pèlerinages[3].

L'historien Antoine Le Roy parle des anciennes médailles au type de la Vierge dans un bateau, que les pèlerins avaient coutume de rapporter de leur voyage, tant pour conserver leur dévotion, que pour l'inspirer aux autres. Il ajoute qu'il s'en fabriquait de tous métaux, mais principalement d'or et d'argent; qu'il s'en débitait dans Boulogne un si grand nombre que la plupart des orfèvres de la ville et d'autres ouvriers n'étaient employés qu'à ce travail. Quelque exagérée que soit cette

1. Dans son *Histoire de Notre-Dame de Boulogne*, p. 264, M. Haigneré nous fournit sur ces pieux médaillons de précieux renseignements qu'il a puisés aux Archives communales de Boulogne. « Ces boîtes étaient, dit-il, une sorte de petit reliquaire, contenant un modèle de l'image miraculeuse; elles étaient décorées intérieurement avec plus ou moins de richesse, suivant leur valeur, et fermées par un cristal. » Le même auteur ajoute que, suivant délibération capitulaire du 6 octobre 1670, le trésorier fit exécuter, pour le procureur du chapitre et pour sa femme, deux boîtes d'or émaillées, garnies d'une image de Notre-Dame de Boulogne, du prix de neuf à dix livres chacune.

2. Antoine Le Roy, *Histoire abrégée*, p. 119.

3. *Ibidem*.

assertion, il est certain qu'il a existé beaucoup de ces médailles. Au dire du même historien, de son temps on en voyait encore plusieurs en divers lieux de Flandre et d'Artois, notamment à Saint-Omer[1].

Les anciennes médailles de Notre-Dame de Boulogne sont depuis longtemps d'une grande rareté. C'est à tel point que M. Hédouin, le nouvel éditeur et le continuateur de l'œuvre principale du chanoine Le Roy, n'était parvenu, en 1839, après plusieurs années de recherches, qu'à retrouver une seule de ces médailles[2]. Elle appartenait alors à M. Dutertre-Yvart ; de petit module et très-mince, elle représentait la Vierge miraculeuse dans un bateau. On ne sait ce qu'est devenue cette médaille.

C'est ici le lieu de rappeler les travaux estimables, entrepris sur les enseignes de pèlerinage de Notre-Dame de Boulogne, par MM. Rouyer, Forgeais, Garnier et Alphonse Lefebvre. Et d'abord consacrons quelques lignes aux sachets de plomb, qu'on peut attribuer à cette dévotion, et qui ont été publiés dans des ouvrages anglais. Dans ses *Collectanea antiqua*[3], M. Charles Roach-Smith, nous fait connaître trois de ces plombs, représentant la Vierge dans un navire. Sur le premier, Marie, couronnée, tient une palme à la main droite ; sur le second, la Reine du ciel a les mains jointes ; sur le troisième, la Consolatrice des affligés, tient une palme à la main gauche et accueille un pèlerin agenouillé. Ces plombs, d'un travail grossier, se rattachent bien, par leur forme et par leurs types, au

1. *Histoire de Notre-Dame de Boulogne*, p. 37.
2. *Histoire de Notre-Dame de Boulogne, neuvième édition, suivie de la continuation de cette histoire*, p. 203.
3. Pl. xxxiii, fig. 9, 11, 13, 14 du t. i, et pl. xvii, fig. 2 du t. ii.

pèlerinage de Notre-Dame de Boulogne. Dans le second volume du même ouvrage[1], l'auteur reproduit, sans explication, un quatrième sachet appartenant au xv⁰ siècle, qui ne laisse aucun doute sur son attribution. D'un côté, l'on y voit, dans un navire sans agrès, une figure nimbée, tenant une croix, et, dans le fond, une église ; de l'autre côté, la Vierge, nimbée, portant l'Enfant Jésus, devant un suppliant à genoux. Au droit comme au revers, on lit la légende ste : marie : de : boulogne.

Les Mémoires de la Société des Antiquaires de Londres renferment quelques pages intéressantes du révérend Thomas Hugot sur des sachets de pèlerinage (pilgrims-signs) trouvés en Angleterre, notamment dans la Tamise[2]. Un de ces objets a beaucoup de rapport avec ceux du pèlerinage boulonnais.

M. Rouyer fit paraître, en 1851, une Notice historique sur quelques médailles de Notre-Dame de Boulogne, œuvre savante, pleine de recherches, où sont décrites et figurées quatre pièces. La première est un petit sachet d'étain[3],

1. Pl. xvii, fig. 2.
2. Archaeologia. Notes on a collection of pilgrims'signs, t. xxxviii, p. 133, pl. iv, fig. 13.
3. Cette sorte d'enseigne, appelée en latin : insignium, signaculum ou signum, et en français : enseigne, signe, sachet et sportule, est un objet de plomb ou d'étain, assez plat d'un côté, et bombé légèrement de l'autre. Il affecte la forme d'une bourse, d'une ampoule ou d'un vase arrondi dans le bas, ayant deux anses ou oreilles qui servaient à le suspendre ou à le porter. Il est orné, sur les deux faces, de sujets religieux assez variés. Comme il est creux et facile à refermer au moyen d'une simple pression à l'orifice, le pèlerin y déposait, à son gré, une parcelle de relique, un morceau d'étoffe qui avait touché une statue vénérée, quelques gouttes du cierge qu'il avait allumé devant une sainte image, de l'eau d'une fontaine renommée, une médaille bénite ou enfin tout autre pieux souvenir.

retrouvé à Paris dans les travaux de dragage de la Seine ;
c'est une espèce d'enseigne du xv⁰ siècle, représentant
d'un côté la Vierge, couronnée, dans un bateau flottant,
tenant sur la main droite le plan d'une église. Légende :
ste : marie de : bovloingne. ℞. ste : marie de : bovllongne.
Marie, couronnée, portant l'Enfant Jésus sur le bras
gauche ; près d'elle, un suppliant à genoux [1]. La seconde pièce est l'empreinte d'une médaille d'or, au type
de Notre-Dame de Boulogne, qui la représente sur un bateau flottant, conduit par deux anges ; au revers est l'écu
de France, entouré du collier de l'ordre de Saint-Michel. La
troisième pièce, en étain, est une variété de la précédente,
qui figurera dans ce recueil. La quatrième et dernière est
un plomb du xvi⁰ siècle, déjà publié par le docteur Rigollot [2]. D'un côté, on y voit, autour de la légende FRA-
TER : FRANCISCVS · BLONDIN, un écusson avec un dauphin,
et au chef chargé de trois coquilles ; de l'autre, avec la
légende NOSTRE : DAME : DE : BOVLONGNE, un navire portant
la Vierge, couronnée, qui tient l'Enfant Jésus dans ses
bras. Nous aurons à revenir sur cette singulière pièce.

C'est en 1863 que M. Forgeais publia la deuxième
série de sa *Collection de plombs historiés trouvés dans la*

1. Le docte numismatiste cite en note, d'autres sachets de plomb
au type de Notre-Dame de Boulogne : 1⁰ une de ces pièces, peu différente de celle dont il vient d'être parlé, publiée par M. Ch. Roach-
Smith, dans le tome second de ses *Collectanea antiqua* ; 2⁰ plusieurs
sachets recueillis à Thérouanne par M. Albert Legrand, de Saint-
Omer, et qui se voient dans son cabinet ; 3⁰ un dernier, trouvé au
même lieu, par M Alexandre Hermand et offert par lui à M. Rouyer,
lequel, à son tour, en a disposé en notre faveur.

2. *Monnaies inconnues des innocents, des fous et de quelques autres
associations singulières du même temps,* p. 97, pl. XXIII, n⁰ 54.

Seine, où il traite des enseignes de pèlerinage. Il y
consacre vingt et une pages à la description et à la représentation des plombs de Notre-Dame de Boulogne[1]. Ces
plombs, au nombre de onze, se divisent ainsi : cinq enseignes, images découpées à jour, simples et fragiles souvenirs de pèlerinage, auxquels l'auteur assigne les xɪvᵉ, xvᵉ
et xvɪᵉ siècles, trois sachets et deux médailles. Quoique
les deux dernières pièces rentrent seules dans notre
travail, nous les citerons toutes, à cause de leur rapport
avec les médailles concernant ce chapitre ; nous en donnerons donc ci-après une courte description.

Images métalliques. 1º Grand plomb disposé à jour ; il
est en forme d'écusson. Dans un encadrement ou listel,
auquel il manque le coin droit, on lit ainsi le commencement de la salutation angélique : ✠ aue : maria : ...
dominus : tecum : benedita tu : in : muli. Au centre est la
Vierge, couronnée et nimbée, dans un navire en croissant ;
à sa droite, une figure avec rame, et, à sa gauche, une
autre figure élevant la main[2]. 2º Notre-Dame, couronnée
et nimbée, se tient debout avec l'Enfant Jésus sur le bras
gauche, dans un navire arrondi, ayant mât et voile ; aux
extrémités un ange jouant de la trompette, et une autre
figure. 3º La même Vierge dans un vaisseau flottant,
garni d'un mât et d'une large voile, au haut duquel on lit :
nocter da (Notre-Dame), sur le château de proue, un ange
jouant de la flûte. 4º Variété du plomb précédent, avec

1. Pages 7 à 27.
2. Le même plomb a été reproduit par M. Haigneré dans son étude
sur la *Légende de Notre-Dame de Boulogne*, p. 7, et par M. Lefebvre
dans les *Mémoires de la Société académique de l'arrondissement de
Boulogne-sur-Mer*, 1864-1865, p. 175.

la même inscription régulièrement écrite. 5° La Vierge, tenant son divin Fils sur le bras droit ; elle est dans un vaisseau flottant, muni de voile et de cordages. On lit sur la poupe et sur la proue : nostre dame, et sur le flanc du bâtiment, près des flots : de bouloingne.

Sachets. 1° La Vierge, assise ; elle est couronnée et nimbée, et offre un lis à son fils, aussi nimbé, qu'elle tient sur un genou. Le revers est chargé d'un treillis en losange avec petites branches. La légende, contournant les deux côtés, porte nostre : dame : de : boloigne : seur : mer. 2° Variété du sachet publié par M. Rouyer ; elle n'en diffère que par quelques détails[1]. 3° La Vierge assise dans un vaisseau flottant. ℞. Marie, tenant son Fils dans les bras ; à ses pieds, un suppliant à genoux. De chaque côté de ce sachet, dont la conservation laisse beaucoup à désirer, est une légende qui se termine par le mot boloigne.

Médailles. — 1° Plomb déjà publié par M. Rouyer ; on y voit, au droit, la statue miraculeuse dans un navire conduit par deux anges, et au revers, l'écusson aux trois fleurs de lis. 2° Le même sujet de droit, sans agrès, avec le monogramme du Christ pour revers. Ces deux médailles figureront dans notre recueil.

Le tome xx des *Mémoires de la Société des Antiquaires de Picardie* comprend une *Notice sur quelques enseignes de pèlerinage en plomb concernant la Picardie*, par *M. J. Garnier*, travail de critique et d'érudition qui comprend une intéressante étude sur les plombs de Notre-Dame de Boulogne.

---

1. Ce plomb figure aussi dans l'ouvrage de l'abbé Haigneré : *Etude sur la légende de Notre-Dame de Boulogne*, p. 27.

Le docte antiquaire analyse et résume les travaux de ses devanciers sur ce sujet. Il parle d'abord des plombs publiés par M. Forgeais, qui sont de formes si diverses et si singulières pour la plupart. Il cite ensuite le plomb bizarre de frère François Blondin, dont le docteur Rigollot s'est occupé le premier, pièce qu'il considère comme un souvenir particulier de pèlerinage. Il passe aux pièces dont M. Rouyer a fait l'objet de sa notice, et finit par celles que MM. Roach Smith et Thomas Hugot ont figurées dans leurs publications anglaises. Aux plombs déjà connus, M. Garnier ajoute un petit sachet qu'il possède, objet qui se distingue par son style et qui se termine par une demi-fleur de lis; en voici la description : **ŝte marie · de boloinie.** La Vierge, assise, tenant l'Enfant Jésus sur ses genoux, dans un vaisseau flottant. ₰. **ŝte-marie bolononie.** La Vierge debout, tenant son Fils dans ses bras ; à ses pieds, un pèlerin à genoux [1].

Il nous reste à parler de la notice de M. Lefebvre: *Étude sur les plombs ou enseignes de pèlerinage et en particulier sur ceux de Notre-Dame de Boulogne-sur-Mer* [2]. Cette œuvre se fait remarquer par les recherches qu'elle a nécessitées et par les nombreuses citations qu'elle renferme; c'est un résumé fidèle et complet de ce qui avait été écrit jusqu'alors sur les enseignes du culte boulonnais.

L'auteur ajoute à la liste de plombs déjà publiés, les trois objets suivants, trouvés à Boulogne, qu'il croit pou-

1. Pl. III, n° 5.

2. Cette étude a été insérée dans les *Mémoires de la Société académique de l'arrondissement de Boulogne-sur-Mer* (1864-1865) ; elle y comprend les pages 133 à 191.

voir rattacher au pèlerinage de cette ville : 1° Support de statuette, orné de plusieurs cercles au milieu desquels on lit cette inscription circulaire : ✠ **ave maria gratia ple... dominus.** 2° Enseigne ronde de plomb, en forme de fibule, où l'on voit dans un vaisseau muni de ses agrès une tête couronnée sous laquelle est un écusson chargé sans doute de deux léopards. La légende, assez inintelligible, porte : ✠ **ricsart : biencof : nglant :** qui semble signifier : *Richard king of Englant* (Richard, roi d'Angleterre). 3° Fragment d'un moule curieux du xv° siècle, en pierre de Tournai, qui servait au moulage d'une très-grande image d'étain ou de plomb [1].

Le n° 1er n'a aucun rapport avec le sujet que nous traitons. Le n° 2, plaque anglaise, qui rappelle le noble, nous paraît n'être qu'une enseigne particulière ou un signe de ralliement, comme l'indiqueraient la légende et l'écusson [2]. Quant au n° 3, l'état incomplet de ce moule laisse

1. D'après ce qui reste de cette matrice, l'image, qui devait avoir quatorze centimètres de haut sur huit de large, se composait de trois parties : la première ayant trois arcades plein-cintre et les deux autres formant un écusson. Sous l'arcade du milieu, plus grande que les autres, on voit le Christ en croix, entre deux juifs ayant un genou à terre et portant la lance et l'éponge ; sous les arcades latérales sont la Vierge et saint Jean. Ce qui reste de la seconde partie nous montre Dieu bénissant, ayant à sa gauche un ange qui joue de la viole, puis saint Jean, tenant un médaillon au type de l'agnel. Une légende régnait autour de l'écusson ; il n'en reste que cette partie : + *ave . maria . gratia . plena . dominus.... ris . tv.*

Nous possédons un support ou pied de statuette presque semblable à celui-ci, mais bien plus petit ; il a été trouvé dans des travaux exécutés à Arras.

2. Dans l'introduction à l'ouvrage déjà cité du docteur Rigollot,

bien douteuse la composition de la troisième partie de l'image ; toutefois la découverte de cette matrice à Boulogne fait supposer qu'elle est d'origine locale [1].

Après avoir mentionné les enseignes de Notre-Dame de Boulogne que diverses publications ont fait connaître, il nous reste à décrire des plombs de notre cabinet ; ils consistent en six sachets de la fin du xve siècle et du xvie. Les trois premiers, aux légendes presque semblables, sont petits et de formes assez gracieuses ; ils nous proviennent des collections de feus MM. Quandalle et Duleau, de Paris. Les autres, qui sont grands et d'une fabrique bien différente, ont été trouvés à Thérouanne. Voici la description de ces curieux objets de piété : 1° 𝕤𝕥𝕖 : 𝕞𝕒𝕣𝕚𝕖 : 𝕕𝕖 - 𝕓𝕠𝕦𝕝𝕠𝕚𝕟𝕘𝕟𝕖 ·. La Vierge, couronnée et nimbée, tenant l'Enfant Jésus sur le bras gauche ; à ses pieds, un suppliant à genoux, au-dessus duquel on remarque une étoile à six rayons. ℞. 𝕤𝕥𝕖 : 𝕞𝕒𝕣𝕚𝕖 : 𝕕𝕖 : 𝕓𝕠𝕦𝕝𝕠𝕚𝕟𝕘𝕟𝕖 :. Marie, couronnée et nimbée ; elle est assise à droite dans un vaisseau flottant, tenant une haute église à trois clochers. C'est une variété de la pièce publiée

M. Leber décrit et publie (p. xxvii, pl. ii, n° 3) un autre signe de ralliement anglais, aussi de plomb et au type du noble, mais assez bien imité, avec la légende : *ave maria · gratia * plena domin.*

Notre cabinet renferme une belle plaque de même métal, aussi au type du noble ; elle est copiée avec art sur la monnaie flamande de Philippe-le-Bon, duc de Bourgogne. Comme sur cette pièce, la légende porte : * *phs die : gra · dvx · bvrg : comes : fland.* Ici les armes du prince sont remplacées par une grande Ω, initiale de Marie, simple et touchante invocation à la Vierge.

1. Nous n'avons pas à inférer beaucoup de la légende : *Ave Maria gracia plena*, car on la trouve partout, sur les monnaies, sur les méreaux, sur les jectoirs, etc.

par M. Forgeais[1]; elle est un peu plus petite, le style en est bien plus pur et le dessin plus correct. 2° ste·marie·bolonie. Même type que celui du droit du n° 1ᵉʳ, mais d'un autre style ; ici le suppliant est un moine avec capuchon. ℞. La légende est répétée ; la Vierge, assise à gauche dans un vaisseau flottant, tient sur le bras gauche une église assez large, avec clocher et deux clochetons. 3° Même légende avec le type du droit du n° 2 ; ici Marie n'est vue qu'en buste, et l'église est isolée dans le fond. ℞. Encore la même légende ; tout le champ est semé de fleurs de lis. Ce sachet élégant, dans lequel on retrouve bien la forme du réticule, a deux anses élevées; il se termine par trois demi-fleurs de lis à l'extérieur. 4° Vaisseau garni de châteaux de poupe et de proue, sur lesquels sont posés deux chandeliers avec de longs cierges allumés. Au milieu, la Vierge, couronnée, debout, tenant son Fils sur le bras gauche. ℞. Dans un écusson que surmonte une couronne de fantaisie, la croix avec tous les instruments et accessoires de la Passion. 5° Même sujet que celui du droit du n° 4, mais sans cierges ni chandeliers. ℞. Variété du revers précédent ; c'est bien le même sujet, mais avec d'autres dispositions. 6° La Vierge, couronnée et nimbée, portant l'Enfant Jésus à sa droite, est assise dans un navire. ℞. Jésus sur la croix, entre deux saints.

Il nous serait sans doute assez facile d'augmenter notre longue liste de sachets de Notre-Dame de Boulogne, mais nous ne devons pas oublier que ces petits monuments ne sont, pour notre travail, que d'un intérêt bien

1. Ouvrage cité, p. 23.

relatif. Revenons donc à notre sujet principal, qu'il nous tarde de traiter.

La célébrité et la popularité du pèlerinage de Notre-Dame de Boulogne donnèrent naissance à d'autres sanctuaires en l'honneur de la même dévotion. Citons, entre autres, celui que des Parisiens, fervents dévots du culte boulonnais, auquel ils ne manquaient pas de se rendre annuellement, établirent, en 1320, près de Paris, dans le village de Menus, qui prit plus tard le nom de Boulogne-sur-Seine. Cette espèce de succursale, d'abord modeste chapelle en bois, bientôt vaste et élégante église, fut dotée à l'envi par les papes, les rois et les grands, qui ne dédaignèrent pas de s'y faire inscrire comme membres de la noble Confrérie de Notre-Dame de Boulogne. C'est dire assez combien ce nouveau pèlerinage fut fréquenté.

Est-ce à ce pèlerinage secondaire ou au premier que doivent être attribués les plombs boulonnais trouvés dans la Seine ? M. Forgeais pense que la plupart des enseignes religieuses qu'il y a recueillies et qu'il a publiées ont été fabriquées à Paris par des artisans qui fournissaient aux principaux pèlerinages leurs images spéciales. Il le suppose surtout pour les plombs boulonnais, qui lui semblent avoir été débités dans les deux localités[1]. Déjà cette opinion avait été émise par M. Rouyer, quant à la vente de ces pièces aux deux lieux de dévotion[2]; elle a été partagée par M. Garnier[3], et nous nous y rangeons volontiers. Nous pensons, comme ce dernier antiquaire, qu'on peut attri-

1. *Collection des plombs historiés. Deuxième série*, p. 12.
2. *Notice historique*, p. 17.
3. *Notice sur quelques enseignes de pèlerinage*, p. 11.

buer sûrement au pèlerinage de Notre-Dame de Boulogne-sur-Mer toutes ces pièces, particulièrement les deux médailles figurées dans l'ouvrage de M. Forgeais.

Nous devons revenir sur la singulière médaille de frère François Blondin, publiée d'abord par le docteur Rigollot et que M. Rouyer a comprise dans la planche accompagnant son travail. Ce religieux était-il simplement moine ? Ne fut-il pas en même temps chef d'une compagnie de liesse, comme le suppose M. Rouyer ? Quoiqu'il en soit, on peut dire, avec M. Garnier, que le plomb dont il s'agit, monnaie des innocents, médaille ou méreau, n'offre qu'un souvenir particulier de pèlerinage entrepris par un fidèle au sanctuaire boulonnais. Aussi nous dispenserons-nous de comprendre dans nos planches cette pièce, qui ne saurait être une médaille de piété[1].

Il est des médailles qui semblent appartenir à Notre-Dame de Boulogne et qui lui sont cependant étrangères. Elles représentent, au droit, la Vierge avec l'Enfant Jésus dans un navire flottant, muni de mât et de cordages, entre deux figures assises et priant. Le revers offre la Sainte-Famille. Ces médailles sont ordinairement en argent et anépigraphes. Une de celles que nous possédons porte *Sabulo* à l'exergue du droit et *Bruxel* à celui du revers, ce qui établit clairement l'origine commune de ces pièces et prouve qu'elles concernent exclusivement le pèlerinage de Notre-Dame du Sablon, de Bruxelles[2].

1. Voir ce que M. Lefebvre dit sur ce plomb, dans son travail déjà mentionné, p. 160.
2. Dans son ouvrage sur *les Vierges miraculeuses de la Belgique*, M. de Reume consacre à cette piété une notice avec gravure. La légende qu'il y rapporte explique bien le sujet de ces médailles.

On a vu dans le cours de cet article combien la fabrication et la vente des médailles de Notre-Dame de Boulogne avaient été actives dans cette ville, surtout pendant les xvi° et xvii° siècles, temps de grande ferveur pour cette dévotion. Mais dans le siècle suivant, la piété s'étant ralentie et les pèlerinages collectifs ayant été peu nombreux, on ne fabriqua plus de médailles, du moins n'en connaissons-nous aucune de cette époque. Il en fut de même pour le premier tiers de notre siècle.

Dans les premiers jours de la Révolution, la statue de Notre-Dame de Boulogne, objet de la vénération de tant de siècles, fut sacrilégement consumée par les flammes[1], et bientôt après sa chapelle et la cathédrale, dont elle dépendait, disparurent à leur tour. Lorsque les malheurs des temps furent passés, un saint prêtre, Mgr Haffreingue, conçut le projet de reconstruire le monument et d'y rétablir son culte spécial. Il se mit résolûment à l'œuvre et consacra sa fortune et son existence à la réalisation de sa vaste conception. Après un demi-siècle d'efforts surhumains, il parvint, à force de zèle et avec l'inépuisable charité des Boulonnais, à doter leur ville d'un temple digne de la vierge Marie[2]. Cet édifice magnifique et grandiose, élevé sur les fondations de l'ancienne cathédrale, avait été commencé vers 1827 ; il fut terminé en 1840.

1. Il n'est resté de cette statue que quelques débris, entre autres une main ; ils sont conservés dans l'église actuelle.

2. On doit à M. Haigneré une remarquable étude biographique sur le vénérable restaurateur de la cathédrale boulonnaise ; elle a pour titre : *Monseigneur Haffreingue, sa vie et ses œuvres*. Boulogne-sur-Mer.

Entre temps avait été sculptée, d'après la tradition et les souvenirs, une nouvelle statue avec ses accessoires. Elle représente la Vierge, debout, dans une nacelle flottante, portant l'Enfant Jésus sur le bras gauche, et tenant un cœur à la main droite ; la Mère et son divin Fils sont couronnés et nimbés. De chaque côté est un ange assis ; l'un conduit le gouvernail et tient deux petits reliquaires ; l'autre pose sur son genou droit une grande Bible ouverte. Au-dessus de la Vierge, nimbée, brille une étoile rayonnante. Cette belle statue a été placée sous un dôme élevé au fond du sanctuaire si remarquable et si riche qui lui était destiné ; c'est là qu'elle est exposée à la vénération des fidèles.

Les pèlerinages solennels de Notre-Dame de Boulogne recommencèrent en 1853 ; non-seulement ils continuent, mais l'affluence des pèlerins ne cesse d'augmenter. On ne saurait se faire une idée du nombre des fidèles qui viennent par milliers, chaque année, révérer la statue auguste pendant les quinze jours de la station[1]. Comme beaucoup d'entre eux aiment à rapporter des souvenirs de leur voyage, ils se les procurent à la maison spéciale, située près de l'entrée de l'église. Ce sont de belles images dues au burin parisien, des chapelets, des bagues, des cœurs, des colliers, des reliquaires, des médaillons et surtout des médailles.

En rééditant, en 1839, le principal livre d'Antoine

1. Ce nombre a été évalué à plus de 50,000 pour l'année 1857, M. Robitaille a donné, dans son *Annuaire du diocèse d'Arras*, un récit circonstancié de ce pèlerinage annuel. — Voir les *Programmes des Fêtes célébrées dans l'église Notre-Dame, patronne de la ville, à Boulogne-sur-Mer.*

Le Roy, M. Hédouin avait exprimé, à la page 203, le désir de voir frapper une médaille de Notre-Dame de Boulogne, qui rappelât l'année de la reconstruction du sanctuaire boulonnais. Il proposait d'y faire graver, d'un côté, la sainte image avec la légende *Urbis et orbis Domina*, et de l'autre, la vue du monument, avec la date de la pose de la première pierre. Si ce vœu n'a pas été réalisé entièrement, il fut pris en considération, car une médaille était exécutée, dès l'année suivante, par la maison Vachette, de Paris, pour être vendue à Boulogne, au profit de l'œuvre de la reconstruction de l'église. Cette médaille représente la nouvelle statue de la Vierge, Étoile de la mer, mais ici, l'ange placé au gouvernail tient à la main un cœur couronné, et l'autre prie, les mains jointes. Au revers est un cœur qu'un glaive transperce ; il s'en échappe en croix des rayons et des flammes ; au bas est une grande M, initiale de Marie. Cette médaille a été rééditée en plusieurs modules et avec des variantes que nous indiquerons dans la description qui terminera ce chapitre. On remarquera qu'en 1860, le revers a représenté le bienheureux d'Amettes, et que, depuis quelques années, il est remplacé par le côté principal de la Médaille miraculeuse, type dont nous avons eu l'occasion de parler à l'article d'Arras.

En 1769, un jeune pèlerin venait se prosterner devant l'image de Notre-Dame de Boulogne ; un siècle après, une magnifique chapelle était élevée en son honneur dans la cathédrale reconstruite. Cet homme était Benoît-Joseph Labre, l'humble héros de la pauvreté, né en 1748, à Amettes, village qui dépendait alors du diocèse de

Boulogne [1], mort à Rome en 1783, et béatifié en 1860.
Comme à Amettes et à Arras, des fidèles viennent prier
le bienheureux à son autel, où repose une partie de ses
reliques, et où l'on vénère sa statue.

Bien que les dévotions à Notre-Dame de Boulogne et
au bienheureux Labre soient distinctes, comme elles
sont pratiquées dans la même église, elles ont lieu souvent l'une après l'autre. Plusieurs médailles réunissent
les types des deux piétés, ce qui a contribué à en rendre
la vente plus grande et plus facile.

Les médailles frappées depuis 1840 jusqu'à ce jour,
au type principal de Notre-Dame de Boulogne, avec les
revers que nous avons cités, sont sorties pour la plupart
des maisons Vachette, de Paris, et Conin, de Saumur.
Elles sont d'argent, de cuivre argenté, de cuivre jaune
et de bronze. Il en existe aussi d'or et de vermeil parmi
celles de petits modules ; on en voit encore qui sont
disposées en médaillons à verres, ou montées en boîtes
et en reliquaires [2].

Les détails étendus qui précèdent nous permettront

1. Lors de la suppression, en 1553, de l'évêché de Thérouanne,
dont Amettes faisait partie, ce village fut compris dans le diocèse de
Boulogne. Cet état de choses dura deux siècles et demi, c'est-à-dire
jusqu'au concordat de 1801, qui a incorporé ce diocèse à celui d'Arras.

2. Entre autres objets de piété qui se sont vendus au pèlerinage
boulonnais, on peut citer un médaillon ovale renfermant sous verre
deux petites photographies : la statue de Notre-Dame de Boulogne et
le portrait en pied du bienheureux Labre. — Mentionnons aussi deux
médaillons ovales en nacre, représentant la madone boulonnaise,
et un petit médaillon doré et émaillé, qui offre le même type, avec
cette légende : *N. D. de Boulogne.*

d'abréger la description qui va clore ce chapitre ; nous la présenterons ainsi : *Première partie*. Médailles antérieures au xix⁰ siècle. *Seconde partie*. Médailles frappées depuis 1840, classées selon leurs revers ci-après : le Sacré-Cœur de Marie ; le bienheureux Benoît-Joseph Labre ; la Médaille miraculeuse.

PREMIÈRE PARTIE.

151. Dans un navire flottant, muni de ses agrès, la Vierge, debout, portant l'Enfant Jésus sur le bras gauche, la Mère et son Fils sont courónnés et nimbés. ℞. iiiᶜᶜ *et* xv (1415) entre deux doubles lignés ; au-dessus et au-dessous, une espèce de sachet entre deux écailles de pèlerin. Cette pièce d'étain, qui nous provient de la collection Duleau, a été trouvée à Paris, dans la Seine.

152. La Vierge, couronnée, tenant l'Enfant Jésus dans ses bras ; elle est assise dans un navire flottant que deux anges conduisent à l'aide de rames et de voiles. ℞. ✠ ΝΟΤΡΕ · ΟΤΜΕ · ΟΕ · ΒΟVLΟΝGΝΕ. Écu de France couronné et entouré du collier de l'ordre de Saint-Michel, fondé par Louis XI. Ces armes rappellent bien l'hommage que le dévot et rusé monarque avait fait, en 1478, du comté de Boulogne à la Vierge, et le vasselage auquel ses successeurs étaient soumis. Cette médaille, ronde et sans bélière, a été frappée vers la fin du xvᵉ siècle ou au commencement du siècle suivant[1]. Un exemplaire en or a été publié par M. Rouyer, d'après une ancienne

1. Ce qui prouve que cette pièce est bien une médaille et non un méreau, c'est qu'il en existe des exemplaires avec un trou tenant lieu de bélière.

empreinte [1]. M. Forgeais en a fait connaître un autre en plomb ou en étain [2].

Nous possédons une légère variété de la médaille précédente ; chaque mot de la légende y est séparé par un clou à facettes au lieu du point ou globule.

Nous placerons ici une médaille de plomb, oubliée dans notre planche xx ; en voici la description et la figure : La Vierge, couronnée et nimbée, ayant entre les bras l'Enfant Jésus, nimbé, se tient debout dans un vaisseau conduit par deux anges. ℞. Dans un cercle, le monogramme ordinaire de Jésus entre deux têtes de clous de forme carrée ; on voit les trois clous de la passion sur le premier jambage de la lettre médiane, disposé en croix. Ce plomb du xvie siècle a été trouvé dans la Seine et recueilli par M. Forgeais, qui l'a publié [3].

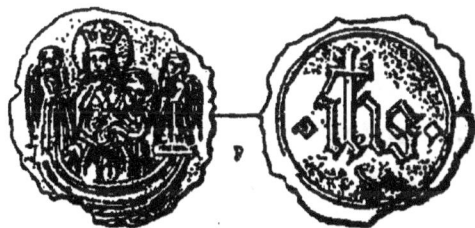

1. *Notice historique*, p. 14, n° 2 de la planche. M. Rouyer a tiré ce dessin d'un livre curieux qu'il possède, ancien recueil manuscrit de plus de deux cents monnaies d'or et d'argent, qui paraît avoir été composé par un changeur de la Flandre ou du Hainaut. Ce commerçant avait pris sa médaille d'or de Notre-Dame de Boulogne pour un double ducat de Bologne, ce dont nous avons à nous féliciter, car son erreur a servi à constater l'existence d'une pièce bien importante pour nous. Malheureusement cette grande rareté n'a pas été conservée.

2. *Collection de plombs historiés, enseignes de pèlerinages*, p. 25.

3. Même ouvrage, p. 26.

153. La Vierge, couronnée, dont la longue chevelure est flottante, se tient debout sur un bateau qui vogue ; elle tient l'Enfant Jésus sur le bras droit. Ce sujet est dans un ovale entouré d'un grènetis. Médaille de plomb, à neuf pans et uniface.

154. N D BO. Notre Dame de Boulogne, couronnée et nimbée, tenant sur ses genoux l'Enfant Jésus, nimbé ; elle est assise dans un navire voguant. ℞. Sainte Barbe, tournée un peu à droite ; elle est couronnée, tient une palme et touche de la main droite une petite tour. On sait que cette sainte, si populaire dans nos contrées, y a toujours été invoquée par les fidèles pour obtenir, par son intercession, la grâce d'une bonne mort. Notre médaille, de petit module et de forme ronde, entourée d'une large bordure en tresse d'un côté, et en grènetis de l'autre, se compose de deux plaques d'or jointes par le cadre ; elle est du xvie siècle.

155. NOSTRE DAME DE BOVLONGNE. La Vierge, couronnée, portant sur le bras gauche son Fils, nimbé, qui tient un cœur devant elle. Elle est debout, dans un vaisseau sans agrès, entouré de vagues, et conduit par deux anges, dont l'un lui présente une bible et l'autre deux petits reliquaires. Cette belle et grande médaille, dont les deux côtés sont sortis du même coin, nous a été obligeamment communiquée par M. l'abbé Haigneré ; elle a été frappée au xviie siècle sur deux légères feuilles d'argent, réunies ensuite par une soudure. Ce petit monument est d'une exécution assez remarquable ; c'est l'œuvre d'un artiste habile qui s'est inspiré de la tradition ou qui a suivi de bons modèles.

156. La Vierge, debout, dans un bateau qui vogue ; elle tient l'Enfant Jésus sur le bras gauche. Cette médaille, qu'entoure un double cercle, est d'un style assez correct, mais d'un caractère assez profane ; elle a été frappée sur une mince feuille d'argent dans la seconde moitié du xviiᵉ siècle.

SECONDE PARTIE.

157. URBIS ET ORBIS HONOS, STELLA MARIS, SIS BONA. La Vierge boulonnaise portant un long voile, tient l'Enfant Jésus sur le bras gauche ; elle est debout dans un bateau voguant, conduit par deux anges assis aux extrémités. Celui qui est placé à droite prie, les mains jointes, la grande Médiatrice ; l'autre lui présente un cœur et tient le gouvernail. Une étoile lumineuse répand ses rayons sur ce gracieux ensemble. Exergue : N-D DE BOULOGNE (ˢ· 1840. ᴹ·). Comme les deux initiales en parenthèse, complétant le nom de la ville, ont été gravées après coup, il se trouve des exemplaires qui n'ont pas cette addition choquante. ℞. REFUGIUM PEC-CATORUM, ORA PRO NOBIS. Le cœur de Marie, percé d'un glaive et entouré de rayons et de flammes disposés alternativement, de manière à former une double croix. Devant les rayons inférieurs est une grande initiale M, sous laquelle se lit quelquefois le nom du fabricant Vachette. Cette médaille et la suivante ont 27 millimètres[1].

1 La description de la même médaille se trouve à la fin de la Notice de M. Rouyer. — Le type du revers rappelle en partie celui de la Médaille miraculeuse. Il se rapporte à l'archiconfrérie du Sacré-Cœur de Marie, association dont le siége central est en l'église de Notre-Dame des Victoires.

158. URBIS ET ORBIS HONOS, MARIS STELLA, SIS
BONA. Même sujet que celui du droit du n° précédent ; seulement les rayons de l'étoile sont moins
longs, et sur le bateau se voient deux millésimes 636,
dale supposée de l'arrivée de la statue miraculeuse, et
1840, année de la reconstruction de la nouvelle cathédrale. L'exergue, modifié, porte en deux lignes : N . D
DE BOULOGNE SUR MER. Le revers est celui du n° 157 ;
il est sorti du même coin.

159. Même médaille, du module de 22 millimètres.

160. Variété, sur laquelle les rayons du droit sont peu
étendus.

161. Même médaille, de 17 millimètres. Sur des exemplaires, le nom du fabricant est inscrit entre le commencement de la légende du revers et l'initiale de Marie.

162. Variété peu importante.

163. Médaille de même grandeur et presque aux mêmes
types, mais d'une autre fabrique et d'un style tout différent et bien moins correct. La Vierge-Mère et son divin
Enfant sont couronnés. Au revers, le cœur est plus petit
et l'on ne retrouve plus l'initiale de Marie ni le nom du
fabricant.

164. Médaille de chapelet, en forme de cœur, avec
trois anneaux ; elle n'a que 13 millimètres. Les types
sont les mêmes que ceux du n° précédent. La disposition
de cet objet de piété n'a pas laissé de place au graveur
pour l'étoile et ses rayons.

165. URBIS ET ORBIS HONOS MARIS STELLA SIS
BONA. La Vierge tenant l'Enfant Jésus dans ses bras ;

elle est debout sur un long navire flottant, dont la proue élevée et la poupe sont occupées par deux anges en prières. Il est à remarquer que les figures sont très-petites, comparées à celles des autres médailles du même culte. Au-dessus de la Protectrice céleste, on voit une étoile entourée de rayons. La légende : PÉLERINAGE DE N. D. DE BOULOGNE, est disposée en deux lignes. Le revers offre la légende ordinaire et le même type du cœur de Marie, avec l'initiale. Cette médaille, du module de 25 millimètres, est d'une toute autre facture que les pièces précédentes, et surtout d'un dessin bien inférieur à celui des premières de ce groupe.

On trouve la même médaille des modules de 22, 20 et 18 millimètres.

166. N D DE BOULOGNE PRIEZ POUR NOUS. On voit la Vierge et l'Enfant Jésus entre deux anges, dans une barque, sujet gracieux, que nous décrirons avec plus de détails au numéro suivant. ℞. CŒURS DE JESUS ET DE MARIE. Grande couronne royale sous laquelle sont deux cœurs enflammés, l'un entouré d'une couronne d'épines et surmonté d'une croix, l'autre transpercé par un glaive. Belle médaille assez nouvelle, de 21 millimètres.

167. PELLEGRINAGGIO DEL BEATO BENEDETTO GIUSEPPE LABRE A N. D. DI BOULOGNA. Légende disposée en deux lignes, à cause de sa longueur. Le sujet du droit est toujours le même, mais il est ici plus artistement exécuté. La Vierge boulonnaise, couronnée et nimbée, drapée à l'antique, présente l'Enfant Jésus aussi couronné et nimbé, qui tient sur la main gauche un globe sommé d'une croix. Elle est debout sur une barque

battue des vagues, que conduisent deux anges assis, gracieusement vêtus et déployant leurs ailes. Celui de droite, placé au gouvernail, tient deux petits reliquaires qui ressemblent à des sceaux avec leurs attaches; l'autre a sur le genou gauche une grande Bible ouverte. ℞. BEATO BENEDETTO GIUSEPPE LABRE. Le bienheureux, tourné un peu à gauche, est vêtu en pèlerin; sa tête, nue, est entourée de rayons, et ses bras sont croisés. A la main droite est un chapelet et à la ceinture pend une écuelle. Ce revers a été frappé avec le coin du n° 67. Cette belle médaille, aux légendes italiennes, a 33 millimètres; elle a été distribuée et vendue tant à Rome qu'à Boulogne, pendant les fêtes de la béatification de l'humble serviteur de Dieu.

Nous possédons la même médaille, réduite à 23 et 18 millimètres, frappée en argent et en cuivre.

168. PELERINAGE DU BIENHEUREUX B J LABRE A N D DE BOULOGNE. Légende en deux lignes. Le type du droit est le même que celui du n° précédent, réduit à 22 millimètres. ℞. BIENHEUREUX BENOIT JOSEPH LABRE. Même portrait en pied du pèlerin.

Cette médaille est reproduite en modules de 20 et de 17 millimètres; il est des exemplaires où la tête du bienheureux n'a pas de rayons. Ces pièces sont ordinairement en alliage de nickel et de zinc.

169. N. D. DE BOULOGNE PRIEZ POUR NOUS. On s'est servi du poinçon du n° 167, pour le droit de cette médaille, dont le module est de 33 millimètres. ℞. BIENHEUREUX B. J. LABRE NÉ A AMETTES DIOCÈSE D'ARRAS. Le revers est le droit du n° 70; il est sorti du même coin.

La même médaille a été réduite à 24 et 18 millimètres ; elle existe en argent et en cuivre.

170. URBIS ET ORBIS HONOS MARIS STELLA SIS BONA. Exergue : PÉLÉRINAGE DE N. D. DE BOULOGNE. C'est le droit du n° 165, qui n'est ici que de 15 millimètres. ℞. Type, en bien petit module, du n° 169.

171. Même droit que celui du n° 169, sorti du même coin. ℞. O MARIE CONÇUE SANS PÉCHÉ PRIEZ POUR NOUS QUI AVONS RECOURS A VOUS. La légende est en deux lignes. La Vierge, nimbée, portant un large manteau, tient les bras entr'ouverts et de ses mains jaillissent des rayons. Marie est sur une partie de globe entourée d'un serpent qu'elle écrase. On remarque en exergue le millésime 1830. C'est le type du principal côté de la Médaille religieuse, si souvent reproduit.

Cette médaille est la plus belle et la plus grande d'une série de pièces qui diffèrent surtout par le module ; on en trouve de 23, 20, 17, 15, 13 et 12 millimètres. Si le type du droit est toujours le même, les légendes varient un peu ; ainsi nous trouvons : *N. D. de Boulogne sur Mer, priez pour nous ; N. D. de Boulogne s Mer, priez pour nous ; N. D. de Boulogne priez pour nous ; N. D. de Boulogne s Mer.* Un seul revers, au lieu de la légende ordinaire, porte : *O sainte Marie, priez pour nous.* Nous négligeons encore d'autres variétés sans importance.

172. PELERINAGE DU BIENH B. J. LABRE A N. D. DE BOULOGNE. C'est encore le type du droit des pièces qui précèdent. ℞. Légende et type ordinaires de la Médaille miraculeuse. Module : 17 millimètres. Il existe une variété qui n'en a que treize.

173. N. D. DE BOULOGNE PRIEZ P. N. Sujet ordinaire de la Vierge boulonnaise, traité d'une autre manière. ℞. Légende et type de la Médaille miraculeuse. Petite médaille ronde, dont les légendes sont entourées d'un grènetis.

174. Médaille nouvelle, d'un genre tout différent, en ovale allongé se terminant en pointe. La légende du droit, toujours à peu près la même, porte : N. D. DE BOULOGNE PRIEZ POUR NOUS. Quant au type, il offre cette particularité, que l'ange placé à gauche tient une rame au lieu d'un livre. Le revers est encore composé de la légende et du type de la Médaille religieuse. Le champ de cette singulière pièce est, des deux côtés, parsemé de légers ornements cruciformes.

Les nᵒˢ 157 à 166 inclus, ainsi que les nᵒˢ 168, 170, 172, 173 et 174, ont été frappés en argent et en cuivre ; les nᵒˢ 167 et 171 en argent, en bronze et en cuivre ; le nᵒ 169 existe en argent et en bronze.

Avant de terminer cette longue notice, nous mentionnerons une médaille qui, malgré l'apparence, ne saurait être comprise dans nos planches. Cette médaille qu'on trouve en argent et en cuivre, a 24 millimètres de module ; elle offre, d'un côté, le type et la légende du nᵒ 169 ; sur l'autre, on voit le buste, presque de face, de Mgr Haffreingue. Ce souvenir métallique ne peut être considéré que comme un pieux hommage rendu à la mémoire du restaurateur de l'église de Notre-Dame de Boulogne.

XII

CAMBLAIN-CHATELAIN

𝔐𝔢́𝔡𝔞𝔦𝔩𝔩𝔢𝔰 𝔡𝔢 𝔰𝔞𝔦𝔫𝔱 𝔔𝔲𝔦𝔯𝔦𝔫

Ce village, agréablement situé sur la rivière de la Cla-
rence, possédait encore, dans la première moitié de ce
siècle, un ancien château flanqué de tours, qui fut l'objet
d'une légende romanesque si bien racontée par des écri-
vains du pays[1]. C'est, paraît-il, à son retour de la Croisade qu'un valeureux sire de Camblain, nommé Gozon,
dont la raison avait été altérée par le malheur, fit construire ce château de style bizarre qui rappelait l'architecture sarrasine ; or il advint qu'il y vécut dans la dis-
solution. Ce fut, dit-on, pour purger le manoir de ses
souillures que, dans le XIIIe siècle, un châtelain de Lens,
héritier du domaine, fit disposer. dans une des tours du
castel, une chapelle qu'il décora richement[2].

---

1. Hédouin, *Souvenirs historiques et pittoresques du Nord de la
France,* lettre cinquième. — Terninck, articles insérés dans *Le Puits
artésien,* t. III, p. 509, et dans le *Magasin catholique illustré,* t. II,
p. 97.—Harbaville, *Mémorial historique et archéologique,* t. I, p. 349.
   2. Le P. Ignace, *Mémoires du diocèse d'Arras,* t. III, p. 298, et
t. IV, p. 542.

Cet oratoire fut sous l'invocation de saint Quirin, tribun militaire qui souffrit le martyre à Rome au IIe siècle. On y révéra de ce saint un os du bras, enchassé dans un reliquaire[1]. Sur l'autel était placée une ancienne statue du saint, qui le représentait en armure avec manteau, tenant à la main droite une hampe d'étendard et appuyant l'autre sur un bouclier ou écu chargé de besants, en souvenir du croisé. Il ne reste plus rien de l'ancien château, mais une élégante construction le remplace ; et, dans la cour, s'élève un nouvel oratoire, de forme circulaire, où la statue révérée a été placée ; quant à la relique, elle a été déposée dans l'église paroissiale.

Le pèlerinage de Camblain a été très-fréquenté pendant longtemps et l'est encore de nos jours. Comme autrefois, on vient, de tous côtés, et souvent de bien loin, le premier dimanche de mai, servir saint Quirin, invoqué particulièrement pour la cure des maladies cutanées. Les fidèles se rendent d'abord à l'église pour y honorer la relique placée dans un magnifique reliquaire, puis ils visitent pieusement l'oratoire du château.

Nous rapportons avec certitude les six médailles suivantes au pèlerinage de Camblain.

175. Dans un encadrement rond, dentelé, portant trois oreilles d'attache, on voit, entre les lettres S Q, saint Quirin, nimbé, portant armure et tenant, à droite, une scie qui doit rappeler l'instrument de son martyre, et, à

1. Ce reliquaire, de cuivre doré, figurait un bras avec sa main et portait l'inscription *Chest le brach seint Cueirin* ; il avait été donné, en 1419, par un membre de la famille des châtelains de Lens, Charles de Récourt, grand amiral de France. (Le P. Ignace, *Mémoires*, t. IV, p. 542.)

gauche, une lance avec banderole. Sous la scie on remarque un écu avec huit besants. Singulière plaque de
cuivre, de la seconde moitié du xv⁰ siècle.

176. Médaille carrée, estampée sur une mince lame de
cuivre. Dans un encadrement orné de rinceaux se trouve
saint Quirin, coiffé d'un large bonnet et vêtu d'un manteau, tenant de la main droite une scie et de l'autre, une
lance baissée, munie d'une banderole flottante. Il porte
de ce côté un écu échancré, orné de dix besants. A sa
droite, est un écusson aux armes des Récourt, seigneurs
du lieu. Cette enseigne, de la seconde moitié du xvi⁰ siècle, est percée aux angles de quatre trous destinés à
l'attacher.

177. Entre les lettres S Q, le même saint, nimbé,
portant armure et tenant de la main droite une lance, et
de l'autre, une scie qui figure assez un fouet. Petite
médaille ronde, dont le fond pointillé est entouré d'un
double cercle; elle est uniface et a été frappée au xvi⁰
siècle, sur une légère feuille de cuivre.

178. Autre petite médaille ronde, uniface et pointillée,
ayant beaucoup de rapport avec la précédente; elle est de
la même époque, et frappée aussi en bractéate sur cuivre.
Ici le saint est représenté sans nimbe et sans initiales,
portant grand chapeau et manteau à larges manches. Collection de M. Deschamps de Pas, de Saint-Omer.

179. S⋅ CVIRIN. Le saint, nimbé, portant armure et manteau, tient à la main droite une lance avec banderole,
et soutient de l'autre un bouclier en forme d'écu, chargé
de dix besants. Ce sujet reproduit assez exactement la
statue de la chapelle de Camblain-Châtelain. Cette mé-

daille, octogone et uniface, entourée d'un large encadrement, a été frappée sur une feuille de cuivre, dans la seconde moitié du xviie siècle.

180. SAINCT QVIRIN. C'est le type du n° précédent. Le saint est représenté avec coiffure plate, sans nimbe. Médaille uniface, entourée d'un fort grènetis qu'un cercle renferme; elle a été frappée aussi dans la seconde moitié du xviie siècle, sur une légère feuille de cuivre. Musée de Saint-Omer.

La provenance artésienne des médailles que nous venons de décrire, leur style, leur fabrique et le sujet qu'elles offrent, suffiraient bien pour justifier nos attributions, si nous n'avions encore à dire que Camblain est le seul lieu du Nord de la France, où saint Quirin, le tribun, soit honoré d'un culte particulier[1].

XIII

CARVIN

La ville de Carvin, qui s'est appelée aussi Carvin-Épinoy, comprend Épinoy et Libercourt. C'est à ces deux dépendances que se rapportent les intéressantes et nombreuses médailles de piété de ce chapitre.

---

1. On connaît pour la Belgique des médailles de ce saint, mais elles sont bien reconnaissables par leurs types et leur style.

Médailles de saint Druon

Épinoy, insensiblement incorporé avec Carvin, dont il forme le prolongement, était une petite principauté qui, après avoir appartenu à la maison de Melun-Épinoy, a passé dans celle de Rohan-Soubise. Quand on arrive de ce côté à la ville, on voit à gauche un puits isolé dans un champ et, un peu plus loin, une petite église. Ce puits est celui du manoir où naquit un saint[1] ; le monument est la chapelle élevée en son honneur et placée sous son vocable.

Druon ou Drogon, issu de parents riches et puissants, vit le jour au commencement du XIIe siècle ; il fut orphelin dès sa naissance. Cette circonstance lui inspira de bonne heure le goût de la solitude ; à l'âge de seize ans, il renonçait à la position brillante que le monde lui réservait, pour suivre une carrière obscure et ignorée. Après avoir parcouru le pays, le jeune seigneur se fixa à Sebourg, près de Valenciennes, et y garda les moutons pendant six ans. Il entreprit ensuite divers pèlerinages lointains, notamment ceux de Rome, et les recommença plusieurs fois. Mais ces fréquents voyages et les austérités qu'il s'était imposées avaient épuisé ses forces et altéré gravement sa santé. Le pèlerin revint alors à

1. L'eau de ce puits, à laquelle les pèlerins ont attribué une vertu surnaturelle, était si renommée au XIIIe siècle que, par exception, il était permis d'en vendre dans l'église collégiale de Saint-Omer. (Article de M. Eudes dans les *Mémoires de la Société des Antiquaires de la Morinie*, t. II, 2e partie, p. 134.)

Sebourg et s'y fit construire, près de l'église, une humble cellule ; il y fut reclus pendant ses quarante dernières années, consacrées entièrement à la prière et aux macérations [1].

Druon reçut la sépulture en l'église de Sebourg. Dès lors, le lieu de sa naissance et celui de sa mort, également honorés, devinrent des pèlerinages très-renommés [2],

1. *Abrégé de la vie et miracles de l'illustre confesseur de Jésus-Christ saint Druon en faveur de sa confrérie érigée en la chapelle de son nom à Épinoy, dont les Règles et Indulgences sont rapportées, avec un petit Office et Litanies composées sur la vie du saint.* — *Abrégé de la vie et des miracles de l'illustre confesseur de Jésus-Christ saint Druon, en faveur des habitants de Sebourg, et des pèlerins qui y viennent de toutes les parties du monde chrétien.* — Le P. François Gautran, *La vie de saint Druon, confesseur.* — *Leven ende mirakelen van den H. Drogo, geviert in de Kercke van Marcke by Cortryck.*

2. Les pèlerinages de Sebourg et d'Épinoy sont quelquefois mentionnés dans les archives de la contrée. Par son testament de 1434, Philippart de Flines, clerc de Douai, ordonne qu'on vende ses vêtements et son armure et qu'avec le prix, on entreprenne trois pèlerinages, notamment celui de Saint-Druon de Sebourg. Le même pèlerinage est aussi ordonné avec d'autres par Jean Hellin, de la même ville, comme il appert de son testament de 1495. (Communications de M l'abbé Dehaisnes). Ajoutons l'extrait suivant d'un compte de 1514, conservé par M. de Berthoult, d'Hulluch, village peu distant de Carvin : « A ung homme pour avoir été à Seclin, à Saint-Druon, et à Saint-Adrien, où il fut dehors six jours, lui a été payé XVIII sols. Pour trois messes, trois offrandes et des ymaiges qu'il rapporta, XXII sols. » Enfin on lit dans un des registres aux actes du chapitre d'Aire, à l'année 1697: « Messieurs ont accordé quinze jours de temps à Messire François Philipperon, vicaire chapelain, pour aller servir saint Druon, à raison de ses incommodités. » (Note de M Rouyer.)

fréquentés surtout par les bergers, qui avaient pris le saint reclus pour leur patron. Nous laissons aux historiens du pâtre de Sebourg la relation des prodiges et des miracles opérés par son intercession, ainsi que le récit des pieuses pratiques et des cérémonies intéressantes établies en son honneur.

Nous devons cependant mentionner les autres lieux où saint Druon fut aussi l'objet d'un culte. Ce saint est le patron d'un faubourg de Cambrai, qui porte son nom ; il s'y trouve une chapelle dédiée au pieux pèlerin, où les fidèles se sont toujours rendus en pèlerinage, surtout les lund's de Pâques et de Pentecôte[1]. A Bénifontaine, village peu éloigné d'Epinoy, une chapelle fut l'objet d'un pèlerinage où l'on allait invoquer saint Druon[2]. Le même saint fut aussi spécialement honoré à Lille, en l'église de Saint-Maurice[3] et à Marcke-lez-Courtrai, en l'église paroissiale[4]. Dans beaucoup de nos églises, on voyait la statue de l'illustre berger ; elle était solennellement portée dans les processions[5]. Enfin des confréries de saint Druon ont été instituées à Lille, à Douai, à Tournai et en d'autres lieux.

La ferveur des fidèles envers le reclus de Sebourg augmenta encore au XVIIe siècle. En 1612, Jean Richardot, archevêque de Cambrai, avait placé les restes du saint

1. *Mémoires de la Société d'émulation de Cambrai ; Saint-Druon*, article de M. Durieux, t. XXXI, 1re partie, p. 283.

2. Le P. Ignace, *Mémoires du diocèse d'Arras*, t. IV, p. 56.

3. V. la gravure qui sera mentionnée ci-après.

4. *Leven ende mirakelem van den H. Drogo.*

5. Notamment à Hénin-Liétard

dans une châsse richement ornée. En 1630, Vander Burch, son successeur médiat, les déposa dans une autre châsse encore plus précieuse, après en avoir tiré une relique pour la donner à la chapelle d'Épinoy.

Ce fut alors que l'on commença à fabriquer les médailles de saint Druon qui se vendaient, en si grand nombre, en différents lieux, surtout aux pèlerinages de Sebourg et d'Épinoy. Ce n'étaient pas seulement les bergers qui y affluaient de toutes parts, les fidèles et les curieux s'y rendaient aussi en foule pour servir le saint et pour participer aux divertissements que ces fêtes ne manquaient pas de procurer. Beaucoup de pèlerins achetaient à la porte du lieu saint quelque pieux souvenir de leur dévotion. Les uns portaient au chapeau, à la boutonnière ou au cou les médailles que nous décrirons bientôt. D'autres, les plus jeunes surtout, fixaient à leur coiffure ou portaient à la main de petits drapeaux triangulaires grossièrement gravés [1]; d'autres en-

1. Nous avons retrouvé trois de ces drapeaux ; ils sont en papier et ont vingt-deux centimètres de longueur. Sur le premier, on voit saint Druon entre l'église de Sebourg et sa cellule. Il est représenté jeune, debout et nimbé, vêtu en berger, portant houlette et chapelet, tenant son chien en laisse et ayant trois moutons à sa droite. Près de la tour de l'église, on voit un marchand de drapeaux, et çà et là, des pèlerins. Le haut est occupé par des *ex-voto ;* le tout est entouré d'un encadrement dans le bas duquel on lit : *St Druon priez pour nous.* Le second drapeau, dont nous possédons la gravure sur cuivre, est imité du précédent : il donne de plus cette adresse : *chez Decarpentry md. orfèvre imprimeur en taille douce rue Lormery n° 17 vis-à-vis la Biche à Valenciennes.* Le troisième, enluminé, est l'œuvre de Mélino, graveur d'images à Lille ; il nous fait voir le même saint dans une chapelle au bas de laquelle est une couronne contenant cette inscription : *St-Druon Priez Pour Nous.* A sa droite, un boiteux, deux suppliants devant un arbre, et deux voyageurs.

fin rapportaient de simples images du même genre[1].

Déjà au xve siècle, les pèlerins rapportaient d'Épinoy et de Sebourg des enseignes ou images métalliques, soit pour constater l'accomplissement de leur pieux voyage, soit pour entretenir leur piété. On connaît deux de ces plaques ; elles sont d'étain et peu différentes ; leur forme présente un carré quadrilobé. Ces curiosités ne portent d'empreinte que d'un côté ; sur l'autre on remarque la trace d'un crochet.

Sur la première plaque, portant ici le n° 181, on lit : ·S·D·ROGO, dans les deux lobes supérieurs ; deux faucilles occupent les autres. Dans le carré, l'on voit sur trois degrés cintrés, placés sur un parquet en losange, saint Druon nimbé, à mi-corps, de face et priant, les mains jointes. Il est accosté d'un religieux et d'une religieuse qui l'implorent à genoux.

La seconde plaque (n° 182) a pour légende S DRVGO. Le saint est couvert d'un large manteau, et les clients placés à ses côtés, homme et femme, sont en costumes laïques ; ils regardent de face.

On doit supposer qu'il a été fait, durant le xvie siècle, des médailles en l'honneur de saint Druon ; cependant nos recherches ne nous en ont fait découvrir aucune.

---

1. Une image, aussi gravée et enluminée par Mélino, représente le même saint dans une chapelle avec la même inscription. Une autre image gravée nous montre le saint dans un ovale enjolivé, avec cartouche inférieur portant : *S. Druon, p. p. n.* Une gravure sur bois, offrant le même sujet, a été imprimée, avec une oraison, par Hurez, libraire à Cambrai. Mais la gravure la plus remarquable du saint est celle qui a été faite, dans le format in-4°, pour sa dévotion en l'église de Saint-Maurice, de Lille.

Mais si nous regrettons cette lacune, nous avons une large compensation dans le grand nombre des pièces que le siècle suivant nous fournit.

La plupart des médailles de saint Druon concernent aussi bien le pèlerinage de Sebourg que celui d'Épinoy. Les sujets des revers, qu'ils soient généraux ou particuliers, sont choisis de manière à faciliter la vente de ces pieux souvenirs. Le type de Notre-Dame de Cambrai, reproduit accessoirement sur plusieurs de nos médailles, ne prouve pas qu'elles se rapportent seulement à cette ville ou à sa banlieue, car nous le retrouvons sur beaucoup de pièces de piété qu'on ne saurait attribuer exclusivement à la cité métropolitaine. Ce qui ne nous paraît pas douteux, c'est que les médailles de saint Druon qui se débitaient en divers lieux, se vendaient principalement aux pèlerinages de Sebourg et d'Epinoy. Aussi croyonsnous pouvoir les grouper et les comprendre dans ce chapitre consacré à la ville de Carvin. d'où dépend le lieu qui fut le berceau de l'illustre berger.

Les médailles de saint Druon le représentent presque toutes debout et de face, vêtu en berger, gardant des brebis, tenant une houlette et un missel ouvert. Deux de ces pièces, qui sont estampées, n'ont pas de revers ; sans doute elles se sont vendues ainsi. Les revers sont assez variés. Une seule fois saint Druon figure des deux côtés, mais dans une attitude différente. La plupart des revers offrent des types connus et des sujets d'un caractère général, ce sont : la Sainte Famille, la sainte face, le Calvaire. Notre-Dame de Cambrai, Notre-Dame du Rosaire et saint Martin, le patron si populaire d'une foule de nos églises.

Les n°⁵ 185, 186, 188, 195, 196, 197, 202, 205, 207 et 210 se composent de deux minces lames de métal estampées, adossées et soudées ensemble. Les n°ˢ 183, 187, 188, 193, 194, 197, 201, 207, 209 et 211 sont d'argent ; les n°ˢ 181 et 182 d'étain, les n°ˢ 190, 204, 206 et 208 de plomb ; tous les autres sont de cuivre.

Nous avons encore à décrire ici vingt-neuf médailles de saint Druon.

183. · SANCT DRVON. Le saint représenté en berger, avec grand chapeau, large manteau et haute chaussure : il tient à la main droite une houlette et dans l'autre un livre ouvert, qui doit être la Bible. A sa droite est une brebis, à sa gauche, son chien. Médaille sans revers.

184. · S · DRVON. Même type ; le saint est coiffé d'un chapeau de forme élevée ; à sa droite. paissent trois brebis, à sa gauche, est son chien. Médaille munie d'un large encadrement octogone, aussi sans revers.

185. · S · DRVON. Même sujet, mais varié. ℞. Le pâtre, agenouillé à droite, la tête nue regardant de face ; il prie, les mains jointes, sa houlette appuyée sur l'épaule ; devant lui, son chien, et derrière, trois brebis. Dans le fond, une croix et trois petits arbres. Ce revers nous paraît faire allusion à l'incendie qui consuma, dit-on, la cellule du reclus pendant qu'il y priait à genoux. Cette médaille octogone pourrait donc être plus particulière au pèlerinage de Sebourg qu'à celui de Carvin.

186. SAINC DRVON. Grande et belle médaille, représentant le saint berger, costumé comme à l'ordinaire, mais portant une panetière qui pend à gauche. A sa droite, son chien ; à sa gauche, deux brebis placées en sens

inverse. ℞. SAVVEVR FLAGELE Le Sauveur en *Ecce homo*, entre deux anges adorateurs portant des chandeliers avec cierges allumés. De chaque côté règne une bordure perlée. Cette médaille, assez remarquable comme pièce religieuse, pourrait avoir une origine lilloise, sans être cependant étrangère aux dévotions d'Épinoy et de Sebourg ; dans ce cas, elle concernerait le pèlerinage de Saint-Druon, établi en l'église de Saint-Maurice, et celui du Sauveur flagellé, en l'église des Pauvres-Claires.

187. Saint Druon, tenant un livre sur la main droite et sa houlette de l'autre ; près de lui son chien et une brebis. ℞. Le Christ attaché à la croix. Très-petite médaille avec anneau et trois globules extérieurs, formant une croix.

188. · SANCT · DRVON · PRIEZ · P · NOUS. Le saint, comme il est représenté le plus ordinairement. ℞. Le Christ en croix, entre la Vierge et saint Jean. Cette médaille, d'assez grand module, est la mieux exécutée de toutes celles que comprendra ce chapitre ; elle est garnie de quatre globules disposés en croix.

189. SANCTE · DRVON. Le berger de Sebourg avec les accessoires ordinaires. ℞. Jésus crucifié ; près de lui, la Vierge et saint Jean, debout et en prières.

190. Saint Druon, nimbé, tenant le livre à droite et la houlette à gauche ; à ses pieds, une brebis paissant et son chien. Dans le champ, ses initiales S D. ℞. Le Christ en croix, ayant près de lui sa mère et saint Jean ; dans le haut, étoile et croissant. Cette médaille, ornée d'une bordure perlée, laisse à désirer sous le rapport du dessin.

191. SAINCT · DRVON. Le saint, ayant près de lui son

chien et une brebis. ℞. L'Enfant Jésus entre la Vierge et saint Joseph qui le tiennent par la main, sujet appelé la Sainte Famille. Le Saint-Esprit descend sur le divin Enfant. Médaille octogone.

192. Saint Druon, sans le chien et la brebis, ses compagnons ordinaires; dans le champ, ses initiales S D. ℞. La Sainte Famille. Le contour de cette médaille et des deux suivantes offre une forme gracieuse : il se compose de quatre demi-cercles alternant avec des angles ; les demi-cercles ou lobes sont surmontés d'un anneau et de trois globules en forme de croix.

193. SAINT DRVON. Saint Druon avec le chien et la brebis près de lui. ℞. La Sainte Famille.

194. S·DRVON. Mêmes sujets de droit et de revers. Médaille plus petite.

195.·S·DRVON. Droit presque semblable au n° 184. ℞. La sainte face, sous laquelle on lit en exergue S · VE-RONIQ. Pièce octogone.

196.·S·DRVON. Le saint berger, ayant trois brebis à sa droite et son chien de l'autre côté. ℞. Ostensoir à cylindre avec ornements.

197. SANCTE DRVON. C'est presque le n° 193, un peu plus petit. ℞. ◦ N ◦ DV ◦ ROSAIR ◦. La Vierge, couronnée, ayant l'Enfant Jésus sur le bras gauche ; tous deux tiennent un rosaire.

198. SAINCT DRVON. Cette légende est entre deux cercles. Le saint, qui occupe toute la hauteur de la médaille, est nimbé. A sa droite, une brebis ; à sa gauche, son chien. L'artiste a donné au pâtre une pose plutôt

guerrière que religieuse. ℞. · N · DAME · BONNE ESPE-
RANSE *(sic)*. Cette seconde légende est, comme l'autre,
encadrée dans deux cercles. La Vierge, couronnée et
nimbée, tient sur le bras gauche l'Enfant Jésus, aussi
nimbé ; elle est placée sur un croissant.

199. · S · DRVON. Le saint, nimbé, ayant à sa droite
trois brebis, et à sa gauche, son chien qu'il tient en
laisse. ℞. Notre-Dame de Grâce, telle qu'elle est figurée
sur le tableau vénéré de l'église métropolitaine de Cambrai. Cette médaille est octogone, ainsi que les quatre
suivantes.

200. Sᵀ DRVON. Le pâtre, d'un style différent ; il porte
une panetière à sa droite ; de ce côté, est son chien ; de
l'autre, sont deux brebis. ℞. Notre-Dame de Grâce de
Cambrai, avec les monogrammes plus complets.

201. Saint Druon, ayant trois brebis à sa droite et
tenant, de l'autre côté, son chien en laisse. Le sujet du
revers est le même que celui du nº précédent.

Les nᵒˢ 199, 200 et 201 sont de grandeurs différentes,
allant en diminuant ; ils nous paraissent avoir été frappés
à Cambrai et être sortis du même atelier.

202. · S · DRVON. Le noble berger ; à sa droite, paissent trois brebis ; à sa gauche, le chien tenu en laisse.
℞. N D DE GRACE. Sujet du tableau cambrésien ; la

1. En publiant cette médaille dans sa *Numismatique de Cambrai*,
M. C. Robert dit qu'elle fut fabriquée sans doute lors de la construc-
tion de la chapelle de Saint-Druon, érigée en cette ville, l'an 1629.
N'en déplaise à notre docte ami, nous pensons que la médaille est
postérieure à cette date et qu'elle appartient à la seconde moitié du
XVIIᵉ siècle.

légende remplace les monogrammes ordinaires. Médaille d'une fabrique bien différente.

203. S DRUON. Le patron des bergers, en costume plus moderne, avec panetière ; il est nimbé et tient sur le bras gauche une grande Bible ouverte ; à sa droite, trois brebis ; à sa gauche, son chien. ℞. Imitation de la Vierge cambrésienne, mais d'un autre style ; à droite, deux des monogrammes du tableau. Médaille assez grande, qui se distingue par la forme et par la pureté du dessin. Commandée par M. le vicaire de Carvin, chargé de l'administration de la chapelle de Saint-Druon, elle a été gravée, en 1869, par M. Bescher, de Paris, et a été frappée à 5000 exemplaires en cuivre jaune, pour être vendue et distribuée aux fidèles qui affluent toujours au pèlerinage d'Épinoy.

204. Sᵀ DRUON. Buste reliquaire du saint, dont la tête est entourée de rayons ; il porte manteau et panetière. Sur un grand socle, de style Louis XV, ont été fixés une houlette, un chien et une brebis. C'est la composition assez exacte d'un buste que possède la chapelle de Saint-Druon à Carvin. ℞. NOTRE DAME DE GRACE. C'est encore le tableau révéré à Cambrai. Le moule en cuivre de ce revers fait partie du cabinet de M. Delattre.

Nous nous apercevons trop tard de l'omission, à la planche xxv, d'une médaille offrant, d'un côté, le type ordinaire de saint Druon, et de l'autre, celui du tableau cambrésien. Comme ce n'est qu'une variété, déjà publiée, sous le n° 7 de la planche xvi, dans notre *Numismatique béthunoise*, nous pensons pouvoir nous dispenser de la reproduire ici en cliché.

205. Même droit qu'au n° 202. ℞. S FIACRE. Buste à
gauche du saint, tonsuré et costumé en religieux ; il tient
l'Évangile ouvert, et derrière lui est une bêche transver-
sale. Rappelons que ce saint, particulièrement honoré à
Lauwin-Planque et à Bus, l'était aussi à Cambrai.

206. S · DRVON ·. Le saint, tenant livre et houlette ; à
sa droite est une brebis. ℞. · S · ILLER, saint Hilaire,
en évêque mitré et nimbé, tient à la main droite une croix
à double traverse, et sur l'autre, un plan d'église. Un
client, agenouillé à sa gauche, lui offre un cierge.

207. Dans un encadrement en grènetis entre deux
cercles, saint Druon, tenant encore livre et houlette, est
accosté du chien et de la brebis caractéristiques. ℞. Dans
un encadrement semblable, saint Martin, en guerrier,
monté sur un cheval trottant à gauche, coupe son manteau pour en donner une partie à un pauvre placé derrière lui.

208. Saint Druon, tenant sa houlette à la main gauche ;
à sa droite, trois brebis, et à sa gauche, son chien. Le
revers offre le même sujet que celui du n° précédent,
mais il est d'une exécution bien différente ; ici le saint a
la tête découverte. Médaille entourée aussi d'un grènetis
entre deux cercles ; trois globules extérieurs forment
une croix avec la bélière.

209. · S· DRVON. Le berger, qui se tourne à gauche,
tient sa houlette à la main droite et porte à gauche une
panetière ; il est dans une prairie où l'on voit une brebis
paissant, un chien couché et un autre courant. ℞. S·
MARTIN. Le guerrier, sur un cheval au trot à gauche,
vient de couper une partie de son manteau ; devant sa

monture est un boiteux qui tend la main. Les deux côtés de cette médaille ont un encadrement de petites feuilles.

210. ·S · DRVON. Le droit est tout-à-fait le même que celui du n° 202. ℞. S · MARTIN. Le guerrier est encore représenté sur un cheval trottant à gauche ; il coupe son manteau pour en donner une partie à un pauvre vers lequel il se retourne. Médaille octogone dans un triple encadrement.

211. Grande médaille octogone entourée d'un double encadrement. ST DRVON. Le saint y est représenté tenant sa houlette et un livre ouvert ; il porte à sa droite une panetière. Le chien est du même côté ; à sa gauche sont deux brebis. ℞. ST MARTIN. Le cathéchumène, portant un casque empanaché et un riche costume militaire de l'époque de Louis XIV, monte un cheval impatient. Il vient de couper la moitié de son manteau qu'il donne à un infirme presque nu placé derrière lui.

Nous reportons à l'article de Lens une médaille montrant, d'un côté, saint Druon figuré comme on le voit au droit du n° 202, et de l'autre, le buste reliquaire de saint Vulgan. Ainsi composée, cette médaille convenait aussi bien au pèlerinage de Lens qu'à celui d'Épinoy, et se vendait facilement dans ces deux localités qui ne sont distantes que de 12 kilomètres.

Les plaques 181 et 182 sont du xv° siècle ; le n° 204 a été coulé vers 1780 ; le n° 203 a été frappé en 1869 ; quant aux autres médailles de saint Druon, elles sont de la seconde moitié du xvii° siècle ou du commencement du suivant.

Les n° 182, 187, 189, 195, 197, 204 et 207 ont d'abord

été publiés dans nos *Recherches historiques sur Hénin-Liétard* comme ayant été vendus en cette ville. (V. p. 164). Ils ont été reproduits dans notre *Numismatique béthunoise*, où sont représentés aussi les nᵒˢ 181, 183, 184, 192, 193, 194, 199, 200, 209 et 210 ; enfin le nᵒ 200 est gravé dans la *Numismatique de Cambrai*, de M. C. Robert.

Les nᵒˢ 185, 199, 200 et 206 font partie de la riche collection de M. Delattre, de Cambrai ; le nᵒ 186 se trouve dans le médaillier de feu M. Gentil, de Lille ; le nᵒ 188 appartient à M. Marconne, de cette ville.

Médailles de Notre-Dame de Libercourt

Dépendance importante de la ville de Carvin, Libercourt, situé à l'extrême limite du Pas-de-Calais, a toujours été renommé pour le pèlerinage établi en son église. Donnons en peu de mots la légende de cette dévotion [1].

Vers le milieu du XIIᵉ siècle, deux jeunes bergers jouaient ensemble en faisant paître leurs troupeaux dans une prairie du hameau, quand l'un d'eux, nommé Ruchaux, frappa de sa houlette un vieux chêne ; le sang en jaillit. Le coup avait porté à l'œil droit d'une statue de la

---

1. Gumppenberg, *Atlas Marinianus.* — *Dialogues rustiques*, livre imprimé à Genève, en 1649, dont la préface est dédiée aux bergers d'Artois. — *Titres et papiers reposant dans les Archives communales de Carvin-Épinoy.* — *Factum signifié et Arrest rendu pour le Sʳ Clément Waterloop, curé de Carvin-Épinoy, contre les Échevins du mesme lieu.* In-12, 1702. — *Cantique de Notre-Dame de Libercourt*, production locale en dix-sept couplets, encore inédite. — *Numismatique béthunoise*, p. 152.

Vierge, placée dans le tronc de l'arbre. Aussitôt la sainte image apparut aux bergers entourée de rayons éblouissants, et répandit l'odeur la plus suave. On accourut de toutes parts, et le clergé de Carvin, suivi d'une foule innombrable, se rendit en procession au lieu témoin du prodige, pour prendre la statue miraculeuse et la placer sûr l'un des autels de son église paroissiale, mais il ne put y parvenir.

La Consolatrice des affligés avait ainsi manifesté son intention d'avoir un sanctuaire à Libercourt même. Bientôt une église y fut élevée, en son honneur, avec le concours empressé du peuple et les libéralités des seigneurs. De toutes parts affluèrent des pèlerins qui venaient implorer la céleste médiatrice pour la conversion des pêcheurs et la guérison des malades. La ferveur envers Notre-Dame de Libercourt ne cessa de grandir jusqu'à la Révolution ; la statue vénérée disparut alors et n'a point été retrouvée ; elle a été remplacée, au commencement de ce siècle, par celle qu'on voit au-dessus de l'autel. De nos jours, le pèlerinage est encore très-suivi, surtout les dimanches de mai et aux fêtes consacrées à la Vierge [1].

Autrefois on vendait à la porte de l'église des images spéciales et des petits drapeaux en papier [2], des bagues,

---

1. On peut juger de l'affluence des fidèles par cette donnée que, dans une matinée de certains jours, ils font allumer de mille à quinze cents chandelles en l'honneur de Marie.

2. Notre collection iconographique renferme une de ces images et un de ces drapeaux ; ils ont été grossièrement gravés et enluminés par L. Mélino, de Lille. L'image représente la Vierge, nimbée, à mi-corps, sur un croissant, tenant sur le bras droit l'Enfant Jésus, aussi

des chapelets, des croix et des médailles, entre autres celles de Notre-Dame de Libercourt, dont nous allons donner la description.

212. LIBERCOVR. La madone, couronnée et nimbée, tenant à la main droite un sceptre et sur le bras gauche, l'Enfant Jésus, est attachée à un arbre dont on ne voit que le pied. A sa droite, deux brebis ; à sa gauche, le berger Ruchaux, à genoux et priant. Médaille octogone, dont les deux côtés sont semblables ; elle est d'argent.

213. LIBERCOVR. Même sujet que celui du droit du numéro précédent, si ce n'est que la tête de la Vierge est surmontée de feuillages et n'a pas de nimbe. ℞. S · LAN-BERT. Buste de saint Lambert, mitré, à gauche, tenant de la main droite une béquille qui rappelle les guérisons dues à son intercession, et de l'autre, sa crosse épisco-pale. Cette médaille de cuivre est aussi octogone.

214. N · D · LIBERCOVR. Le sujet est celui du numéro précédent. ℞. S · LIEVIN. Buste à gauche du saint, mitré, tenant à la main droite une tenaille au bout de laquelle est sa langue, et de l'autre, une croix à double traverse. On a vu que saint Liévin était vénéré à Merck-Saint-Liévin, à Arras et en d'autres lieux de l'Artois. Cette médaille de cuivre est de forme ronde.

Les trois médailles de Notre-Dame de Libercourt, qui

---

nimbé, sujet encadré dans une niche ornementée, au bas de laquelle on lit : *N-D de Libercourt.* Le drapeau, en forme d'équerre, nous offre la même composition surmontée d'une branche de fleurs. A gauche est figurée la scène de l'invention de la statue ; elle est accompagnée d'un écusson couronné, aux armes de Melun-Épinoy, et d'une fleur.

sont fort rares, se composent de deux minces feuilles de
métal, réunies par une soudure. Elles sont de la seconde
moitié du xviiᵉ siècle ou du commencement du suivant ;
nous les avons publiées dans notre *Numismatique béthunoise*, pl. xviii.

XIV

CLARQUES

Médailles de l'abbaye de Saint-Jean-au-Mont

Avec les numismatistes audomarois, nous classerons
les deux médailles qui font l'objet de ce court chapitre à
l'ancienne abbaye de Saint-Jean-au-Mont. Ce monastère
d'hommes, de l'ordre de Saint-Benoît, un des plus importants et des plus riches de la contrée, avait été construit
sur une éminence, dans un faubourg de Thérouanne[1]. Il
passait pour avoir été fondé l'an 685, par le roi Thierry III,
en expiation du meurtre de saint Léger, évêque d'Autun.
L'abbaye eut le même sort que Thérouanne ; elle fut
démolie après le sac barbare de cette place, en 1553. Ses

1. L'emplacement de l'abbaye de Saint-Jean-au-Mont, compris
autrefois dans le territoire de Thérouanne, fait maintenant partie de
Clarques ; c'est pour suivre l'ordre établi dans ce travail que nous
donnons à notre article le titre ci-dessus.

religieux se retirèrent d'abord à Bailleul, puis à Ipres, où ils se fixèrent.

Les médailles attribuées à l'abbaye de Saint-Jean-au-Mont sont de belles enseignes rondes, frappées dans la seconde moitié du xv° siècle, comme des bractéates, sur de minces feuilles de cuivre. Elles offrent le type principal du mouton ou agnel, monnaie d'or qui a joui d'une si grande faveur pendant près de deux siècles.

Voici les deux médailles que notre recueil reproduit :

215. ✠ ꓕＧꓜＶＳ ✠ ꓒＥＩ ✠ ꓬＶＩ ✠ ꓕＯＬＩ ✠ ꓒＥＧＧꓕＧꓕ ✠ ꟽＯꓜＤＩ *(sic)*. Cette légende, placée entre deux cercles en grènetis et terminée par un petit rameau, rappelle particulièrement ici les paroles que saint Jean prononça quand il vit le Sauveur venir à lui. L'agneau, à nimbe crucifère, allant à gauche, tient une croix avec banderole ornée du même signe, bannière symbolique de la résurrection[1].

216. Variété de la médaille précédente, dont elle ne diffère que par de légers détails ; elle est un peu plus grande, et la légende se termine sans rameau. Collection de M. de Gournay, de Clarques.

On connaît d'autres variétés de ces deux enseignes.

A l'appui de l'attribution proposée, l'on peut invoquer :

1. L'agneau de Dieu est souvent donné comme attribut à saint Jean-Baptiste. Au moyen-âge, le Précurseur est quelquefois représenté tenant un médaillon où figure l'agneau avec la croix. C'est ainsi que nous le montre le magnifique portail de la cathédrale de Chartres et qu'on le voit sur une grande image métallique publiée par M. Lefebvre, dans son *Etude sur les plombs ou enseignes de pèlerinage.*

1° le sujet que les médailles représentent; 2° le genre, le style et la fabrication de ces enseignes, qui les rapportent bien à la Morinie ; 3° les découvertes de plusieurs de ces pièces à Thérouanne même ; 4° enfin, la grande procession qui avait toujours lieu à l'abbaye, en l'honneur de saint Jean-Baptiste, le jour de sa fête, et qui réunissait un nombre considérable de fidèles et de curieux.

⸱⸱⸱⸱⸱

XV

CONTEVILLE

Médaille de Jésus flagellé

On connaît plusieurs médailles qui représentent en *Ecce Homo* le Sauveur flagellé, la tête couronnée d'épines, les mains liées, les épaules couvertes d'un long manteau. Leur style et leur fabrique indiquent bien qu'elles sont du Nord de la France, mais elles doivent appartenir à diverses localités.

La piété envers Jésus flagellé était si répandue dans notre contrée, qu'on y trouvait partout des chapelles et des autels sous cette invocation. Des dévotions sous ce titre existaient à Conteville, village des environs de Saint-Pol, à St-Omer, à Bois-Bernard, à Givenchy-en-Gohelle, à Wimille et en bien d'autres lieux; nous n'avons à nous occuper ici que du premier.

L'église de Conteville, consacrée à Jésus flagellé, lui avait dédié spécialement l'un de ses autels, où était exposée une statue de l'*Ecce Homo*. Pendant longtemps de nombreux pèlerins y vinrent adorer et prier le Sauveur [1]. Ce pèlerinage, tombé en désuétude depuis une trentaine d'années, nous a laissé un souvenir métallique : c'est la médaille suivante, frappée au xviiᵉ siècle, sur deux légères feuilles d'argent réunies par une soudure.

217. IMAGE DV SAVVEVR HONOREE A CONTVILLE. On voit dans un large grènetis le Rédempteur en *Ecce Homo*, la tête entourée de rayons. Les deux côtés, qui sont semblables, sont sortis du même coin.

Nous n'avons pas de raisons suffisantes pour attribuer particulièrement au pèlerinage de Conteville, quelques médailles offrant le type de l'*Ecce Homo* et la légende *Sauveur flagellé*.

XVI

COURCELLES-LE-COMTE

Médaille de saint Sulpice

Saint Sulpice, dit le Débonnaire, archevêque de Bourges, mort en 644, est le patron de l'église de Cour-

1. Une confrérie avait été instituée à la même intention en cette paroisse, comme nous l'apprend son livret : *La Confrérie de Jésus flagellé érigée à Conteville, secours de Wavrans, diocèse de Boulogne, l'année 1682.*

celles-le-Comte, qu'on appelle encore église de Saint-Sulpice. On voit sur l'autel du saint, sa grande et belle statue, qui le représente debout et mitré, bénissant un enfant à genoux, et tenant une croix à double croisillon.

Non loin des habitations du village, s'élève une chapelle placée sous l'invocation du même saint ; elle en remplace une autre, beaucoup plus grande et plus belle, qui renfermait des béquilles et de nombreux *ex-voto*, monument démoli pendant la Révolution.

Il existait autrefois à l'église et à la chapelle un pèlerinage très-fréquenté ; les fidèles y venaient en foule prier saint Sulpice, pour la guérison de rhumatismes et d'autres infirmités. Le nombre des pèlerins fut si grand, que la menue monnaie donnée en offrande pendant la neuvaine spéciale, a rempli quelquefois un boisseau. Après le concordat, la dévotion à saint Sulpice a bien repris, mais ce ne fut plus avec l'élan et la ferveur des siècles passés ; depuis un demi-siècle, elle va toujours en diminuant [1].

C'est à l'ancien pèlerinage de Courcelles-le-Comte que doit se classer la médaille figurée sous le n° 218. Cette pièce, trouvée à Arras, est de fabrique artésienne ; elle a été coulée en étain dans la seconde moitié du xviie siècle et porte extérieurement trois globules qui forment une croix avec l'anneau. On y voit saint Sulpice, mitré et nimbé, bénissant un enfant agenouillé à sa droite, et tenant une croix à double croisillon. Voilà bien le sujet

1. Article de M. P. Lecesne sur Courcelles-le-Comte, dans le *Dictionnaire historique et archéologique du département du Pas-de-Calais.* — Renseignements donnés obligeamment par M. Tonnelier, desservant de cette commune.

que représente la statue de l'église. ℞. ·S·SVLPICE·P·P.
La légende est placée entre deux cercles. Au centre, le
monogramme ordinaire du Christ, sous lequel est un
cœur. Cette médaille a beaucoup de rapport, quant au
style, au faire et à la fabrication, avec celle d'Ablain-Saint-
Nazaire, que nous avons donnée sous le n° 20 ; elle sort
certainement du même atelier.

⬦⟨⟨⟩⟩⬦

XVII

DROUVIN

Médaille de Notre-Dame des Fleurs

La rose mystique, le lis des vallées, Marie, à qui une
dévotion pieuse a consacré le plus beau mois de l'année,
la saison des fleurs, a trouvé un sanctuaire digne d'elle
dans une humble chapelle que la nature s'est plu à em-
bellir. Ce petit monument se voit à Drouvin, village près
de Béthune, à l'endroit où deux chemins se croisent ; il
est connu sous le nom gracieux de Notre-Dame des
Fleurs. C'était autrefois un lieu de dévotion fervente, paré
à l'envi par les jeunes filles, qui s'y rendaient en foule
en chantant les litanies de la sainte Vierge et des cantiques en son honneur. Le gazon y tenait lieu de tapis et
le parfum des fleurs y remplaçait l'encens. La Révolution
a mis fin à cette pratique d'une simplicité si touchante,

qu'un bien modeste souvenir vient sauver de l'oubli. C'est une petite médaille de plomb, de la seconde moitié du xviiᵉ siècle, que les jeunes filles portaient dévotement au cou; voici la description de cette curiosité.

219. N·D·DE FLEVR. La Vierge, couronnée, portant un long voile, tient sur le bras gauche l'Enfant Jésus, aussi couronné; à ses pieds, deux fleurs épanouies sur leur tige. ℞. Cette inscription en quatre lignes : NOTRE DAME DE FLEVR. Au-dessus, des rayons; au bas, fleurs et ornements. Cette médaille est, de chaque côté, entourée d'un grènetis et d'un cercle.

XVIII

ÉCOUST-SAINT-MEIN

Médailles de saint Menne

Au xviᵉ siècle, au xviiᵉ et dans la première moitié du siècle dernier, les pèlerinages s'étaient propagés à l'envi dans l'Artois. Parmi les moins importants, il n'en est pas un qui ait laissé, pour cette époque, autant de souvenirs métalliques que celui de l'église d'Écoust-Saint-Mein. Cette église, dont l'architecture élégante et fleurie rappelle si bien celle d'Ablain-Saint-Nazaire, est placée sous l'invocation de saint Mein[1]. Un mot d'abord sur ce patron.

1. Voir la description de cet édifice, par M. l'abbé Parenty, dans les *Mémoires de l'Académie d'Arras*, année 1845.

Suivant les Bollandistes et d'autres hagiographes, saint Menne, appelé saint Mein dans notre contrée, naquit en Égypte, servit en Phrygie dans les armées romaines, et souffrit le martyre en l'an 300. Quelques-uns de ses ossements, retirés des flammes et portés à Alexandrie d'Égypte, furent déposés plus tard dans une basilique élevée en cette ville, à la gloire du martyr. L'historien Procope nous apprend que ces restes furent transférés ensuite à Constantinople, dans une église que l'empereur Justinien avait érigée et placée sous l'invocation du saint.

Depuis fort longtemps, l'église d'Écoust possède des reliques de saint Menne; or comment y ont-elles été apportées? Une tradition locale permet de supposer qu'elles lui ont été données par un des seigneurs du lieu, à son retour d'une croisade. Une chapelle de cette église a été spécialement consacrée à saint Menne. Comme autrefois, on y expose à la vénération des fidèles qui viennent prier le saint contre les maladies de peau, un ancien reliquaire de bronze, en forme de main avec son avant-bras, renfermant les reliques du saint, placées sous un petit globe de verre.

Avant la Révolution, on voyait dans l'église une statue en pierre, presque entièrement dorée, qui représentait saint Menne, en guerrier à cheval ; elle a été brisée à cette époque. Une autre statue en bois, plus petite et assez mal sculptée, qui se trouvait aussi en cette église, n'a pu être sauvée qu'après avoir été mutilée ; elle est placée sous le maître-autel.

L'église d'Écoust-Saint-Mein célèbre depuis longtemps la translation de la relique de son patron le dimanche qui suit le 20 juin, jour de la fête communale. C'était principalement alors que l'on venait au pèlerinage, mêlant ainsi le sacré au profane. De nos jours, cette pratique est presque tombée en désuétude ; cependant des pèlerins se présentent encore de temps à autre à l'église et y font bénir de l'eau qu'ils emportent, et que boivent les malades[1].

Nous donnons sept médailles au pèlerinage d'Écoust-Saint-Mein ; elles ont été trouvées pour la plupart dans l'arrondissement d'Arras et appartiennent bien à notre contrée par leurs types, leur style et leur faire ; d'ailleurs, le culte du saint est spécial à l'église d'Écoust-Saint-Mein. Nous avons décrit sous le n° 128 la première de ces médailles, qui concerne aussi une dévotion d'Arras. Les six autres représentent toujours le saint en guerrier, montant un cheval qui trotte à gauche. Les quatre premières, de la seconde moitié du xvi° siècle, sont en plomb ; le n° 224, du milieu du xvii°, est en argent ; les deux suivantes, de la seconde moitié du même siècle, sont en cuivre. Voici ces médailles :

220. Saint Menne, nimbé, tenant à la main droite une espèce de sceptre et en l'autre, un petit étendard ; dans le champ, cinq points. ℞. Dans un encadrement d'épicycloïdes disposées en cintre, le dedans d'une grande main gauche accostée des lettres S M, initiales du saint ; dans le haut, à l'intérieur, deux annelets comme ornements. Cette main est un exemple bizarre de *rebus* appliqué aux médailles religieuses. Notre petite plaque est un carré long, dont les angles supérieurs sont arron-

1. Renseignements fournis très-obligeamment par M. le curé d'Écoust-Saint-Mein.

dis ; sa forme, son style et sa fabrique la rapprochent des cinq plaques d'Ablain-Saint-Nazaire, décrites dans notre ouvrage.

Le n° 221 est la même médaille que la précédente, à l'exception de la forme, qui est ronde.

222. Le sujet du droit est aussi le même, mais d'un style différent. Ici le saint ne tient qu'une épée. Ce côté est entouré d'un grènetis et d'un cercle. ℞. Dans un entourage de grènetis, une grande main gauche appaumée. Médaille ronde, de la Bibliothèque de Douai.

223. Même sujet de droit, d'un dessin plus soigné et bien meilleur. ℞. S MAIN en deux lignes; dans la partie inférieure, le dessus d'une main droite.

224. Le droit offre encore le même sujet. ℞. Le Christ en croix entre la Vierge et saint Jean, tous deux debout et en prières.

225. Saint Menne tenant à la main gauche un étendard flottant. ℞. S·MAIN·PRIES·POVR NOVS. La légende, placée entre deux cercles, entoure une main droite appaumée. Cette médaille, de la collection de M. le docteur Faucheux, est d'un dessin assez lourd ; elle est coulée.

226. S MAIN. Le saint, nimbé et cuirassé, tenant à la main droite un petit étendard qui peut être une lance avec banderole. Cette médaille, qui n'a pas de revers, est entourée d'une torsade entre deux lignes; elle a été estampée sur une mince lame de métal.

227. Le saint, portant un casque empanaché et tenant une épée à la main droite ; derrière lui, est une petite main ouverte, précédée de la lettre S, ce qui signifie ainsi

saint Main. De l'autre côté, l'on voit sainte Radegonde, ayant un sceptre à la main gauche, et on lit la légende S RADEGOND. Cette médaille en étain, qui date de la première moitié du siècle dernier, s'est probablement vendue aussi à Armentières ; ce qui nous le fait supposer, c'est que sainte Radegonde y était l'objet d'un pèlerinage dans une chapelle où l'on vénérait une relique de saint Menne[1].

XIX

HÉNIN-LIÉTARD

Cette ancienne ville avait, dès le milieu du xie siècle, une basilique dédiée à saint Martin ; un siècle après, elle possédait une abbaye d'hommes, de l'ordre de Saint-Augustin, bientôt affiliée à la congrégation d'Arrouaise. Parmi les reliques dont l'église principale et l'église abbatiale s'étaient successivement enrichies, il s'en trouvait de saint Martin, le patron de la paroisse, de saint Augustin, celui de l'abbaye, de saint Aubert, le bienfaiteur de la ville, de saint Druon, le noble berger du voisinage, de saint Roch, le célèbre pèlerin et de l'évêque saint Blaise. Plus tard, à ce trésor se joignirent les corps des saintes Probe et Germaine. Cependant les reliques les plus honorées étaient celles de saint Aubert, qui

---

1. Le Père Ignace, *Mémoires du diocèse d'Arras*, t. III, p. 554.

étaient renfermées dans un buste en argent, souvent exposé à la vénération du peuple[1].

Dans l'histoire de ses prédécesseurs, Bauduin de Glen, abbé du monastère d'Hénin-Liétard, relate que, vers 1420, plusieurs des reliques honorées en cette ville furent très-renommées, Dieu ayant opéré en ce lieu des miracles pour l'exaltation de ses saints. Le même historien ajoute que l'affluence des pèlerins qui y venaient de toutes parts, souvent de bien loin, fut d'autant plus considérable que des indulgences avaient été accordées pour cette pieuse pratique[2].

Philippe le Bon eut lui-même les pèlerinages d'Hénin-Liétard en grande vénération; il s'y rendit le 3 juin 1424. A cette occasion, il donna deux moutons d'or en offrande aux reliques, deux francs deux sols pour chandelles offertes à l'église, et un mouton d'or de dix-sept sols pour *affiques* ou enseignes de dévotion[3]. Quels étaient ces signes et que représentaient-ils? C'est ce que nous ne saurions dire, ces pièces ayant échappé à nos recherches. Toutefois ne désespérons pas d'en trouver quelqu'une. Nous n'avons à nous occuper ici que de médailles moins anciennes; elles concernent le pèlerinage de saint Blaise, les dévotions aux saintes Probe et Germaine, et celle à saint Roch.

1. Voir nos *Recherches historiques sur Hénin-Liétard*, pages 111, 112 et 164.

2. *Historia abbatum monasterii henniacensis*, manuscrit n° 94 de la Bibliothèque de la ville d'Arras.

3. *Revue de la Numismatique belge*, 4ᵉ série, t. VI, p. 79. Article de M. de la Fons-Mélicocq, sur les enseignes et affiques de dévotion commandées par Philippe le Bon et par le comte de Charollais.

Médaille de saint Blaise

L'abbaye d'Hénin-Liétard possédait une relique de saint Blaise, évêque de Sébaste, qui fut, en 316, martyrisé au moyen de peignes de fer. Elle avait dédié à ce martyr l'une des chapelles de son église, où son buste-reliquaire était exposé à la vénération des fidèles. Bientôt s'y établit un pèlerinage qui, au xviie siècle, était très-fréquenté par les habitants de la ville et des villages voisins. Ils y venaient principalement pendant la neuvaine établie en l'honneur du saint, implorer son secours pour la guérison des maux de gorge, et touchaient son buste soit avec de petits pains, soit avec des médailles qu'ils portaient ensuite avec autant de foi que de piété.

Nous donnons à ce pèlerinage les quatre plombs ci-après décrits ; les trois premiers sont ronds, le quatrième est ovale, avec anneau et trois globules extérieurs. Ces pièces appartiennent au xviie siècle.

228. Dans un encadrement en grènetis avec cercle, saint Blaise, mitré et en costume d'évêque, tient de la main droite un grand peigne de fer, espèce de râteau qui rappelle l'instrument de son martyre, et de l'autre main, sa crosse épiscopale. Il est accosté de ses initiales S B, sous chacune desquelles on voit une plante. ℞. Dans un encadrement semblable cette inscription en trois lignes : +DE + HENNIN. Cette médaille et celle reprise sous le n° 230, ont été publiées dans notre *Numismatique béthunoise*, sous les n°ˢ 2 et 3 de la planche xix.

229. Variété de ce plomb; la différence consiste dans la forme de quelques lettres, dans la disposition du grè-

netis et dans la suppression des deux points de l'inscription du revers.

230. Le même saint, avec les mêmes attributs caractéristiques, dans un encadrement dentelé composé de forts grènetis et d'un cercle. ℞. Dans une couronne, un diacre martyr, nimbé, tenant en la main droite un grand livre ouvert et de l'autre une palme. Il y a lieu de supposer que cette figure représente saint Nazaire, dont le pèlerinage, peu éloigné d'Hénin-Liétard, était si populaire dans la contrée[1].

231. Saint Blaise avec ses attributs ordinaires ; mais ici la crosse est à droite et le peigne à gauche. ℞. Le même diacre qu'au revers de la pièce précédente, avec la palme à droite et le livre à gauche. Cette médaille est aussi entourée d'un grènetis et d'un cercle ; son anneau et trois globules extérieurs forment la croix

Mieux encore que la fabrique et le style de nos quatre plombs de saint Blaise, la filiation de leurs types justifie notre attribution, que vient aussi corroborer la découverte de ces pièces à Hénin-Liétard et dans les environs.

Médailles de sainte Germaine et de sainte Probe

La connexion qui existe entre les deux sujets nous engage à les traiter ensemble. Suivant les légendes[2], sainte

1. Dans notre *Numismatique béthunoise*, p. 162, nous avions pris le livre pour un gril ; c'est ainsi que nous avions cru reconnaître saint Laurent dans cette figure.

2. Voir nos *Recherches historiques sur Hénin-Liétard*, pages 164, 222 et 259. — D. Robert Wyard, *Histoire de l'abbaye de Saint-Vincent-de-Laon*, p. 17.

Germaine, née en Hibernie, vers le milieu du rv° siècle, de parents païens, d'une haute noblesse, se fit chrétienne à leur insu. Ne voulant pas épouser un prince idolâtre qui la recherchait, la jeune fille s'enfuit et se réfugia chez les Suessones, dans un lieu retiré, où elle se voua à Dieu. Le père, exaspéré, ordonna à des satellites de retrouver sa fille, de l'engager à revenir, et, si elle n'y consentait, de lui donner la mort. Ces émissaires parvinrent à trouver la pauvre solitaire, et, sur son refus de les suivre, ils la tuèrent, puis ils jetèrent son corps dans une fosse profonde. Les restes de Germaine répandirent une fois une grande lueur et une odeur suave ; attirés par ce prodige, des habitants de Lesquielles découvrirent ces reliques. L'endroit de la découverte devint aussitôt un lieu de pèlerinage, où s'opérèrent des guérisons extraordinaires; il s'y éleva une chapelle, origine d'un village qui devint un bourg, puis une ville, nommée La Capelle. La ville ayant été incendiée, les reliques de Germaine furent déposées en l'église de Lesquielles, qui possédait déjà le corps de sainte Probe ou Preuve.

Cette seconde sainte, réputée parente ou compagne de la première, est aussi née en Hibernie ; elle se fit chrétienne et donna l'exemple de toutes les vertus. Des païens lui tranchèrent la tête non loin de Laon, en un lieu nommé Tonson, qui fut plus tard appelé Sainte-Preuve [1].

En 1540, Adrien de Croy, gouverneur de Flandre et d'Artois, sauva des flammes les reliques de Germaine et de Probe, et les donna à l'abbaye d'Hénin-Liétard. Elles

---

1. Voir nos *Recherches historiques sur Hénin-Liétard*, pages 164, 222 et 259. — Le Père Ignace, *Dictionnaire du diocèse d'Arras*, t. iv, p. 317.

y restèrent presque ignorées jusqu'en 1603 ; mais elles furent alors placées solennellement à l'un des autels de l'église abbatiale, qui leur fut dédié. Ces restes précieux, renfermés dans deux belles châsses en chêne sculpté, étaient portés dans les processions et honorés d'une manière spéciale, deux fois par an, jours auxquels l'autel recevait un grand nombre de pieux visiteurs, tant d'Hénin-Liétard que des environs [1].

Cette dévotion a eu aussi ses médailles ; ce sont deux petites pièces frappées sur de minces feuilles de cuivre dans les premières années du xviie siècle. La première, que nous reproduisons sous le n° 232, représente sainte Germaine, nimbée, tenant à la main droite une croix, et de l'autre, une palme. Légende : · S · GERMANA · V · M. Cette médaille uniface a été trouvée, il y a peu d'années, à Hénin-Liétard ; sans doute il en a existé d'autres exemplaires ayant pour autre côté le droit du n° suivant.

233. S. PRO V M. Les deux dernières lettres, qui sont superposées, ont été gravées sur le B qui terminait la légende. Nous pensons que ce changement a été fait, moins pour ajouter au nom de *Proba* les initiales de *Virgo Martyr*, que pour mettre le nom inscrit mieux en rapport avec celui de *Preuve*, sous lequel la sainte était plus connue. Le droit offre cette sainte, les cheveux tressés, semblant tenir d'une main une partie de sa chevelure, et avoir un sabre suspendu à l'autre, en mémoire de son

1. Voir nos *Recherches historiques*, p. 262. — Les châsses et leurs reliques furent, pendant la Révolution, cachées dans l'église paroissiale ; elles sont placées à l'autel de la Vierge.

Il existait autrefois à Arras, une grande chapelle sous le vocable des saintes Germaine et Probe. (C. le Gentil, *Le Vieil Arras*, p. 229).

mártyre. ℞. Entre les initiales S M, sainte Marie-Madeleine, portant un long collier, tient une croix à la main droite, et foule aux pieds un dragon. Le choix de ce sujet s'explique facilement. L'église de Montigny-en-Gohelle, proche de l'abbaye d'Hénin-Liétard, était autrefois desservie par un moine de ce monastère. Elle avait sainte Marie-Madeleine pour patronne, et sa dédicace était, chaque année, l'objet d'une grande fête à laquelle participaient en foule les habitants des environs et surtout ceux d'Hénin-Liétard. Ainsi composée, la médaille trouvait plus d'acheteurs. Bibliothèque de Douai.

Médailles de saint Roch

Au nord d'Hénin-Liétard, non loin des habitations, s'élève une gracieuse chapelle ogivale, sous le vocable de saint Roch, érigée en 1849, sous la direction de l'éminent architecte Grigny, sur l'emplacement d'une ancienne et chétive chapelle dédiée au même saint. Ce lieu de dévotion a été souvent visité, principalement pendant les épidémies, par de nombreux fidèles, mais il ne fut jamais plus fréquenté qu'en 1849, lors du choléra qui sévit si cruellement dans toute la contrée.

C'est dans ces circonstances que la confrérie de saint Roch, établie depuis longtemps à Hénin-Liétard, voulant entretenir la piété envers son patron, et rappeler la reconstruction de sa chapelle, fit frapper les deux médailles suivantes.

234. S. ROCH PRIEZ POUR NOUS. Le pèlerin, nimbé, à genoux, à gauche, invoquant le Dieu de bonté pour la

guérison des pestiférés et des malades ; derrière lui, le
chien légendaire. ℞. Inscription en trois lignes : DÉVO-
TION A S^T ROCH. A l'exergue : HENIN-LIETARD 1849.

235. SAINT ROCH PRIEZ POUR NOUS. Même sujet,
mais avec cette légère différence que le chien est posé
autrement. Le revers est celui du n° précédent. Cette
pièce est d'un module plus petit.

L'exécution de ces deux médailles a été confiée à
M. Bureau, graveur à Lille, qui n'a fait frapper de chacune
que cinq exemplaires en argent et cent cinquante en
cuivre. Nous avons donné ces deux pièces dans notre *Numismatique béthunoise*, sous les n°s 4 et 5 de la pl. xIx.

XX

ISBERGUES

Médailles de sainte Isbergue

Entre Aire-sur-la-Lys et Saint-Venant se trouve le riant
village d'Isbergue, bâti sur l'emplacement d'un lieu
nommé Peeterberg ou Mont-de-Saint-Pierre. Une église y
fut construite, vers l'an 775, par le roi Pépin le Bref, à la
sollicitation de sainte Isbergue, sa fille.

Cette sainte, aussi nommée Itisbergue au xviie siècle,
vint bien jeune habiter Aire, où Pépin possédait un palais.
Cette princesse y donna bientôt l'exemple de toutes les

vertus et se choisit pour directeur spirituel Venant, autrefois noble guerrier, alors ermite en un lieu qui porta plus tard son nom. Ils se rendaient pour leurs pieux entretiens, près d'une fontaine encore renommée de nos jours. Isbergue, vouée à la virginité, refusa de s'unir au fils d'un empereur d'Orient. Peu de temps après, elle était demandée obstinément en mariage par un roi de Bretagne. Voulant éviter ses obsessions, elle pria Dieu de lui envoyer une maladie qui la défigurât, et aussitôt une plaie couvrit son visage; le prétendant en fut exaspéré. Quant au pauvre solitaire, il eut la tête tranchée, et son corps fut jeté dans la Lys. Le Ciel, touché de l'épreuve d'Isbergue, donna à la malade le moyen de se guérir: c'était de manger du premier poisson pêché dans la rivière. Les serviteurs chargés de le procurer, ramenèrent dans leurs filets le corps mutilé de Venant[1], sur lequel était une anguille enlacée dans des herbes. Isbergue se nourrit de ce poisson et recouvra ainsi la santé.

Tels sont les faits merveilleux rapportés par l'histoire locale et les légendes; elles ajoutent qu'Isbergue fonda à Aire un monastère de filles de l'ordre de Saint-Benoît, qu'elle l'administra pendant plus de trente ans, et qu'elle y finit ses jours en odeur de sainteté[2].

1. A l'article de Saint-Venant, nous parlerons du pèlerinage qui y fut établi en l'honneur de ce martyr.

2. Jean d'Offaigne, *Bref Narré de Madame sainte Itisbergue, vierge, et de saint Venant, son directeur spirituel.* — L'abbé Van Drival, 1° *La vie de sainte Isbergue (Giselle), fille de Pépin le Bref et sœur de Charlemagne,* d'après le P. Malbrancq; 2° *Vie abrégée de sainte Isbergue, vierge;* 3° *Monuments de l'histoire de sainte Isbergue.* — L'abbé Haigneré, *Examen historique et critique de la vie de sainte Isbergue.*

C'est en l'église de Peeterberg et près du tombeau de saint Venant, que la fille de Pépin reçut la sépulture. Presque aussitôt les fidèles de toute la contrée vinrent y invoquer sainte Isbergue ; c'est ainsi que s'établit ce pèlerinage qui a toujours été très-fréquenté ; mais il est probable qu'il n'a jamais été plus nombreux ni plus fervent que de nos jours. Comme autrefois, pendant la neuvaine consacrée à la sainte, on voit arriver des arrondissements d'Hazebrouck, de Béthune et de Saint-Omer, une foule de pèlerins qui se rendent processionnellement en l'église d'Isbergue. Après y avoir vénéré les reliques de la sainte, ils se dirigent dévotement vers la fontaine, où ils puisent de l'eau en laquelle ils ont foi pour la guérison de la fièvre, des affections de la peau et d'autres maladies. Près de là, s'élève entre deux arbres séculaires une gracieuse chapelle qui renferme des *ex-voto* et des souvenirs de guérisons attribuées aux mérites de sainte Isbergue et de saint Venant [1].

Pendant la neuvaine, à la porte de l'église et près de la chapelle, se vendaient et se vendent encore des petits livres, des gravures [2] et des médailles de la sainte. Ces médailles durent être assez nombreuses, puisque nous en connaissons seize différentes. Ces pièces sont très-

[1]. L'abbé Van Drival, ouvrages déjà cités. — L'abbé Robitaille, *Annuaire du diocèse d'Arras, pour l'année 1866*, p. 201.

[2]. Nous connaissons deux gravures de sainte Isbergue, différant surtout par la grandeur. La fille de Pépin y est figurée en pied, portant une couronne royale et vêtue d'un manteau semé de fleurs de lis et doublé d'hermine. Elle reçoit d'un ange la couronne céleste ; à sa gauche, des fidèles l'implorent à genoux, et à ses pieds s'agite l'anguille légendaire.

reconnaissables ; toutes représentent Isbergue tenant à la main une anguille, en souvenir de sa guérison miraculeuse. Sur presque toutes, la sainte tient aussi un livre ouvert, emblème de sa piété, et le champ est occupé par des fleurs de lis désignant sa royale extraction.

Parmi les médailles que nous décrirons ci-après, sept sont unitypes. Sur des revers figurent la Vierge Marie, sainte Barbe et sainte Wivine, sujets faciles à comprendre. La divine Mère, source inépuisable de grâces, n'est-elle point par excellence la santé des infirmes, la consolatrice des affligés ? La martyre de Nicomédie, célèbre dans toute la chrétienté, a toujours été particulièrement honorée dans notre contrée, aussi cette sainte est-elle représentée sur plusieurs de nos médailles religieuses. Quant à sainte Wivine, elle aura sans doute été choisie comme sujet de revers, parce qu'elle reçut le jour en Artois, et que, comme sainte Isbergue, elle est la fondatrice d'une abbaye [1].

Nous avons dit, à l'article d'Aire-sur-la-Lys, que sainte Isbergue avait été honorée en l'église collégiale de cette ville, et nous avons fait connaître une médaille à cette

---

1. Sainte Wivine, rejeton de l'illustre maison d'Oisy, fonda près de Bruxelles un monastère de femmes de l'ordre de Saint-Benoît, qui fut appelé le Grand Bigard ; elle en fut la directrice et y fut inhumée. (Voir : *La vie et les miracles de sainte Wivine, première abbesse et fondatrice de la noble abbaye du Grand Bygard*, Bruxelles). Cette sainte est représentée sur ses gravures, en religieuse de l'ordre de Saint-Benoît, tenant d'une main une crosse, et de l'autre, un livre ouvert ou un cierge qu'un ange allume, ce qui met le démon en fuite. Sainte Wivine était invoquée contre la pleurésie, l'apoplexie et la mort subite, dans plusieurs localités du duché de Brabant.

occasion[1]. Nous ajouterons que cette sainte a encore été l'objet d'un pèlerinage en l'église de Lomme, près de Lille[2]. Cependant on ne saurait rattacher à l'une ou à l'autre de ces deux localités aucune des médailles que nous décrirons dans ce chapitre ; elles appartiennent toutes au pèlerinage si renommé du village d'Isbergue. Voici quelles sont ces pièces :

236. Plaque carrée en cuivre fort mince. Dans un encadrement orné on lit la légende SƛIƆƜE IBERGVE. Au centre, sainte Isbergue, vêtue en religieuse, tient une grande anguille dans la main droite, et porte un livre en l'autre; à sa droite, une fleur de lis.

237. SƛIƆƜӨ IBӨRGVӨ. La sainte, nimbée, avec les mêmes attributs, mais en sens inverse. Petite médaille ronde et uniface, frappée sur une mince feuille de cuivre en forme de bractéate. Collection de M. Albert Legrand, de Saint-Omer.

238. Variété sans légende, avec cinq fleurs de lis.

239. Autre, plus correcte et de meilleure exécution.

240. Variété, avec fleurs de lis d'un seul côté.

241. Autre variété, d'un beau dessin. Cette médaille, composée de deux côtés semblables réunis par un large cercle avec anneau, forme ainsi une petite boîte ou un reliquaire. Les quatre pièces précédentes, toutes en cuivre, ont dû être employées de la même manière.

242. Médaille de plomb, au même type, d'un module

1. Voir ci-devant, p. 61, n° 44.
2. Le P. Martin L'Hermite, *Histoire des Saints de la province de Lille, Douay, Orchies*, pages 139 et 669.

plus grand; elle est uniface et entourée d'une tresse.

243. Autre médaille de plomb représentant, d'un côté, entre deux lis, sainte Isbergue, tenant ses attributs ordinaires, mais en sens inverse. ℟. Sainte Barbe, nimbée, tenant une palme; à sa droite, une fleur à haute tige; à sa gauche, la tour de la légende.

244. Dans une large bordure composée d'un grènetis et d'un cercle, on voit sainte Isbergue, nimbée et vêtue d'un manteau, tenant à sa droite, un livre fermé, et à sa gauche une anguille. Six fleurs de lis dans le champ. ℟. Dans une bordure semblable, entourée d'épicycloïdes dont celle du bas se termine par une fleur de lis intérieure, se lit cette inscription : ·S · ISBERGVE ; elle est divisée en trois lignes séparées chacune par trois traits. Cette médaille, dont le droit est d'un dessin fort lourd, est d'étain, ainsi que les deux suivantes.

245. Dans une bordure composée aussi d'un grènetis et d'un cercle, mais plus légers, la même sainte est représentée comme sur la médaille précédente, si ce n'est que les attributs sont placés en sens inverse. Cinq fleurs de lis dans le champ. ℟. Même bordure renfermant cette inscription : ∗S ∗ISBERGVE ; elle forme quatre lignes séparées par des traits. Cette médaille portait en croix un anneau et trois globules.

246. SE ISBERGVE, légende entre deux grènetis. La sainte, nimbée et vêtue amplement, tient à la main droite l'Évangile ouvert et de l'autre une anguille de forme singulière; elle est entourée de cinq fleurs de lis. ℟. Dans un encadrement composé de deux lignes concentriques avec bordure extérieure en grènetis, on lit la légende :

·S· MARIE ✠ PRIE POVR ✠ NOVS. La Vierge, couronnée, portant sur le bras droit son divin Fils, nimbé.

Nous reporterons à l'article de Saint-Venant une médaille ayant beaucoup de rapport avec la précédente. Elle représente, d'un côté, la même sainte, nimbée et voilée, tenant aussi l'anguille et le livre. L'autre côté montre saint Venant, vêtu en anachorète, tenant une épée baissée et un livre.

247. S· ISBERGVE. La vertueuse princesse, nimbée, tenant à sa droite un livre ouvert, à sa gauche une anguille. Cette médaille, dont les deux côtés sont semblables, se compose de deux minces feuilles de cuivre réunies par une soudure.

248. ·S·ITISBERGVE. Sainte Isbergue, à mi-corps, tournée vers la droite, est en costume de religieuse; une couronne est placée sur sa tête qu'entoure un nimbe rayonnant. La fille de Pépin tient encore à la main droite une anguille, et en l'autre, un livre ouvert. ℞. ·S· WI-VINE. Cette sainte est représentée aussi à mi-corps, en religieuse de l'ordre de Saint-Benoît; elle est tournée à gauche, tient en la main droite sa crosse abbatiale, et en la gauche son psautier. Un nimbe rayonnant entoure sa tête. Belle médaille de cuivre, bien moins rare que les précédentes.

249. Sainte Isbergue, dont les formes sont ici trop accusées, porte une couronne et un long voile; elle a la main droite sur son cœur, et tient de l'autre main une anguille. ℞. Sᵀᴱ ISBERGUE P. P. N. P. LES JUSTES. P. LES PÉ-CHEURS ET P. LE DIOCÈSE. inscription en sept lignes. Cette médaille a été retirée et remplacée par la suivante.

250. Variété du n° précédent, dont elle ne diffère que par l'ampleur de la robe de la sainte.

Le premier n° est de la fin du xv° siècle ; les cinq suivants appartiennent à la première moitié du xvi° ; les nᵒˢ 242 et 243 à la seconde. Nous donnons les nᵒˢ 244, 245 et 246 à la première moitié du xvii° siècle, et les nᵒˢ 247 et 248 à la seconde. Quant aux deux derniers nᵒˢ, ils ne datent que de 1855 ; ils ont été commandés par M. Blondel, curé d'Isbergue, à la maison Vachette, qui a frappé du dernier deux mille exemplaires en cuivre et quelques-uns en argent. Ces pièces, vendues au pèlerinage de sainte Isbergue, sont écoulées presqu'entièrement.

Les nᵒˢ 237, 241, 244 et 247 sont seuls inédits, tous les autres ayant été publiés dans notre *Numismatique béthunoise*, dont ils composent la planche xx.

XXI

LABEUVRIÈRE

Médaille de sainte Christine

Sainte Christine, martyre honorée depuis tant de siècles en ce village des environs de Béthune, est la jeune et célèbre vierge qui fut exposée aux plus cruelles tortures et enfin percée de flèches, pendant la persécution de l'empereur Dioclétien[1]. La légende et la tradition, d'accord avec l'histoire locale, rapportent que deux pèlerins francs, qui s'étaient rendus en Toscane, au tombeau de la sainte, en enlevèrent les restes sacrés pour les soustraire aux profanations des barbares, et les apportèrent dans notre contrée[2]. Ces reliques, dont on ne retrouve plus aujourd'hui que l'os d'un bras et quelques petits ossements, furent confiées à la terre, en un lieu nommé Éque, près de Labeuvrière, mais elles y restèrent peu de temps ; bientôt elles étaient placées près de là, dans une modeste chapelle isolée. Plus tard, ces reliques vénérées furent transférées dans l'église du prieuré, fondé à Labeuvrière pour les garder et les honorer[3].

La Révolution a chassé les moines et détruit la plus grande partie de leur couvent, mais leur église est restée debout. C'est dans cette église, devenue paroissiale, que sainte Christine continue d'être l'objet d'un culte particulier. Vers le 25 juillet de chaque année, l'on voit

1. On trouve une autre sainte Christine, vierge, à Termonde.

2. Durut, *Histoire de sainte Christine, vierge martyre*, livret spécialement écrit pour le pèlerinage de Labeuvrière. — Van Drival, *Courtes notices selon l'ordre du calendrier sur les saints*, p. 73. — Robitaille, *Annuaire du diocèse d'Arras, pour l'année 1870*, p. 234.— Communications de feus MM. Monbrun, de Béthune, et Gallot, de Chocques. Ce dernier a possédé un fragment d'antiphonaire manuscrit, œuvre d'un religieux du prieuré de Labeuvrière, qui contient l'office complet de sainte Christine.

3. Ce monastère a été desservi d'abord par trois religieux de Charroux, puis par quatre autres de l'abbaye de Saint-Vaast. Dans son recueil *Diplomatum belgicorum nova collectio* (t. IV, p. 187), Foppens donne la charte de fondation de ce prieuré de Sainte-Christine. — *La Statistique monumentale du Pas-de-Calais* contient une intéressante notice sur Labeuvrière, due à M. de Linas.

encore, comme autrefois, des fidèles et des pèlerins venir en foule servir la sainte et visiter ensuite l'ancienne chapelle. Sous cet oratoire coule une fontaine dont les eaux, d'après une croyance populaire, possèdent des vertus merveilleuses pour guérir les enfants malades. De nos jours, comme autrefois, les mères y font tremper des linges, dont elles couvrent leurs pauvres petits et qu'elles portent ensuite dans une chapelle de l'église, dédiée à la vierge martyre, où le curé les bénit. Jadis les fidèles se procuraient au prieuré la médaille ci-après décrite, qui était surtout portée au cou par les enfants malades.

251. SAINTE ✠ CHRISTINE. La jeune martyre, tenant une flèche à la main droite et portant derrière elle deux flèches en sautoir. Cette pièce, entourée d'un large grènetis, est du commencement du xviiie siècle ; elle a été estampée sur une feuille de cuivre fort mince [1]. On continue de la vendre au pèlerinage de Labeuvrière ; on la frappe toujours avec l'ancien coin, déposé à la sacristie. Cette matrice provient de M. Gallot, secrétaire de la mairie de Chocques, qui la tenait de son père, ancien chantre-sacristain du prieuré, à qui les religieux l'avaient laissée en abandonnant leur maison.

Cette médaille, publiée dans notre *Numismatique béthunoise* (p. 172), a été reproduite accessoirement dans notre *Essai sur la Numismatique de l'abbaye de St-Vaast*, p. 137.

1. M. Delattre en possède un exemplaire en tôle.

XXII

LAMBRES

Médailles de saint Lambert

A trois kilomètres d'Aire, sur la route de Béthune, on voit le beau village de Lambres, renommé de tout temps pour son pèlerinage. Près de son église, dont nous parlerons bientôt, est une fontaine où, depuis tantôt douze siècles, les fidèles et en particulier les boîteux, les estropiés et les aveugles se rendent en foule, surtout à l'époque de la fête communale. Rapportons brièvement l'origine de cette dévotion.

Vers 640 naissait, à Quernes, un enfant chétif et aveugle ; c'était le fils du seigneur du lieu. Le malheureux père sait que l'évêque Omer est dans le voisinage ; il lui porte le nouveau-né, le priant de le baptiser. Mais le saint prélat manque d'eau ; il frappe le sol avec sa crosse et aussitôt jaillit une fontaine ; il y plonge l'enfant, qui reçoit le baptême et trouve la vue et la santé.

Cet enfant, nommé Lantbert ou Lambert, se voua entièrement à Dieu et devint un grand saint, après avoir été, soit archevêque de Lyon, soit évêque de Liége[1]. Peu

---

1. Molanus, *Natales sanctorum Belgii*, fº 70. — Ghesquière, *Acta sanctorum Belgii*, t. IV, p. 468. — Van Drival, *Légendaire de la*

de temps après la mort de Lambert, on élevait, sous son invocation et près de la source miraculeuse, une église, autour de laquelle se groupèrent bientôt quelques habitations, commencement du village de Lambres[1]. Cette église fut reconstruite en grande partie au xvie siècle et sa chapelle latérale a été dédiée à l'illustre saint ; là, sont exposés des béquilles et des *ex-voto* de toutes formes, témoignages de la reconnaissance des fidèles envers leur céleste protecteur. Les nombreux visiteurs de la fontaine viennent terminer leur dévotion en cette église.

Le pèlerinage de Lambres a donné lieu à un certain nombre de médailles faites pour entretenir la piété. Il en existait déjà au milieu du xve siècle, puisque nous trouvons qu'en 1460, la confrérie de Notre-Dame Panetière, d'Aire, avait une de ces médailles, alors appelées *imaiges*, qui était appliquée avec d'autres sur une pièce de drap destinée à l'ornement de la madone[2]. Il est à regretter que cette enseigne n'ait pas été retrouvée, car elle devait être fort curieuse.

Voici les médailles que nous attribuons à cette dé-

Morinie, p. 46. Ces auteurs et beaucoup d'autres hagiographes prétendent que notre Lantbert est l'archevêque de Lyon, tandis que quelques autres soutiennent que c'est l'évêque de Liége. Ce point historique attend encore une solution. Ce qui n'est pas douteux, c'est que le saint honoré aujourd'hui à Lambres, est l'évêque de Liège ; aussi la kermesse de cette commune commence-t-elle le dimanche le plus rapproché du 17 septembre, jour de la fête de ce saint martyr.

1. Le nom du lieu ne viendrait-il pas de celui du saint ? On peut le supposer.

2. Rouyer, *Notice sur quelques médailles de Notre-Dame de Boulogne*, p. 10.

votion ; elles ont été recueillies pour la plupart dans les environs d'Aire et dans l'arrondissement de Béthune :

252. ༀo✠oᒪᴛᴬᑎᗷᗴᖇ✱ᗞᗴ ᒪᴛᴬᑎᗷᖇᗴ. Cette curieuse légende, dont quelques lettres sont effacées, indique bien notre saint Lambert. Les o ne sont ici que des annelets servant d'ornements. Dans le champ on voit un prélat mitré, tenant, à sa droite, une crosse, et à sa gauche, une béquille. Petite plaque carrée d'un travail fort grossier, estampée sur une légère lame de cuivre.

253. SᴛᴬᎥᑎᴛ ᒪᴛᴬᑎᗷᗴᖇᴛ, légende terminée par une lettre ou par un léger ornement. Le saint, dont la grande mitre porte une grande fleur de lis, tient, de la main droite, sa crosse, et de l'autre, l'Évangile ; à sa gauche, est une fleur de lis. La figure est posée sur un socle cintré. Cette enseigne, de même forme que la précédente, mais plus grande, fait partie du beau cabinet de M. Albert Legrand.

254. ⚜S⚜ ᒪᴛᴬᑎᗷᗴᖇᴛ. Saint Lambert, mitré, tenant de la main droite un livre ouvert, et de l'autre, sa crosse et un bâton. Cette petite médaille et les trois suivantes, qui sont du même module, sont rondes et ont été fabriquées avec une lame mince de cuivre[1].

255. S ᒪᴛᴬᑎᗷᗴᖇ. Le même saint avec les mêmes accessoires ; la légende est ici placée en sens contraire, ainsi que les accessoires. Collection de M. de Gournay.

---

1. On en trouve qui sont composées de deux côtés identiques, entourées d'un cercle ; elles ont été ainsi disposées en boîtes ou en petits reliquaires dans lesquels on a mis soit du pain bénit, soit des reliques, soit même de la terre du lieu du pèlerinage.

256. Le même personnage, aussi mitré, mais n'ayant pas de livre et tenant sa crosse de la main droite ; il est accosté de ses initiales S L, accompagnées de trois fleurs de lis.

257. Variété en forme de boîte, de la collection de M. de Gournay. Le saint écrase un dragon.

258. Saint Lambert, mitré, tenant sa crosse de la main droite et un livre ouvert de la senestre. ℞. ·S LANBERT, en trois lignes séparées par trois barres. Cette médaille est ronde et en plomb, ainsi que la suivante.

259. Même sujet de droit, mais d'une meilleure exécution. ℞. +S+LAMBER, inscription aussi disposée en trois lignes. Médaille entourée d'un fort grènetis du côté principal, et d'un grènetis avec ligne, de l'autre.

Les médailles qui viennent d'être décrites ne sauraient laisser le moindre doute sur leur attribution, quand on considère leur style, leur caractère et leur fabrique. Leur ressemblance avec plusieurs médailles d'Isbergue est frappante ; on voit qu'elles sont toutes des mêmes fabricants.

260. ·S·LANBERT. Le saint, mitré, un peu tourné à gauche, tient une longue béquille de la main droite et soutient sa crosse de l'autre. ℞. S IOSEPH L'époux de la vierge Marie, tourné aussi légèrement à gauche, tient un livre ouvert sur la main droite et de l'autre, une tige de lis couronnée de ses fleurs, symbole de la chasteté ; à ses pieds sont deux fleurs élevées. L'attribution de cette médaille, frappée sur deux minces feuilles d'argent, nous paraît aussi certaine que celle des précédentes. Le sujet du droit est figuré de même sur une clé de voûte, près de la chapelle de saint Lambert, dans l'église de

Lambres. Pour l'explication du revers, il suffit de dire que dans cette église est une chapelle placée sous l'invocation de saint Joseph [1].

261. S. LANBERT. Buste à gauche du saint, mitré, montrant une béquille de la main droite et tenant sa crosse de l'autre. ℞. La Vierge couronnée, ayant l'Enfant Jésus sur le bras gauche ; la mère et son divin Fils portent de larges robes ou manteaux avec de grandes fleurs de lis. Ce sujet est accosté des lettres I S, initiale et finale de Jésus. Médaille frappée sur flan octogone de cuivre.

Il convient de noter ici que nous avons décrit à la fin de l'article de Carvin, une médaille de Notre-Dame de Libercourt, dont le revers offre le même type que celui du droit précédent.

262. SANCTVS LANBERTVS. Le saint, en buste, portant mitre, rochet et camail ; il tient de la main droite une béquille et de la senestre, sa crosse. ℞. S LIEVIN. Type ordinaire de saint Liévin, vu en buste, à gauche, avec la tenaille et la croix à double croisillon. On sait que la dévotion à ce saint est l'objet d'un pèlerinage très-fréquenté depuis longtemps à Merck-Saint-Liévin, village à vingt kilomètres de Lambres. La médaille que nous venons de décrire est de cuivre ; elle est encadrée dans un octogone. Collection de M. Dubois, peintre à Arras.

1 Dans notre *Numismatique béthunoise* (pl. xxi, n° 4), nous avions donné au pèlerinage de Lambres une petite médaille représentant, d'un côté, saint Lambert mitré et crossé, et de l'autre, le buste de Notre-Dame de Cambrai. De nouveaux renseignements nous faisant supposer que cette pièce appartient plutôt à cette ville, nous nous abstiendrons d'en parler plus longuement ici.

Nous possédons une grande et belle médaille de cuivre à la légende S. LANBER, offrant le sujet du droit du n° précédent. Au revers, on lit : S·HERME et l'on voit saint Hermès, en guerrier, avec chapeau empanaché, tenant une épée; il monte un cheval trottant à gauche et derrière lui, est un diable[1]. Comme ce second sujet est tout à fait étranger à notre contrée, nous ne croyons pas devoir comprendre cette médaille dans notre planche.

Les six premiers n°⁵ sont du XVIᵉ siècle; les deux suivants, de la première moitié du XVIIᵉ; les trois autres, de la seconde moitié du même siècle. Les n°⁵ 254, 256, 260 et 261 ont déjà figuré dans notre *Numismatique béthunoise*, dont ils forment la planche XXI.

XXIII

LENS

Médailles de saint Vulgan

La ville de Lens, qui nous a laissé des monnaies mérovingiennes, carlovingiennes et féodales, nous offre aussi une suite intéressante de médailles religieuses,

1. Les saints du nom d'Hermès sont au nombre de cinq ; le plus connu d'entre eux est celui dont on célèbre la fête le 28 août. Il fut, paraît-il, préfet de Rome, où il reçut la couronne du martyre durant la persécution de l'empereur Adrien. Ce saint, invoqué pour les aliénés, est le patron de la ville de Renaix.

toutes concernant saint Vulgan. Ce saint du vii° siècle naquit en Hibernie, de parents chrétiens et nobles. S'étant voué jeune encore au Seigneur, il s'engagea dans les ordres sacrés, puis il se fit solitaire. La légende rapporte qu'un ange apparut à ce serviteur de Dieu et lui dit : « Vulgan, réjouissez-vous : la couronne de justice vous attend, mais il vous reste de grands travaux à entreprendre ; passez la mer, pénétrez en Gaule et, après de nouveaux combats, vous irez au Ciel. » Bientôt le pieux ermite quitte sa retraite, s'embarque et arrive chez les Morins qu'il évangélise et convertit; puis il vient prêcher avec succès la foi chez les Atrébates. Le saint missionnaire se retire ensuite dans une petite cellule voisine du monastère de Saint-Vaast, où il finira ses jours en édifiant le peuple par l'exemple des plus hautes vertus [1].

Vulgan fut inhumé près de là et des prodiges s'opérèrent sur son tombeau. Dans le x° siècle, les habitants de Lens, qui prétendaient que cet apôtre avait plus particulièrement affectionné leurs ancêtres, demandèrent ses précieuses reliques avec tant d'instances qu'ils les obtin-

1. La plupart des historiens de notre contrée se sont occupés de ce saint; citons surtout: Malbrancq, Gazet, Ferry de Locres, Ghesquière, Dom Devienne, Hennebert, Destombes et Van Drival. On doit à Arnould de Raisse un travail spécial : *Vita sanctissimi Vulganii insignis collegiatæ ecclesiæ Lensensis patroni tutelaris.* M. Beauvois en a donné une bonne traduction avec notes et additions, sous ce titre : *Vie de saint Vulgan, évêque et confesseur, patron tutélaire de la ville de Lens, en Artois.* Mentionnons encore un petit livre fort rare de notre bibliothèque: *Officium sancti Vulganii episcopi ecclesiæ regalis collegiatæ Lendiensis patroni.*

rent. Le corps fut alors levé et transféré solennellement
dans leur église, dédiée à la sainte Vierge[1].

A peine les reliques de saint Vulgan avaient-elles été
placées dans sa chapelle, qu'elles y étaient devenues
l'objet d'une grande vénération et d'un pèlerinage qui
n'a cessé d'appeler un grand concours de fidèles[2]. Il est
donc facile de s'expliquer le nombre des médailles auxquelles cette piété a donné lieu ; nous en connaissons
dix différentes, dont nous allons donner la description
dans l'ordre de la planche qui les reproduit.

263. Médaille moniliforme, disposée en dizain, dont les
grains ou globules reposent sur un grènetis, avec ligne
intérieure. Cette curieuse pièce est d'étain et ronde; elle
représente, au droit, saint Vulgan, vêtu en ermite,
tenant de la main droite un long chapelet terminé par
une croix, et de l'autre, un bâton de voyage. A la droite
du saint, un ange vole près de sa tête pour lui parler.
Légende: VVLGAN NVNC LETA, commencement estropié
de l'avertissement angélique[3]. ℞. L'inscription suivante,
distribuée en trois lignes : S VVLGAN. Dans le haut, trois

1. Le saint anachorète a été choisi autrefois comme patron tutélaire
de la ville de Lens, qui célébrait, le 3 novembre, sa fête annuelle.

2. C'est surtout de cette dévotion qu'il s'agit dans le document ci-
après : par son testament du 25 août 1495, Jean Portebien, chapelain
de l'église de Saint-Nicolas, de Douai, ordonne qu'il soit fait un pèlerinage à l'église de Notre-Dame de Lens et qu'il y soit porté un cierge
d'une livre ou plus. (Archives de Douai, Testaments de 1491 à 1495,
f 108).

3. Les mots *Vulgani nunc lœtare* se retrouvent sur une image de
saint Vulgan, dont nous avons le cuivre, représentant l'apôtre hibernien, en solitaire, entre sa cellule et la ville de Lens.

cintres continus ; dans le champ, quatre clous à facettes ; au-dessous, un ornement.

264. S WLGAN. Dans un encadrement octogone, le même saint, aussi en solitaire, portant un large chapeau sur l'épaule gauche ; il tient encore chapelet et bâton, mais en sens inverse. A sa droite, un petit ange s'approche de lui en volant. Cette médaille a été frappée sur une légère feuille de cuivre et n'a pas de revers.

265. S WLGAN. Variété du type du n° qui précède, dont elle ne diffère que par la pose du saint et par la disposition de la légende. ℞. Le Christ en croix, entre sa mère et saint Jean, tous deux nimbés, debout et priant ; le titre de la croix est accosté d'une étoile et d'un croissant. Chaque côté est dans un encadrement octogone, surmonté d'un anneau. Médaille estampée sur deux minces feuilles de cuivre qui ont été réunies.

266. S WLGAN A LENS. Le saint à gauche, comme on le voit au n° précédent ; il tient son chapelet à droite et son bâton de l'autre côté. L'ange y est aussi représenté. ℞. N DAME CONSOLATION. La vierge, couronnée, tient un sceptre à la main droite et porte sur le bras gauche l'Enfant-Jésus, aussi couronné. Grande médaille frappée sur deux minces lames de cuivre soudées et découpées en cercles. Les sujets sont dans un ovale en grènetis.

267. S WLGAN. Buste-reliquaire du saint, couronné ; il est posé sur un autel dont la partie supérieure est soutenue par deux anges à genoux. ℞. S·DRVON. Saint Druon, en berger, avec grand chapeau, ample manteau et chaussure aux larges bords retroussés, tient une houlette de la main droite et un livre ouvert sur l'autre. A

sa droite, trois brebis paissant ; à sa gauche, un chien. Cette médaille, de forme octogone, avec encadrement, a été frappée sur deux légères feuilles de cuivre. Comme nous l'avons fait remarquer à l'article de Carvin, elle a été ainsi composée pour se vendre aussi bien à Lens qu'à Épinoy.

268. Même droit que le précédent. ℟. Type de Notre-Dame de Grâce de Cambrai, sans les monogrammes ordinaires. Médaille octogone en argent, aussi encadrée.

269. Variété du droit du n° 267. ℟. Même sujet que celui du revers précédent, mais d'un style différent ; ici le graveur a essayé de reproduire quelques-unes des lettres du tableau cambrésien. Médaille octogone avec encadrement, frappée sur deux feuilles de cuivre.

270. SAINT WLGAN. Buste-reliquaire du saint, couronné ; deux anges à genoux le soutiennent. Il est posé sur un socle élevé, enrichi d'*ex-voto*. ℟. NOTRE DAME DE GRACE. La Vierge de Cambrai, sans les monogrammes. Médaille coulée en étain, comme la suivante.

271. Même type de droit que le précédent. ℟. S·ROSAIRE. Saint Dominique à genoux à gauche, recevant un rosaire des mains de la Vierge mère, assise sur des nuages. Devant le saint, un livre, un lis et un chien tenant une torche enflammée.

272. Sᵀ VULGAN PATRON DE LENS PRIEZ POUR NOUS. Le buste et le socle reliquaire du saint, tels qu'on les voit sur l'autel dédié à ce missionnaire dans l'église de Lens. ℟. O MARIE CONÇUE SANS PÉCHÉ PRIEZ POUR NOUS QUI AVONS RECOURS A VOUS. Cette légende,

disposée sur deux lignes circulaires, encadre la Vierge, dont la tête est entourée de douze étoiles et dont les bras sont croisés sur la poitrine. La Reine du Ciel se tient sur un croissant soutenu par des nuages. A l'exergue, le millésime 1854. Médaille frappée à la Monnaie de Paris, au nombre de 2400 exemplaires en cuivre et de 155 en argent.

273. La même médaille, mais beaucoup plus petite ; aussi frappée à la même Monnaie ; il n'en existe qu'en argent.

La première des pièces que nous venons de décrire est du xvie siècle ; les six suivantes appartiennent au xviie ; les nos 270 et 271 ne remontent qu'à la seconde moitié du siècle dernier. Enfin, les deux autres sont de 1858 et de 1860 ; elles ont été gravées à la demande et aux frais de M. Beauvois, avant-dernier curé doyen de Lens.

Les nos 264, 267, 268, 269, 270 et 272, ont déjà été publiés dans notre *Numismatique béthunoise*, pl. xxiii.

XXIV

LOCON

Médailles de saint Maur

Cet article concerne une dévotion particulière à saint Maur, le célèbre disciple de saint Benoît et le fondateur du monastère de Glanfeuil, dont il fut le premier abbé. L'église de Locon, village de l'arrondissement de Béthune, honore d'un culte spécial cet illustre patron des bénédictins. Elle possède de ce saint un fragment d'os et une petite boucle de vêtement, qui sont placés dans un fort beau reliquaire gothique d'argent ciselé, exposé dans la chapelle du saint abbé.

C'est là que, depuis un temps immémorial, hommes, femmes, vieillards et enfants viennent en foule de tous côtés, surtout durant la neuvaine qui commence le 15 janvier, jour de la fête du saint, implorer son secours pour la guérison des scrofules, rhumatismes et autres maux[1]. De nos jours, cet anniversaire est encore observé religieusement par la paroisse tout entière.

Nous donnons à ce pèlerinage les deux médailles suivantes, qui sont, du reste, déjà connues, ayant figuré sous les nos 3 et 4 de la planche xxvi, dans notre *Numismatique béthunoise*.

274. Saint Maur, tenant sa crosse de la main droite. ℞. S MOR AV LOCON. Inscription en quatre lignes, dont chacune représente un mot. Cette médaille, de la seconde moitié du xviie siècle, est de plomb ; elle est entourée, de chaque côté, d'un large encadrement, ayant en dehors un anneau et trois globules ou lobes, disposés en forme de croix.

275. S · MOR. L'illustre abbé tenant sa crosse de la main gauche et bénissant un pèlerin qui le supplie à genoux,

---

1. Le P. Ignace, *Mémoires du diocèse d'Arras*, t. iii, p. 463. — Communications de feu M. Monbrun.

un long bâton appuyé sur l'épaule. ℞. Notre-Dame de Grâce de Cambrai, type banal, dont nous avons plusieurs fois expliqué la présence sur diverses pièces de ce recueil. Notre médaille, qui est de la même époque que la précédente, bien qu'elle soit un peu postérieure, a été trouvée près de Béthune; elle est octogone, avec encadrement, et formée de deux feuilles de cuivre, réunies par une soudure, puis découpées en biseau pour laisser place à l'anneau.

L'attribution de cette seconde médaille n'est pas certaine comme celle de la première, car Locon n'est pas le seul lieu de l'extrême nord de la France qui ait eu un pèlerinage en l'honneur de saint Maur, abbé. Nous en trouvons encore un à Raimbeaucourt, village important, autrefois de la châtellenie de Lille, aujourd'hui de l'arrondissement de Douai[1]. Nos principales raisons de préférence sont celles-ci: la provenance de la pièce, trouvée près de Locon; l'importance si grande et si étendue du pèlerinage de cette localité; puis l'existence incontestable d'une médaille spéciale qui en laisse supposer d'autres.

1. Le P. Ignace, *Mémoires du diocèse d'Arras*, t. iv, p. 120.

XXV

MAMETZ

Médailles de Notre-Dame de Bruchine

C'est sous le singulier nom de Notre-Dame de Bruchine que Mametz, beau village entre Aire et Thérouanne, honore tout particulièrement la divine Mère, à laquelle est dédiée l'une des chapelles latérales de son église. Autrefois, aux fêtes de la Vierge, principalement à l'Assomption et à la Nativité, l'on venait en foule des pays voisins invoquer, dans ce sanctuaire, Notre-Dame de Bruchine contre la peste, pour la guérison des maladies contagieuses et en particulier pour d'heureux accouchements. C'est là que se réunissait une confrérie instituée sous ce titre, à laquelle le pape Clément VIII avait, en 1602, concédé d'amples indulgences, octroyées, l'année suivante, par l'évêque de Boulogne. Marie était représentée sur l'autel de cette chapelle par une ancienne statue en bois, grossièrement sculptée, portant l'Enfant Jésus sur le bras gauche et tenant à la main droite un sceptre, remplacé quelquefois par un bouquet. Cette statue fut d'abord d'une grande simplicité, mais, dès 1671, elle fut richement vêtue et ornée par les soins

d'une fille dévote, fort habile, comme le disent les registres de la paroisse [1].

Selon le récit des vieillards de Mametz, quand partout,
en 1793, on dévastait les églises et qu'on brûlait les
images des saints, plusieurs forcenés venus d'Aire,
avaient enlevé la statue de Notre-Dame de Bruchine. Ces
misérables la traînèrent avec des cordes jusqu'à l'extrémité du territoire, mais ils ne purent la conduire plus
loin ; une résistance invisible paralysait leurs efforts. Ils
abandonnèrent donc leur vol, et, avant de se retirer, le
plus furieux d'entre eux asséna un violent coup de
sabre sur le front de la statue et lui fit une incision qu'on
n'a pu faire disparaître [2]. La madone de Mametz fut sauvée et, plus tard, elle reparut dans son sanctuaire, où
elle continua d'être l'objet d'une grande vénération [3].

De nos jours, la dévotion à Notre-Dame de Bruchine a
beaucoup diminué ; si elle devait s'éteindre, les deux
médailles suivantes pourraient en conserver le souvenir.

276. NOSTRE DAME DE. La Vierge-Mère, couronnée et
nimbée, dont les cheveux flottent sur les épaules, tient
sur le bras gauche l'Enfant-Dieu, nimbé. ℞. BRVCHINE

---

1. Renseignements fournis obligeamment par M. Deslion, ancien
curé de Mametz, qui a eu recours, non-seulement aux archives de
l'église, mais encore à la mémoire des plus anciens habitants de la
commune. — *Indulgence plénière et statuts pour les confrères et
consœurs de N. Dame de Bruchine, au village de Mametz lez Aire.*
— *Dictionnaire historique et archéologique du département du
Pas-de-Calais*, à l'article Mametz, par le baron Dard.

2. Ce récit merveilleux est déjà une légende populaire connue de
toute la contrée.

3. En 1855, une nouvelle statue a remplacé l'ancienne qui a disparu.

A MAMES, en inscription de trois lignes, qui continue et complète la légende du droit. Au-dessous, entre deux branches, un écusson ovale, dont la première partie : *bandé sous le chef*, pourrait être aux armes de la famille de Récourt, qui portait : *de gueules à trois bandes de vair, au chef d'or*. La seconde partie : *d'azur à une croix dentelée d'argent*, offre bien celles de la famille Estourmel [1]. Médaille de la première moitié du xviie siècle, formée de deux bractéates d'argent, jointes ensemble à l'aide d'une soudure ; elle est entourée de deux lignes de chaque côté.

277. Médaille en plomb ; c'est une variété, un peu plus grande.

XXVI

MARŒUIL

Médailles de sainte Bertille

La noble famille des ducs de Douai, illustrée par une pléiade de saints, fournit à l'histoire métallique du nord de la France une suite intéressante de médailles de piété. Nous en possédons de sainte Gertrude, la fondatrice de l'abbaye d'Hamage, de sainte Bertille, sa fille, la recluse de Marœuil, et de son petit-fils, saint Maurand, le patron

---

1. Vers 1583, la terre de Mametz, qui consistait en deux prairies et quatre fiefs, était dans la maison d'Estourmel.

de la ville de Douai. Nous pourrons publier ailleurs les médailles de l'aïeule et de son petit-fils; nous n'avons à parler ici que de celles de la sainte de Marœuil.

Bertille naquit au VIIe siècle, de Ricomer, seigneur des Atrébates et de Gertrude, fille de Théobald, duc de Douai. Affable et pieuse, elle fit pressentir de bonne heure le degré de perfection qu'elle atteindrait un jour. La jeune fille n'avait désiré qu'une vie de retraite, de prières et de bonnes œuvres, cependant, suivant le désir de sa famille, elle épousa Guthland. jeune seigneur d'une illustre naissance. Les époux semblaient ne s'être unis que pour venir plus efficacement au secours des malheureux.

A la mort de Guthland, sa veuve distribua en œuvres méritoires les biens considérables que ses parents et son mari lui avaient laissés, se réservant seulement l'usufruit d'une propriété qu'elle possédait à Marœuil. Elle y érigea une église et se construisit, près de là, une modeste demeure, où elle se voua tout-à-fait à Dieu et où elle finit ses jours. Bertille reçut la sépulture dans cette église et son tombeau devint bientôt l'objet d'une vénération profonde, des guérisons miraculeuses s'y étant opérées. En 1081, le corps de la sainte fut placé dans une châsse recouverte de lames d'or et d'argent; en 1228, il fut déposé dans une autre fierte encore plus précieuse[1].

Dès l'an 935, une abbaye avait été fondée à Marœuil en l'honneur de la sainte; détruite peu de temps après,

1 *Abrégé de la vie de sainte Bertille, vierge, patronne du terroir et abbaye de Marœuil en Artois.* — L'abbé Parenty, *Histoire de sainte Bertille et de l'abbaye de Marœuil.* — L'abbé Robitaille, *Annuaire du diocèse d'Arras pour l'année 1864,* p. 322.

elle avait été reconstruite avec les libéralités de Lothaire II,
roi de France. En 1138, le monastère fut confié à des
chanoines réguliers de Saint-Augustin de la congrégation
d'Arrouaise. [1] C'est dans l'église abbatiale qu'étaient déposés les restes de sainte Bertille ; on y venait en foule de
toutes parts l'implorer pour la guérison des maladies
d'yeux. Il fallut la Révolution pour interrompre cette
piété ; la châsse disparut alors, mais les reliques furent
sauvées. Aussitôt après le concordat, elles furent exposées à la vénération publique, en l'église paroissiale. Le
pèlerinage de Marœuil est encore bien fréquenté de nos
jours : après avoir honoré les reliques de la sainte, les
pèlerins se rendent à une fontaine peu distante de l'église,
où ils puisent de l'eau qu'ils trouvent salutaire à la santé.

La dévotion à sainte Bertille nous fournit les quatre
médailles dont la description va suivre.

278. Plaque ou enseigne en losange, frappée sur une
mince lame de cuivre, dans la seconde moitié du xvie
siècle. Dans un grènetis circulaire, entre les initiales S B,
sainte Bertille est représentée nimbée, vêtue en religieuse,
tenant un modèle d'église sur la main droite.

279. La sainte, en religieuse, à droite, tenant aussi
sur la main gauche un modèle d'église. Enseigne ronde
à jour, coulée en cuivre dans la première moitié du
xviie siècle.

280. Autre enseigne, moins grande que la précédente,
avec laquelle elle a beaucoup de rapport ; elle est aussi

1. Dans son *Inventaire des sceaux d'Artois*, M. Demay donne cinq
sceaux curieux de cette abbaye.

ronde, à jour, en cuivre et de la même époque. Ici la sainte est nimbée et tournée à gauche; elle tient le modèle d'église sur la main droite.

281. S BERTILE. La sainte, nimbée, tournée un peu à gauche; elle a une forte chevelure et porte un large manteau; elle tient encore sur la main droite un modèle d'église. Médaille d'argent, d'un dessin assez soigné, dont les deux côtés sont semblables; elle est entourée d'un grènetis entre deux cercles. Elle a été estampée, dans la seconde moitié du xviie siècle, sur de minces lames d'argent, soudées ensemble.

XXVII

MERCK-SAINT-LIÉVIN

Médailles de saint Liévin

Au viie siècle, un nouveau missionnaire venait de l'Hibernie, cette île des saints, évangéliser d'abord la Morinie, puis la Flandre, le Hainaut et le Brabant; c'était Livin ou Liévin[1]. Issu d'une famille noble, puissante et

1. Sur la vie de ce saint et sur son pèlerinage de Merck-Saint-Liévin, on peut consulter les ouvrages et opuscules suivants : Ghesquière, *Acta sanctorum Belgii*, t. III, p. 96. — *Abrégé de la vie de saint Liévin, archevêque et martyr honoré au village de Mercq dit Saint-Liévin*. — Le R. P. Liévin Leclercque, *Abrégé de l'his-*

pieuse, qui l'avait guidé dans le chemin de la sagesse et avait pris le plus grand soin de son éducation, Liévin se distingua bientôt par ses vertus et par sa science. S'étant voué au sacerdoce, il fut ordonné prêtre; plus tard il fut élevé à l'épiscopat. Dieu lui avait dit de propager la foi chez les peuples demi-barbares, et voilà que l'apôtre part pour la Gaule-Belgique; il aborde au pays des Morins, où il annonce l'Évangile, et notamment à Merck, où il se fixe pour quelque temps. C'est pour célébrer ce séjour, que ce village portera désormais le nom du missionnaire, qui y sera spécialement honoré pendant bien des siècles. Liévin se rend ensuite dans la Flandre et s'arrête d'abord à Gand, au monastère de Saint-Bavon, puis il parcourt le pays d'Alost, le Brabant et le Hainaut pour donner aux idolâtres de ces contrées la connaissance du vrai Dieu. Comme il l'a prédit dans une de ses poésies parvenue jusqu'à nous, le martyre l'y attend : de cruels habitants d'Essche lui arrachent la langue, le torturent et lui tranchent la tête. C'est près de là, à Hauthem-Saint-Liévin, que l'apôtre hibernien reçoit la sépulture.

Des miracles nombreux illustrèrent la tombe du

toire de la vie de saint Liévin, archevêque et martyr, patron de la ville de Gand, honoré avec grande dévotion au village de Mercque dit Saint-Liévin. — Henri de Laplane, Les matelots boulonnais à Merck-Saint-Liévin. — Raymond de Bertrand, Pèlerinage de Saint-Liévin. — L'abbé Robert, Vie abrégée de saint Liévin, archevêque d'Écosse et martyr, honoré au village de Merck-St-Liévin. — Le même, Histoire de saint Liévin, archevêque et martyr.—De Smet, Vie de saint Liévin. — L'abbé Robitaille, Annuaire du diocèse d'Arras pour l'année 1865, p. 263.

martyr. L'an 842, l'évêque de Cambrai et d'Arras, dont le vaste diocèse s'étendait jusqu'à Anvers, releva avec grande pompe le corps du saint et le déposa dans une châsse magnifique. En 1007, cette fierte était transportée avec la plus grande partie des ossements dans l'abbaye de Saint-Bavon, qui la remplaçait plus tard par une autre encore plus riche et plus remarquable. En 1578, les hérétiques s'emparèrent de ce reliquaire et de son précieux contenu pour les détruire.

Mais revenons au sujet de notre chapitre. L'église de Merck avait obtenu, en 1300, de l'abbé de Saint-Bavon un fragment important d'un bras de l'illustre martyr[1]. L'évêque de Thérouanne, accompagné d'un immense concours de peuple, vint déposer cette relique vénérée dans une belle châsse d'argent qui fut exposée aussitôt en une chapelle dédiée au saint. Là s'opérèrent de nouveaux prodiges, dus à la puissante intercession du serviteur de Dieu. Telle est l'origine du pèlerinage de Merck-Saint-Liévin, qui fut et n'a cessé d'être l'un des plus fréquentés de toute la contrée. Les pèlerins, dont le nombre s'éleva quelquefois à 12000, le 28 juin, jour de la fête de la translation du saint, affluaient non-seulement de l'Artois, mais encore de la Flandre, du pays de Liège, des diverses provinces de France et même de la Grande-Bretagne. Ils venaient servir l'il-

1. Des reliques de saint Liévin sont aussi conservées : en Belgique, dans la cathédrale de Gand et dans les églises de Hauthem et d'Essche ; en France, dans les églises de Merck-Saint-Liévin, de Notre-Dame de Saint-Omer, de Saint-Pierre d'Aire-sur-la-Lys, de Saint-Géry d'Arras, d'Havrincourt et de Polincove, ainsi que dans la cathédrale d'Arras.

lustre saint, l'invoquer pour la guérison de leurs maux et, en particulier, pour les maladies réputées incurables ı. Un prêtre, avec titre de chapelain, était spécialement chargé de desservir ce pèlerinage.

La ferveur du peuple envers saint Liévin ne fut que comprimée durant la Révolution; après les mauvais jours, elle prenait un nouvel essor qui ne s'est plus ralenti. L'on ne vient plus de si loin au pèlerinage de Merck, mais voyez ce flot de fidèles invoquant l'apôtre martyr, pendant sa neuvaine, ces marins de Montreuil, de Calais, d'Étaples et de Boulogne, ces paroisses précédées de leurs pasteurs, expression touchante de foi et de reconnaissance [2].

Le grand renom et la popularité du pèlerinage de Merck, et mieux encore la vénération des Artésiens pour saint Liévin, étendirent dans tout l'Artois le culte de ce martyr. En différents lieux de cette province

1. *Abrégé de la vie de saint Liévin.* — De Smet, *Vie de saint Liévin,* p. 156.

Il existait autrefois à cette dévotion, au profit de l'église du village, un singulier usage que nous trouvons établi en 1732, et qui durait encore quarante ans après : il était connu sous le nom de l'*Offrande des cœurs vifs.* Beaucoup de pèlerins offraient des poulets à cette église, en l'honneur du saint. Quelquefois ces dons furent si nombreux, qu'il fut reçu trois cent soixante poulets en un seul jour. (*Abrégé de la vie de saint Liévin,* p. 13, et *Abrégé de l'histoire de la vie de saint Liévin,* p. 50.)

2. De Smet, *Vie de saint Liévin,* pp. 182 et 183.

La statue de saint Liévin, vénérée en sa chapelle, est placée au milieu du rétable de l'autel; le martyr est représenté en pied, sans barbe, vêtu en archevêque, tenant d'une main une croix à double traverse, et de l'autre, une tenaille avec sa langue.

s'élevèrent des chapelles en son honneur, et furent
instituées des confréries sous son invocation. Nous avons
dit, à l'article d'Arras, que cet apôtre était révéré spécialement en l'église de Sainte-Croix, de cette ville; ajoutons qu'il le fut aussi dans une chapelle d'Havrincourt
et en l'église de Rumaucourt, villages qui dépendent de
l'arrondissement d'Arras.

Saint Liévin est un des saints que la numismatique religieuse de l'Artois représente le plus souvent, ce que l'on
comprend quand on considère la grande fréquentation
et la popularité de son pèlerinage de Merck. Comme il
est arrivé pour d'autres dévotions, principalement pour
celle de Notre-Dame de Grâce de Cambrai, le type de
saint Liévin, figuré soit en buste, soit en pied, sur toutes
les médailles de son pèlerinage, a été souvent choisi par
d'autres localités comme sujet de revers de leurs médailles de piété. Citons Arras, Blangy-sur-Ternoise,
Carvin, Lambres et Riencourt-lez-Cagnicourt [1].

Notre saint était seulement évêque, cependant l'Artois
l'a toujours considéré comme archevêque, témoin les
livrets de dévotion ci-devant mentionnés en note et les
médailles que nous allons décrire. Sur les pièces du
XVIe siècle, le saint tient une croix simple, à longue
hampe, signe qui caractérise ordinairement les archevêques. Sur toutes celles des XVIIe et XVIIIe siècles, ce
symbole est remplacé par une croix à double croisillon
ou à double traverse, forme vulgaire de la croix ar-

---

1. Nous voyons aussi le même saint figurer, en compagnie de
saint Bertin, sur le revers d'une médaille récente de Salperwick, qui
sera décrite à l'article de cette commune.

chiépiscopale[1]; sur celles du xıx° siècle, la crosse est
substituée à la croix. Mais un caractère invariablement
reproduit sur toutes les médailles du saint, comme
indication de son martyre, c'est la tenaille qu'il tient
en main et qui porte sa langue arrachée.

Très-probablement nos anciennes médailles de saint
Liévin, si variées et produites en si grand nombre, furent
gravées par des orfévres des villes voisines. Le chapelain
avait certainement mis bon ordre à la fabrication de ces
pièces, de même qu'à leur vente, car c'était une source
abondante de revenus pour la fabrique de l'église. Les
médailles qui viennent ensuite, représentant saint Liévin
et Notre-Dame-du-Rosaire, ont été coulées par milliers,
chaque année, dans des moules de cuivre appartenant à
cette fabrique. Un de ces moules a servi jusqu'en 1841;
à cette date, M. Robert, curé de Merck, a remplacé ces
médailles par une autre, commandée à la maison Vachette.
Cette pièce représente, d'un côté, le patron du village,
et de l'autre, Notre-Dame des Sept-Douleurs, sujet rappelant la statue offerte à l'église par la reine Marie-Amélie[2].

Nous donnons au grand pèlerinage de Merck-Saint-

1. Dans son *Dictionnaire iconographique*, p. 267, Guénebaut dit
que la croix à double traverse est de pure invention et n'a nulle
valeur dans la liturgie latine. Cependant l'abbé Pascal fait remarquer
qu'on trouve quelquefois cette croix sur l'écusson des archevêques,
où elle est ainsi disposée pour être distinguée de la croix simple
qu'on voit sur celui des évêques. (*Origine et raison de la liturgie
catholique*, p. 919.)

2. Nous tenons ces renseignements de feu l'abbé Robert, qui a
administré près de quinze ans la paroisse de Merck, et qui a écrit un
ouvrage intéressant et un livret à l'usage des pèlerins de Saint-Liévin,
publications déjà mentionnées.

Liévin, les vingt médailles de ce chapitre. Pour en abréger la description, nous ferons ici quelques remarques. Sur toutes les pièces, l'apôtre martyr est mitré, et vêtu en archevêque; il ne porte de barbe que sur la dernière. Les huit premières et les deux dernières, montrent le prélat en pied et de face ; les autres le représentent en buste, ou à mi-corps, tourné à gauche, à l'exception du n° 290, où on le voit de face. Le saint tient toujours d'une main, une tenaille au bout de laquelle est sa langue arrachée; de l'autre, il tient une longue croix sur les dix-neuf premiers n^{os} et une crosse sur le dernier. La croix est simple sur les trois premiers n^{os}, tandis qu'elle est à double ou à triple croisillon sur les autres.

Les n°s 287, 288 et 289, ainsi que les n°s 295 à 299, sont en argent; les n°s 282, 283, 284 et 290 à 294 sont en cuivre, les n°s 285 et 286 sont en plomb, enfin le n° 300 est en étain.

Nous attribuons les cinq premiers n^{os} à la seconde moitié du xvie siècle, les deux suivants à la première moitié du xviie, les n°s 289 à 294, à la seconde moitié du même siècle, les cinq n^{os} qui suivent à la première moitié du xviiie, le n° 300 à la seconde moitié du même siècle; quant au n° 301, il est de l'année 1841.

Voici la description des médailles :

282. Saint Liévin, dans un cercle tressé qu'encadre une chaîne dont les angles intérieurs sont occupés par une fleur de lis, une rosace et deux fleurs évidées. Plaque ou enseigne carrée, estampée sur métal fort mince.

283. Petite médaille ronde, en forme de boîte ou reliquaire, composée de deux côtés semblables, représentant le saint. Collection de M. Deschamps de Pas.

284. Variété de la même pièce, d'après le cabinet de M. Albert Legrand.

285. Le même saint, entouré d'un fort grènetis. ℞. S. LIEVIN, dans un grènetis avec cercle intérieur ; cette inscription est disposée en trois lignes, dont la première est d'une lettre accostée de fleurs cruciformes, et la seconde comprend trois lettres entre des annelets. Médaille ronde assez grande, de la collection de feu M. Preux.

286. Le saint, dans un encadrement en torsade. ℞. + S + LIEVIN. Cette inscription, aussi en trois lignes, est entourée d'un grènetis avec cercle. Médaille ronde, de moyenne grandeur, ayant beaucoup de rapport avec la précédente.

287. Le saint, dans un fort grènetis avec trois globules extérieurs. Médaille formée de deux côtés semblables frappés séparément, puis réunis.

288. Le même saint, dans un grènetis entre deux cercles. ℞. Au centre d'un grènetis, les lettres ·I·H·S·, monogramme du Christ, dont la seconde lettre est surmontée d'une croix ; au-dessous, trois clous appointés sortant d'un cœur. Médaille composée de deux côtés, frappés sur deux légères feuilles de métal assemblées ensuite.

289. ·S·LIEVIN. Le saint, ayant une fleur à ses pieds, ℞. S. IOSEPH. Ce saint tient de la main droite un livre ouvert, et de l'autre, un lis ; à ses pieds, deux fleurs sur leur tige. Le même revers se trouve sur une pièce de Lambres, décrite sous le numéro 260. Médaille dont les deux côtés ont été frappés séparément sur de légères feuilles de métal soudées ensemble. Collection de M. l'abbé Rigaux.

290. S·LIEVIN. Buste du saint, vu de face, décoré du pallium, insigne réservé aux archevêques, qui symbolise le zèle et l'humilité. ℞. Le Saint-Esprit, sous la forme ordinaire d'une colombe aux ailes étendues. Cette médaille et les trois suivantes, toutes octogones, dans un large encadrement assez simple, mais bien prononcé, se composent de deux feuilles légères de métal frappées séparément, soudées ensemble et découpées de manière à laisser extérieurement place pour un anneau.

291. S LIEVIN. Buste du saint, tourné à gauche, portant le pallium. ℞. Le Saint-Esprit représenté comme sur le revers de la pièce précédente.

292. S LIEVIN. Même type de droit que celui de la pièce précédente, avec de légères différences de détail. ℞. La face du Rédempteur, couronné d'épines, imprimée sur un linge disposé en tenture. Cette sainte face a été gravée d'une manière assez remarquable, ce que nous avons rarement à dire de nos médailles religieuses de cette époque.

293. ·S·LIEVIN. Même buste du saint, sur lequel dardent des rayons célestes. ℞. BON DIEV FLAGELE. Le Sauveur en *Ecce Homo*. Médaille de grand module.

294. S LIEVIN. Buste du saint, portant le pallium. ℞. Grande monstrance avec cylindre et ornements, elle est surmontée d'une croix pattée, posée sur un globe. Cette médaille, de 39 millimètres, est bordée d'un encadrement dentelé intérieurement, sous lequel règne un cercle en grènetis. Notre pièce, plus remarquable par sa grandeur que par son style, est frappée sur deux lames de métal réunies, puis découpées.

295. · S LIEVIN. Même buste du saint. ℞. · S· IOSEP.
Saint Joseph, à gauche; il est nimbé, vu à mi-corps, et
tient à la main droite un lis élevé. Médaille octogone de
17 millimètres.

296. S LIEVIN. Le saint, décoré d'un long pallium.
Grande médaille coulée, de 33 millimètres de hauteur ;
elle est octogone, avec encadrement à double moulure,
et ses deux côtés sont semblables.

Nous possédons cette médaille réduite à 16 millim.

Les quatre numéros suivants ont la même forme et la
même disposition, tout en étant de modules différents.

297. S · LIEVIN · . Le saint, à mi-corps, sans le pallium,
tenant la tenaille plus haut. Belle médaille de 25 millimètres.

298. Même médaille, de 20 millimètres.

Il en existe encore une autre presque semblable, de
18 millimètres.

299. S LIEVIN. Le saint, représenté en buste, plus âgé,
avec le pallium. Médaille de 21 millimètres, d'un meilleur
style, d'un dessin plus correct et d'une frappe plus soignée.

300. SAINT·LIEVIN. Le martyr, vêtu d'un large manteau[1]. ℞. S·ROSAIRE. Saint Dominique recevant le rosaire
des mains de la Vierge, entourée de rayons et soutenue
par des nuages. Près du saint on voit un livre, un lis et
un chien tenant une torche enflammée. Cette médaille est
entourée, des deux côtés, d'un grènetis avec ligne[2].

1. Ce type a été copié pour le revers de la médaille de Riencourt-
lez-Cagnicourt que nous aurons l'occasion de décrire dans ce travail.

2. Nous trouvons ce type de Notre-Dame du Rosaire exactement
reproduit sur une des médailles de saint Vulgan, de Lens.

Nous possédons bien une variété de cette pièce, mais elle n'en diffère que par quelques détails.

301. Sᵀ LIEVIN PRIEZ POUR NOUS. Saint Liévin, portant barbe et large manteau, tient à la main gauche une crosse tournée intérieurement. Au lieu d'exergue, une rosace accostée de deux points. ℞. Notre-Dame des Sept-Douleurs, couronnée, soutient le corps inanimé de son divin Fils ; cinq anges les entourent. Derrière la Vierge, s'élève la croix, et plus loin, à droite, la ville de Jérusalem. Le coin de ce revers a été souvent employé par la maison Vachette pour des médailles étrangères à notre contrée.

Rappelons que nous avons décrit, sous le n° 262 de l'article de Lambres, une médaille au type du droit précédent, dont l'autre côté montre le buste de saint Lambert, vu de face. C'est ainsi que cette pièce pouvait se vendre aux pèlerinages de Lambres et de Merck, qui sont d'ailleurs assez voisins. Citons aussi une médaille d'Arras, décrite à l'article de cette ville, offrant, d'un côté, le même buste de saint Liévin, et de l'autre, saint Marcou, bénissant un roi. Mentionnons encore une médaille de Libercourt, dont la description se trouve à l'article de Carvin, qui présente au revers le même buste du glorieux apôtre, ce qui prouve combien le culte de ce martyr était répandu dans l'Artois. Enfin nous avons décrit à l'article de Blangy-sur-Ternoise, sous le n° 150, une médaille qui s'est vendue tant au pèlerinage de ce lieu, qu'à celui de Merck. Elle offre, d'un côté, le type du droit du n° 301, mais plus grand et avec de légères différences. L'autre côté représente sainte Berthe en religieuse.

XXVIII

MONTREUIL-SUR-MER

————✳————

L'église de cette ville avait déjà, en 1426, des enseignes ou images de Notre-Dame de Grâce, en vermeil, en argent, en étain et en plomb, qui s'y vendaient. Un compte, rendu cette année par Gui Guilbaut, conseiller et gouverneur-général des dépenses du duc de Bourgogne, porte que Monnot Machefoing, valet de chambre et garde des joyaux du prince, a reçu xvi sols qu'il avait payés « à Monstrueil, pour plusieurs enseignes de plonc, faictes en la révérance de Nostre-Dame de Grâce, pour Monseigneur et ses gens [1]. » Aux termes d'un autre compte, présenté l'année suivante, le même conseiller a payé xx sols à Amoury Miquiel, secrétaire du duc, « pour enseignes, une d'argent doré, une autre d'argent sans dorure et plusieurs autres d'estain, pour Monseigneur et iceulx de sa compaignie, en l'église Nostre-Dame de Monstereul [2]. »

Voilà certes la preuve de l'existence d'enseignes ou de médailles de l'église de Notre-Dame, de Montreuil. Il nous

---

1. Le comte de Laborde, *Les Ducs de Bourgogne, preuves,* t. i, p. 231. Il ne s'agit point ici de Notre-Dame de Grâce, de Cambrai, puisque le célèbre tableau cambrésien n'a été rapporté de Rome qu'en 1440.

2. Le comte de Laborde, ouvrage cité ci-dessus, t. ii, p. 389.

eût été bien agréable d'en comprendre dans nos planches.
Malheureusement, elles ne sont pas retrouvées, ou du
moins elles nous sont inconnues. Nous regrettons d'autant plus cette lacune importante, que nous ne pouvons
attribuer à cette ville qu'une seule médaille, et encore
offre-t-elle peu d'intérêt.

Médaille de saint Gengoul

Issu d'une des plus nobles familles de Bourgogne,
Gengoul (*Gendulfus* ou *Gangulfus*) suivit d'abord la carrière des armes. Il prit pour épouse une femme de noble
extraction, qui se livra à la débauche, et le fit poignarder,
en 760, par son amant. Gengoul, dont la vie avait été
l'exemple de toutes les vertus et surtout de la charité, fut
mis au nombre des saints. On l'a honoré en France, en
Allemagne, notamment en Flandre, en Artois, et dans le
Boulonnais ; toutefois, la localité de notre contrée où le
culte du saint a été le plus suivi, est la ville de Montreuil.
Près de l'endroit où l'on voit le bureau de l'octroi, se
trouvait une petite chapelle sous son vocable. Le don que
le chapitre de Saint-Gengoul, de Toul, y fit, en 1672,
d'une relique du saint, augmenta encore la dévotion
envers lui[1]. La Révolution fit disparaître le modeste monument avec ce qu'il renfermait ; depuis lors, les fidèles
obtinrent du même chapitre une seconde relique de
saint Gengoul ; elle fut déposée dans l'église paroissiale,

1. Dans sa *Sigillographie de Toul*, M. Ch. Robert a publié quatre
sceaux curieux de la collégiale de Saint-Gengoul.

où l'on vient l'honorer, particulièrement pendant la neuvaine consacrée au saint[1].

Nous croyons pouvoir rattacher à ce pèlerinage une petite médaille ronde, frappée sur cuivre, en bractéate, dans la première moitié du xvi⁰ siècle. Son style et son apparence nous font supposer qu'elle a été fabriquée dans la Morinie. Voici cette médaille :

302. S·GꙦ꙰ꙄGOVꙆ. Le saint, couronné et vêtu d'un large manteau, tient une longue épée de la main droite.

XXIX

NOREUIL

Médailles de Notre-Dame des Sept-Douleurs

La plupart des principaux sanctuaires que l'Artois a élevés à la gloire de la Vierge Marie, nous ont laissé des souvenirs métalliques. Nous avons déjà décrit, dans notre recueil, un certain nombre de ces médailles, et il nous en reste encore plusieurs à faire connaître; nous parlerons ici de celles de Noreuil, village de l'arrondissement d'Arras. Depuis longtemps, il y existe une dévotion à Notre-Dame des Sept-Douleurs. En 1654, les habitants

1. Le baron de Calonne, *Canton de Montreuil*, dans le *Dictionnaire historique et archéologique du département du Pas-de-Calais*, page 383.

construisirent, sous cette invocation, une belle et grande chapelle. Au-dessus de l'autel, on voyait, dans une niche décorée avec goût, un ancien groupe de pierre, haut de 1 mètre 34 centimètres, y compris le socle, travail d'une exécution remarquable. Cet objet de vénération avait été offert à la chapelle par les religieuses de l'abbaye d'Étrun. Il représente la Vierge, assise, percée de sept glaives, et tenant sur ses genoux le divin crucifié. Sur la base sont sculptés la couronne d'épine, les clous de la Passion et une tête de mort.

La chapelle de Noreuil fut un lieu de pèlerinage très-fréquenté ; les fidèles y affluaient de tous côtés[1], surtout le jour de la Nativité de la Vierge, fête principale de la confrérie instituée en ce lieu, sous le titre de Notre-Dame des Sept-Douleurs[2]. Ce culte, si renommé dans toute la contrée, ne cessa de fleurir jusqu'à la Révolution, mais le modeste édifice ne pouvait être épargné par la Terreur, sous le proconsulat de Joseph Le Bon ; il fut alors fermé, puis vendu et démoli. Heureusement le groupe, caché à temps par des hommes courageux, fut ainsi sauvé, et plus tard, il fut rendu à la piété des fidèles. Toutefois, ce fut seulement en 1821, qu'une nouvelle chapelle fut érigée sur l'emplacement de l'ancienne, pour recevoir l'image vénérée. Malgré le zèle déployé par M. Dumarquet, ci-devant curé de Noreuil, pour ranimer dans sa paroisse

1. Des vieillards ont rapporté que des habitants de Saint-Quentin se sont rendus autrefois en procession à ce pèlerinage pour y demander la cessation d'une épidémie qui sévissait dans leur ville.

2. Cette confrérie, instituée à l'époque de l'érection de la chapelle, fut, comme on le voit par son livret, approuvée par le pape Alexandre VII.

le culte de Notre-Dame des Sept-Douleurs, cette dévotion est loin d'être aussi vive et aussi étendue qu'elle l'était autrefois. Si l'affluence n'est plus la même, du moins beaucoup de femmes du voisinage viennent encore avec leurs petits enfants, le vendredi de chaque semaine, prier la Reine du Ciel, à sa chapelle de prédilection [1].

Le pèlerinage de Noreuil nous fournit les deux médailles ci-après décrites. La première a été coulée en plomb, à la fin du xviie siècle ; la seconde a été frappée tant en argent, qu'en cuivre jaune, en 1862, aux frais de M. Dumarquet.

303. La Mère du Sauveur, assise et appuyée contre la croix, est percée de sept glaives ; elle tient sur ses genoux le corps inanimé de son divin Fils. ℞.. N·DAME DE SEPT DOVLEVR A NOREVL, inscription en six lignes. Trois globules extérieurs forment une croix avec la bélière.

304. NOTRE DAME DES VII DOULEURS PRIEZ POUR NOUS. Même sujet de droit ; à l'exergue : NOREUIL 1862. ℞. ✳ STABAT MATER DOLOROSA JUXTA CRUCEM LACRYMOSA, légende qui reproduit les deux premiers vers de l'hymne célèbre rappelant les souffrances de Marie pendant le crucifiement de son Fils. La Vierge se tient ici devant une grande croix.

Il est probable que des marchands ambulants, qui fréquentaient les pèlerinages de l'Artois, y ont vendu, notamment à celui de Noreuil, une médaille qu'on

---

1. Nous devons ces renseignements à M. Dumarquet, qui nous les a fournis, après avoir consulté le registre de sa paroisse et les souvenirs de ses plus anciens paroissiens.

retrouve assez souvent dans l'arrondissement d'Arras.
Ce pieux objet, qui est presque rond, a été coulé en étain
vers le milieu du siècle dernier. Du côté principal, on
voit le calvaire entre trois étoiles en triangle, symbole
de la Trinité, et la lune à son croissant. Au pied de la
croix, est une tête de mort; à droite, une église. Le
revers offre le type ordinaire de la Vierge, percée de sept
glaives, tenant sur ses genoux Jésus crucifié; l'inscription porte: NOTRE DAME DES SEPT DOULEUR. Nous pensons
qu'il est suffisant de décrire ici cette médaille, puisque
nous ne la supposons point particulière au pèlerinage
de Noreuil.

XXX

OIGNIES

Oignies, commune importante de l'arrondissement de
Béthune, a dû aux grandes libéralités de Mme de Clercq,
sa pieuse châtelaine, une magnifique église, de style
roman, construite sous l'habile direction de l'architecte
Grigny. Ce monument, à la fois élégant et majestueux,
fut consacré, en 1861, par Mgr Parisis, évêque d'Arras,
dans une solennité dont on gardera longtemps le souvenir[1]. Comme expression de la reconnaissance de la pa-

---

1. Ce chef-d'œuvre a été étudié avec soin et décrit avec talent par
l'abbé Van Drival, dans une brochure ayant pour titre: *Une Visite
à l'église d'Oignies.*

roisse envers la noble fondatrice, et en mémoire de la consécration de l'église, on offrit aux principaux assistants
et aux autorités du canton une très-belle médaille de
bronze, de grand module, gravée par Ch. Altorffer. C'est
encore à ces intentions que fut distribuée par centaines
d'exemplaires, une médaille ovale, frappée en argent et
en bronze. Ces deux médailles sont aux mêmes types.
D'un côté, l'on voit l'apôtre saint Barthélemy, le patron
de la paroisse, tenant d'une main un couteau, instrument
de son martyre, et de l'autre, l'Évangile. La légende
porte : sᵀ BARTHÉLEMY PRIEZ POUR NOUS. Au revers est
l'église d'Oignies, avec la légende A Mᴹᴱ DE CLERCQ LA PA-
ROISSE D'OIGNIES RECONNAISSANTE. L'exergue est occupée
par la date de la consécration : 24 7ᴮᴿᴱ 1861. Il nous eût
été bien agréable de comprendre ces deux médailles dans
nos planches, mais elles ne rentrent pas précisément
dans notre cadre ; il n'en est pas ainsi de la suivante.

Notre-Dame de Bon-Lieu

Autrefois, une belle chapelle avait été érigée, sous ce
nom, par des religieuses, sur une propriété de leur couvent, appelée le Bois des Nonnes, située à Ostricourt, vers
Oignies. Le marteau révolutionnaire, qui la fit disparaître,
n'en effaça point le souvenir ; la statue, enlevée à temps,
reparut, après la Terreur, dans un nouveau, mais bien
modeste sanctuaire.

C'est sous le même nom que Mme de Clercq a fait
ériger à Garguetelle, hameau d'Oignies, une grande et
belle chapelle, d'architecture romane, en forme de croix

latine, gracieux sanctuaire dont la décoration est d'une élégance et d'un goût admirables. Au-dessus de l'entrée du monument, qui peut passer pour une église, vous voyez l'image de Notre-Dame de Bon-Lieu dans une étoile à huit branches, portant cette inscription, copiée sur celle de l'ancienne statue :

> *Notre-Dame de Bon-Lieu,*
> *Protégez-nous en tout lieu.*

Cet édifice fut solennellement béni, le 15 octobre 1876, par Mgr Lequette, évêque d'Arras, en présence de Mgr Fava, évêque de Grenoble, au milieu d'une foule considérable de fidèles et de curieux, venus de toutes parts[1]. Les prélats distribuèrent ensuite aux assistants la médaille ci-après décrite, qui est toujours portée pieusement par les habitants d'Oignies et des environs.

305. N.D. DE BON LIEU PROTÉGEZ NOUS EN TOUT LIEU. La Madone, couronnée, en buste, telle qu'elle est figurée au-dessus de l'entrée du sanctuaire ; elle tient à la main droite une grappe de raisin, et sur le bras gauche, l'Enfant Jésus, portant un globe. ℞. L'inscription suivante en sept lignes : SOUVENIR DE NOTRE-DAME DE BON LIEU _ OIGNIES 15 OCTOBRE 1876.

Cette belle médaille a été frappée à un grand nombre d'exemplaires en argent et surtout en cuivre argenté.

---

1. L'abbé Robitaille a rendu compte de cette grande et intéressante cérémonie, dans son *Annuaire du diocèse d'Arras pour l'année 1877*, page 226.

XXXI

RIENCOURT-LEZ-CAGNICOURT

Médaille de Notre-Dame des Vertiges

C'est en recherchant dans les volumineux mémoires manuscrits du P. Ignace, tout ce que l'infatigable capucin avait recueilli sur les dévotions de l'Artois, que nous avons trouvé quelques lignes sur un pèlerinage à Notre-Dame des Vertiges, honorée à Riencourt-lez-Cagnicourt[1]. A quelque temps de là, nous découvrions la médaille suivante, frappée en plomb, dans le XVIII° siècle, pour cette piété.

306. N·D·DES VERTIGES. La Vierge, couronnée, portant sur le bras gauche l'Enfant Jésus, aussi couronné, et tenant un sceptre à la main droite ; elle est posée sur un socle en spirale. ℞. SAINT LIEVIN. L'évêque martyr, mitré et vêtu d'un long manteau, tenant à la main droite, comme mémorial de son supplice, une tenaille au bout de laquelle est sa langue, et de l'autre main une croix à double croisillon. Nous avons déjà vu que saint Liévin était particulièrement vénéré à Arras et dans les environs de cette ville.

Le village de Riencourt-lez-Cagnicourt est situé à l'ex-

---

1. *Dictionnaire du diocèse d'Arras*, t. IV, p. 429.

trémité du diocèse d'Arras, vers Cambrai. Nous avons visité sa modeste église et y avons vu la petite statue, en bois, de Notre-Dame des Vertiges[1]. C'est en ce lieu que des fidèles sujets aux vertiges sont venus implorer l'assistance de Marie pour leur guérison. Si cette pieuse pratique n'est plus aussi suivie qu'autrefois, elle n'est pas cependant tombée en désuétude[2].

XXXII

ROQUETOIRE

Médaille de Notre-Dame de Saint-Amour

Il existait à l'extrémité de la place de Roquetoire, grand village du canton d'Aire-sur-la-Lys, une vieille et grande chapelle que desservait un chapelain, nommé par les religieux de Saint-Bertin ; elle était sous le vocable de Notre-Dame de Saint-Amour. Ce sanctuaire, révéré dans toute la contrée, fut un lieu de pèlerinage très-fréquenté, surtout au XVIIe siècle et au XVIIIe, par des fidèles venus du Boulonnais, de l'Artois et de la Flandre. Ce pèlerinage

---

1. Cette ancienne statue a été remplacée, en 1869, par une nouvelle, beaucoup mieux sculptée.

2. Dans la notice des livres de fonds de M. Hurez, imprimeur-libraire, à Cambrai, en 1822, est mentionnée une petite image de Notre-Dame des Vertiges.

était l'un des plus importants de la Morinie ; à l'intérieur de la chapelle étaient suspendus des béquilles en bois, des bras et des jambes en cire ; l'autel était garni d'un nombre infini d'*ex-voto* d'or et d'argent. Le pieux monument fut renversé par la Révolution ; il n'a pas été relevé depuis [1].

Une dévotion si vive et des pratiques si suivies devaient avoir leur propre médaille, dans une contrée qui en a produit tant d'autres. Nous attribuons à Roquetoire la grande médaille que nous donnons sous le n° 307 ; en voici la description : N D·DV·S·AMOVR. La Vierge, couronnée, tenant sur le genou gauche l'Enfant Jésus, dont la tête est entourée d'un nimbe lumineux. Ce sujet est entouré d'un cercle de perles. ℞. Dans un encadrement composé de cintres et d'un cercle, on voit un évêque mitré, tenant à la main droite une croix à longue hampe, et de l'autre, une petite croix. De chaque côté, un lion menaçant se jette sur le prélat, qui représente sans doute saint Ignace. Cette médaille, de la seconde moitié du XVIIIᵉ siècle, a été frappée sur deux minces lames de cuivre réunies par une soudure et découpées ensuite.

---

1. *Le culte de la Vierge, sous le titre de N.-D. de Saint-Amour.* — L'abbé L. Leroy, *Histoire d'une Chrétienté.* Cet ouvrage est une étude historique sur Roquetoire ; l'auteur y consacre un chapitre de vingt-neuf pages à Notre-Dame de Saint-Amour et à son pèlerinage.

XXXIII

RUISSEAUVILLE

Médailles de Notre-Dame de Foi

Le 25 octobre 1415, ce village fut, avec Azincourt, le théâtre de la funeste bataille dans laquelle périt l'élite de notre noblesse. Ce furent l'abbé de Ruisseauville et le bailli d'Aire qui prirent soin de la sépulture des milliers de Français tués dans cette fatale journée. L'abbaye de Ruisseauville, dont la fondation remontait à la fin du xie siècle, s'appelait Notre-Dame-au-Bois ; c'était un couvent de chanoines réguliers de l'ordre de Saint-Augustin. Le monastère eut aussi ses vicissitudes : en 1581, l'armée du duc d'Alençon le dévastait et brûlait son église, qui fut reconstruite quelques années après. Sur l'un des autels, on voyait une ancienne statue, révérée sous le nom de Notre-Dame de Foi. Comme l'historien Malbrancq le rapporte, de toutes parts, des Pays-Bas comme de la France, affluaient en ce lieu des pèlerins, qui venaient se prosterner devant la statue et invoquer Notre-Dame de Foi, dont on proclamait partout les innombrables et merveilleux bienfaits[1]. Un grand nombre de fidèles achetaient, en souvenir de leur dévotion, soit des médailles

1. *De Morinis et Morinorum rebus*, t. I, p. 64.

en argent et en cuivre de ce pèlerinage, soit d'autres objets de piété, tels qu'images, croix, chapelets et rosaires, toutes choses qui se vendaient dans l'église même, au profit de la communauté.

Cependant de nouvelles craintes troublaient les religieux de Ruisseauville ; en 1635, effrayés du voisinage des armées, ils fuyaient et se réfugiaient à Aire. Ils y apportaient ce qu'ils avaient de plus précieux, surtout l'image sacrée de Notre-Dame de Foi, qu'ils considéraient comme leur plus précieux trésor et, pour ainsi dire, comme leur palladium. Nous avons vu, à l'article de cette ville, qu'ils continuaient d'y vendre des médailles de la Vierge de Ruisseauville[1]. Heureusement nos moines reprenaient bientôt possession de leur couvent et y rétablissaient, entre autres pratiques religieuses, le pèlerinage à Notre-Dame de Foi, qui devint alors plus florissant que jamais. Il fallut le règne de la Terreur pour anéantir l'abbaye et disperser ses religieux. L'église paroissiale de Ruisseauville possède une ancienne statue bien remarquable, de Notre-Dame de Foi ; c'est sans doute celle qui était honorée dans l'église abbatiale.

Le pèlerinage dont il vient d'être question nous a fourni quatre médailles intéressantes que nous décrirons ci-après. Les deux premières portent leur date, la troisième est de la même époque ; quant à la dernière, elle appartient à la seconde moitié du xviie siècle.

308. N DAME DE FOY. La Vierge, couronnée, posée sur un piédestal, tient sur le bras droit l'Enfant Jésus, nimbé. ℞. Inscription disposée en six lignes : ·A·LABBAIE

---

1. Voir ci-dessus, p. 68.

·DE·RVISSEAWILLE 1627. Médaille d'argent, encadrée dans un large cercle qui lui donne l'apparence d'un petit reliquaire.

309. N·DAME·DE·FOY·. Cette légende est en sens inverse de la précédente; elle va de gauche à droite. Statue de la Vierge-Mère, aussi couronnée, appuyée contre un chêne dont on ne voit que le pied et la cime. ℞. Inscription arrangée aussi en six lignes: ·A· LABBAIE·DE·RVISSEAVILLE 1629. Médaille frappée sur un flan de cuivre [1].

310. Le sujet, la composition et la légende du droit sont les mêmes que ceux du n° 308, mais le style est plutôt celui du n° précédent. ℞. Saint nimbé, vêtu d'un rochet, tenant de la main droite un livre, et de l'autre une crosse. A-t-on voulu représenter ainsi saint Augustin, le chef de l'ordre du monastère ? Ne serait-ce pas plutôt un saint abbé? Quoique cette médaille, qui est de cuivre, n'offre pas la certitude d'attribution des deux précédentes, sa grande affinité avec elles prouve assez une origine commune. On pourrait cependant supposer, à cause du remplacement de l'inscription si précise du revers par un sujet assez vague, que cette médaille à seulement été frappée lorsque les religieux de Ruisseauville étaient retirés à Aire [2].

1. Cette pièce et la précédente, qui portent des dates différentes, ne semblent pas avoir été destinées à signaler un fait particulier ; voyons-y plutôt l'intention du monastère de dater les émissions de ses médailles.

2. Nous connaissons d'autres médailles à légendes françaises, de Notre-Dame de Foi, mais elles ne se rapportent pas au pèlerinage

311. N·DAME·DE·FOY. La statue de la Vierge-Mère, fixée sur un chêne bien touffu, sujet gracieux encadré dans une couronne de feuillage. Médaille estampée sur une feuille de cuivre, découpée de manière à laisser place à un trou servant de bélière.

Outre le pèlerinage à Notre-Dame de Foi, l'abbaye de Ruisseauville en avait un autre en l'honneur de Notre-Dame des Ardents ; il était aussi fort fréquenté [1], mais cette dévotion n'a pas fourni de médaille spéciale.

de Ruisseauville. L'une représente, au droit, la Vierge avec l'Enfant Jésus, debout sur un croissant, et au revers, saint Servais, l'illustre évêque de Tongres. Une autre, beaucoup plus grande, offre la même Vierge, entourée d'étoiles et de rayons ; à l'exergue se lit le mot *Roma*, qui ne doit pas signifier ici ce qu'il indique. On voit au revers saint François d'Assises, agenouillé à gauche, en extase devant le crucifix qu'il tient dans la main droite. Il convient de rappeler que les lieux de pèlerinage à Notre-Dame de Foi étaient assez communs dans nos contrées. Citons pour le département du Pas-de-Calais, après Ruisseauville, Étaples, Saint-Michel et Saint-Omer ; pour celui du Nord, Bailleul, Gravelines et Lille. En Belgique, le village de Foy, près de Dinant, avait aussi une dévotion semblable, à laquelle pourraient bien appartenir les deux médailles dont nous venons de parler, principalement la première.

1. Le P. Fatou, *Discours sur le Saint-Cierge d'Arras.* — *Sanctuaires de Notre-Dame-des-Ardents.*

XXXIV

SAINT-JOSSE

Médailles de saint Josse

Au milieu du viie siècle, vivait Josse ou Jodoce, que le Ponthieu devait prendre plus tard pour son patron ; il était fils et frère de rois de l'Armorique auxquels il devait succéder ; méprisant les grandeurs, il quitta sa patrie pour se consacrer entièrement à Dieu. Ordonné prêtre, le jeune prince accomplit divers pèlerinages lointains et se voua à la solitude ; il se retira en plusieurs lieux, se montrant partout un modèle parfait de toutes les vertus chrétiennes, et il mourut en sainteté. Laissons aux biographes du noble solitaire le soin de retracer la carrière de leur héros[1], pour ne nous occuper que de ce qui se rapporte à notre sujet.

[1]. La vie du patron du Ponthieu a été écrite par plusieurs auteurs, notamment par Alcuin, Abelly, Pascal Robin et Etienne Moreau. Il y a peu d'années, l'abbé Robitaille a publié, à l'usage des pèlerins, un intéressant livret sous ce titre : *Vie et pèlerinage de Saint-Josse-sur-Mer*. — On a distribué à ce pèlerinage une *Prière à saint Josse* et un *Cantique sur la vie de saint Josse.*

Dans son *Dictionnaire iconographique*, M. Guenebault décrit les principales gravures et images de saint Josse, ce qui nous dispense d'en parler ici. Nous citerons cependant une lithographie placée au commencement de l'ouvrage de M. Robitaille ; elle a été copiée sur une ancienne gravure dont on a choisi le sujet et la composition pour les médailles du pèlerinage.

La légende raconte qu'un jour, tourmenté par la soif,
Josse avait prié le Ciel de le secourir et, qu'ayant enfoncé
son bâton en terre, il en avait fait jaillir aussitôt une
source abondante. Elle ajoute que notre anachorète avait
fait bâtir deux petites chapelles, dédiées, l'une à saint
Pierre, l'autre à saint Paul[1]. Sur l'emplacement de l'une
des cellules de l'humble ermite s'éleva une église sous
son invocation, puis la célèbre abbaye de Saint-Josse-sur-
Mer, qui fut dirigée par l'illustre Alcuin. C'est en ce lieu
que les restes du noble Breton, déposés dans une châsse
fort remarquable et très-riche[2], étaient honorés et vénérés
par un nombre considérable de pèlerins qui y affluaient
de toutes parts. Il fallut la Révolution pour arrêter cet
élan des populations chrétiennes ; mais à peine les mauvais jours s'éloignaient-ils, qu'elles reprenaient avec un
nouvel enthousiasme le chemin de la retraite du thau-
maturge du Ponthieu. Ce pèlerinage, qui remonte au
milieu du VIIe siècle, est l'un des plus considérables de
nos contrées; il est encore si fréquenté qu'on évalue
à plus de dix mille les fidèles qui s'y rendent parfois en
un jour[3].

1. Le P. Cahier, *Caractéristiques des Saints*, pages 128 et 381.
2. Dans le catalogue de la bibliothèque du marquis Le Ver, nous
trouvons, sous le n° 1755, le procès-verbal tenu le 30 mai 1731, pour
la translation des reliques de saint Josse, d'une châsse dans une
autre, avec la description minutieuse de la nouvelle châsse.
3. L'abbé Robitaille, ouvrage cité ci-devant et *Annuaire du diocèse
d'Arras*, 1868, p. 225; 1869, p. 222. Chaque année l'abbaye de Flines,
située au-delà de Douai, payait soixante-quatre sols à un messager
de pied qu'elle envoyait en pèlerinage à Notre-Dame de Boulogne, au
Saint-Esprit de Rue et à Saint-Josse-sur-Mer. (Voir notamment le
compte de cette abbaye, pour l'année 1461, aux Archives départe-
mentales du Nord).

Si ce n'était donner à notre article une trop grande étendue, nous citerions, en commençant par Charlemagne, les principaux personnages qui vinrent honorer les reliques de saint Josse. Cependant il importe de dire qu'en 1459, le comte de Charolais, qui fut peu après Charles le Téméraire, visitait ces restes sacrés, et qu'à cette occasion, il faisait acheter d'abord quelques images ou enseignes du saint, dorées et blanches, payées cinquante-quatre sols ; puis quatre autres enseignes d'or, pour cinquante-six sols[1]. Il a donc existé autrefois, des enseignes ou médailles du pèlerinage de Saint-Josse, mais nous n'en connaissons aucune ; c'est une lacune à combler.

Nous sommes ainsi réduit à décrire les deux médailles suivantes, qu'en 1859, M. l'abbé Boigelot, curé de Saint-Josse, fit frapper en argent et en cuivre, afin de rendre plus populaires le pèlerinage et le culte du saint ermite.

312. SAINT JOSSE PRIEZ POUR NOUS. Le saint, dont la tête est entourée de rayons, est représenté en pèlerin ; il est coiffé d'un large chapeau breton, qui désigne sa patrie, et vêtu d'un ample manteau flottant, allusion à sa noble origine. Il tient à la main droite le long bâton de la légende, et, en l'autre, la cassette qu'il rapporta de Rome avec les reliques des apôtres Pierre et Paul. Il foule aux pieds un globe impérial, des couronnes et un sceptre. On voit à l'horizon l'église abbatiale et les clochers des

---

1. *Revue de la Numismatique belge*, année 1868, p. 79. Article de M de la Fons-Mélicocq, sur les *Médailles, enseignes et affiques de dévotion commandées par Philippe le Bon, duc de Bourgogne et le comte de Charolais.*

deux chapelles. ℞. Inscription en huit lignes : SAINT JOSSE PRINCE DE BRETAGNE PRÊTRE ET SOLITAIRE EN PONTHIEU 7ᴹᴱ SIÈCLE. Sur des exemplaires, on voit à l'exergue du droit les lettres L ⁫ initiale et finale du nom du fabricant.

313. Réduction de la médaille précédente ; elle n'a que 19 millimètres, tandis que l'autre en a 23.

Ce n'est pas seulement au pèlerinage de Saint-Josse-sur-Mer que ces deux médailles se vendent ; il s'en fait aussi un assez grand débit, le jour de la fête du saint, à Tortefontaine, au pèlerinage de Saint-Josse-au-Bois[1].

XXXV

SAINT-LAURENT-BLANGY

𝕸𝖊𝖉𝖆𝖎𝖑𝖑𝖊𝖘 𝖉𝖊 𝖘𝖆𝖎𝖓𝖙 𝕮𝖆𝖚𝖗𝖊𝖓𝖙

Ce village, qui n'est qu'à trois kilomètres d'Arras, a été formé d'un lieu nommé jadis Immercourt et du hameau de Blangy. L'église d'Immercourt a toujours été placée sous le vocable de saint Laurent, le diacre qui, vers le milieu du ɪɪɪᵉ siècle, fut étendu sur un gril et brûlé à petit feu. A une époque reculée, il s'y était établi, en l'honneur du saint, un pèlerinage qui a prospéré longtemps. De

---

1. Sur cette dévotion voir l'*Annuaire du diocèse d'Arras*, année 1869, p. 229.

toutes parts la foule des fidèles venait révérer et prier le
martyr ; de là, le nom du lieu fut remplacé à la longue
par celui du pèlerinage[1].

L'église de Saint-Laurent fut détruite, en 1640, après
la prise d'Arras, les Français ayant jugé qu'elle se trouvait trop près de la Place. Il est probable qu'elle fut rétablie provisoirement peu d'années après ; toutefois elle ne
fut reconstruite qu'en 1685[2]. Malgré ces vicissitudes, le
pèlerinage du glorieux diacre fut repris avec ferveur ; il
ne fut délaissé qu'à la Révolution. De nos jours, il est
complètement tombé en désuétude et l'on n'a, pour ainsi
dire, que deux médailles pour en rappeler le souvenir.

C'est qu'en effet, cette dévotion avait ses médailles
spéciales, comme le prouve cet article d'un compte de la
paroisse, fait en 1690 : « Acheté des images d'étaing pour
le jour de la fête de Saint-Laurent, trois livres. » Nous
possédons deux médailles différentes de ce culte local ;
elles ont été coulées en alliage d'étain et de plomb, au
XVIIe siècle. Ces pièces ont été trouvées à Arras ou dans
la banlieue ; elles ont bien le style artésien et sortent
d'une même fabrique. Le doute sur leur origine est d'autant moins possible, qu'il n'a existé en Artois, aucun autre
pèlerinage en l'honneur du diacre martyr[3]. Voici la description de ces médailles, qui sont rondes et entourées
d'un grènetis renfermé dans un cercle.

1. Le P. Ignace, *Dictionnaire du diocèse d'Arras*, t. III, p. 641. —
C. le Gentil, *Le Vieil Arras*, p. 622.

2. Communication de M. le curé Roger.

3. Nous trouvons bien que saint Laurent a été honoré aussi à Ans-
taing, Prémesque et Vicogne, villages qui dépendent du département du Nord, mais rien ne rattache nos médailles à ces localités.

314. Saint Laurent, vêtu en diacre ; il tient à la main droite un gril, et de l'autre, l'Évangile. ℞. S LAVREN ·, inscription en trois lignes, dont la première et la troisième se composent d'une seule lettre.

315. Saint Laurent, nimbé, tourné à gauche ; il tient encore le gril et l'Évangile ; sa tête est accostée des lettres S L, ses initiales. ℞. Saint Léonard, aussi nimbé et disposé de même, tenant des entraves à la main droite. Les lettres S L, initiales du saint, sont aussi placées près de sa tête ; à la gauche du martyr, on voit un suppliant à genoux. Au sujet de ce revers, rappelons qu'il existe depuis longtemps à Raches, près de Douai, en l'honneur de ce saint, un pèlerinage renommé et toujours très-fréquenté, dévotion qui nous a procuré une suite nombreuse de médailles.

Médaille de Notre-Dame du Bois

Sur le terroir de Saint-Laurent, près du village de Tilloy-lez-Mofflaines, existait un pèlerinage sous l'invocation de Notre-Dame du Bois, culte qui se rendait dans une grande chapelle d'un ermitage relevant de l'abbaye de Saint-Vaast. Cette dévotion, fort ancienne et très-répandue dans le pays, florissait encore au XVIIe siècle, mais elle se ralentit ensuite. Le meurtre de l'ermite, commis, en 1737, dans sa retraite, amena la démolition de l'ermitage et du sanctuaire[1].

1. Voir sur Notre-Dame du Bois : Gumppenberg, *Atlas Marianus*. —Le P. Ignace, *Recueil du diocèse d'Arras*, t. III, p. 447, et *Dictionnaire*, t. III, p. 641. — Harbaville, *Mémorial hist*, t. I, p. 133. — C. le Gentil, *Notre-Dame du Bois*.

Une belle médaille, que nous donnons sous le n° 316, consacre le souvenir de ce pèlerinage ; elle est en cuivre et a été frappée au commencement du siècle dernier. En voici la description : · N · D · DV BOIS. La Vierge, couronnée et nimbée, debout sur le croissant symbolique, porte sur le bras droit son divin Fils, aussi nimbé, et tient un sceptre de la main gauche. ℞. La sainte face, entourée d'un nimbe lumineux, telle qu'elle est représentée sur plusieurs médailles d'Arras. Cette pièce a été publiée dans notre *Essai sur la Numismatique de Saint-Vaast*, pl. IV, n° 6.

XXXVI

SAINT-OMER

Le nombre des médailles religieuses est souvent loin d'être en rapport avec l'importance des lieux qu'elles concernent. C'est ce qu'on remarquera pour Saint-Omer, ville qui, depuis bien des siècles, honore d'un culte spécial Notre-Dame des Miracles, saint Omer, évêque, et saint Bertin, abbé. Quand, en 1835, M. Alexandre Hermand a publié ses *Recherches sur les monnaies, médailles et jetons dont la ville de Saint-Omer a été l'objet*, le docte numismate ne connaissait aucune de ces médailles de piété. Aujourd'hui, si nous ne comptions celles qui ont été frappées depuis peu de temps, à l'occasion du grand pèlerinage de Notre-Dame des Miracles, nous en aurions à peine six à comprendre dans ce recueil. Ce sont : deux enseignes à la Vierge assise, une belle médaille aux types de Marie et de saint Omer, une quatrième concernant saint Bertin et deux représentant le Sauveur flagellé. Comme on le voit, ce n'est qu'une bien courte liste ; espérons que de nouvelles découvertes l'étendront bientôt.

Avant de décrire les médailles que comprend ce chapitre, nous tracerons brièvement l'historique des dévotions qui en ont été l'objet, en commençant par le pèlerinage de Notre-Dame des Miracles. C'est sous ce nom que la Vierge a été plus particulièrement honorée à Saint-Omer, depuis le xı⁰ siècle. Déjà à cette époque, les pèlerins affluaient à son autel, dans l'église collégiale de Notre-Dame ; au siècle suivant, la foule qui venait de tous côtés se prosterner au pied de la statue vénérée, était si grande, qu'elle interrompait la célébration des offices. C'est ce qui décida le chapitre à élever sur la Grand'Place une chapelle pour y mettre la madone. Ce sanctuaire, construit d'abord en bois, puis en pierre de taille, disparut en 1785. L'image révérée fut alors transportée solennellement à la cathédrale de Notre-Dame et placée dans une chapelle où l'on vient implorer la Reine du Ciel[1].

Chaque année, la neuvaine consacrée à Notre-Dame des Miracles et les solennités auxquelles elle donne lieu,

1. Le P. Couvreur, *Notre-Dame des Miracles à Saint-Omer.* — Deschamps de Pas, *Notre-Dame des Miracles à Saint-Omer.* — *Livret de la Confrérie de Notre-Dame des Miracles établie dans la ville de Saint-Omer.* — *Manuel de la Confrérie de Notre-Dame des Miracles et de la Congrégation des filles établie dans la cathédrale de Saint-Omer.* — *Notre-Dame de France,* t. ıı, p. 494.

ne cessent d'attirer une affluence considérable de pèlerins et de fidèles[1]. Le nombre en fut vraiment immense, en 1875, lors des fêtes grandioses célébrées à l'occasion du couronnement de la statue vénérée, cérémonies dont l'éclat fut rehaussé par la présence d'un cardinal, de deux archevêques et de trois évêques[2].

Au culte de Notre-Dame des Miracles se rattache celui de saint Omer. Cet illustre apôtre de la Morinie, qui fut évêque de Thérouanne, vers 637, évangélisa la contrée, notamment le lieu qui plus tard prit son nom. Il y fit élever, sous le vocable de Notre-Dame, une église où il fut inhumé. Sa tombe fut bientôt témoin de plusieurs miracles. La piété des habitants de la Morinie et surtout des Audomarois envers leur apôtre ne cessa d'augmenter, aussi sa fête a-t-elle été toujours célébrée avec magnificence. Chaque année, à cette époque, les paroisses de la ville et de la banlieue se rendaient en procession à la cathédrale, pour y vénérer les reliques du saint[3].

Pendant qu'Omer s'appliquait avec ardeur à la conversion du peuple de la Morinie, trois religieux, Mommelin, Bertin et Ebertramne, sortis, comme lui, de l'abbaye de Luxeuil, venaient à son aide. Ces compagnons d'apostolat s'établirent en un lieu qui fut plus tard nommé le Vieux Monastère. Mais ce cloître fut bien vite insuffisant, par

1. L'abbé Robitaille, *Annuaire du diocèse d'Arras*, de 1864 à 1880.
2. *Fêtes du couronnement de Notre-Dame des Miracles. — Une page d'histoire locale.* — L'abbé Robitaille, *Annuaire du diocèse d'Arras pour l'année 1876.*
3. *Acta Sanctorum Belgii selecta*, t. III, p. 598. — L'abbé Bailly, *Vie de saint Omer. — Etrennes religieuses.*

suite de l'arrivée de nombreux disciples ; il fallait en construire un autre. Bertin s'embarque sur une nacelle qu'il laisse errer sur les eaux de l'Aa ; elle aborde dans l'île de Sithiu. C'est là que la Providence lui dit de s'établir : il y fonde un couvent, berceau du célèbre monastère audomarois, dont il sera le premier abbé et qui portera son nom. Ajoutons qu'après avoir pratiqué les plus hautes vertus chrétiennes et en avoir donné l'exemple à tous ceux qui l'entouraient, le serviteur de Dieu reçut au Ciel la récompense due à ses œuvres. Sur la tombe de saint Bertin s'opérèrent un grand nombre de guérisons miraculeuses, aussi le culte qui lui fut rendu ne se ralentit pas pendant près de onze siècles. La fête principale du saint était toujours célébrée avec une solennité remarquable : en ce jour et pendant l'octave qui le suivait, les fidèles venaient en foule honorer et invoquer le saint abbé[1].

Il nous reste à dire un mot d'un culte autrefois en grande ferveur à Saint-Omer : c'est la dévotion au Sauveur flagellé. Cette piété, qui donna naissance à une ancienne et importante confrérie instituée sous ce titre, appelait en l'église du Saint-Sépulcre, à la chapelle de Jésus flagellé, notamment le vendredi saint, un grand nombre de fidèles qui venaient y prier le Sauveur.

Voici les médailles que ce chapitre concerne :

Médailles de Notre-Dame des Miracles et de Saint-Omer

Nous attribuons au pèlerinage de Notre-Dame des

---

1. H. de Laplane, *Les Abbés de Saint-Bertin.* — L'abbé Destombes, *Les Vies des Saints.*

Miracles les deux enseignes suivantes, qui datent de la
seconde moitié du xvᵉ siècle. Ces plaques carrées, estampées sur de minces lames de cuivre, appartiennent certainement à la contrée, comme l'indiquent leur style et
leur forme.

317. Dans un cercle perlé, la Vierge, couronnée, assise
sur un large trône, tient sur le bras droit l'Enfant Jésus,
nimbé. Enseigne trouvée à Saint-Omer.

318. Variété ne différant que par des détails du siége
et par la forme du nimbe qui est ici crucifère. Enseigne
du cabinet de M. de Gournay, provenant de Thérouanne.

Nous avons maintenant à décrire une médaille fort
intéressante et l'une des plus remarquables de ce travail,
rareté dont nous devons la précieuse communication à
M. Albert Legrand. Cette médaille d'argent, assez mince,
a été frappée dans la seconde moitié du xviiᵉ siècle ; elle
est l'œuvre d'un orfévre audomarois du nom de Beevere.
Nous la publions sous le nº 319. Dans un encadrement
formé de deux cercles, l'un simple, l'autre avec grènetis,
on voit Notre-Dame des Miracles, couronnée, vêtue d'un
manteau très-large, tenant sur le bras gauche l'Enfant
Jésus, aussi couronné, et ayant un sceptre à la main
droite. Ce sceptre se termine par trois grandes feuilles,
dont une avec étamine en forme de rayon. La madone
est posée sur un socle cintré, composé de trois lignes.
En exergue est le nom du fabricant : BEEVERE F *(Beevere
fecit)*. ℞. SINT ODOMARIS *. Dans un encadrement formé
d'un grènetis entre deux lignes, saint Omer, mitré et vêtu
d'un large manteau, tient à la main droite sa crosse pen-

chée. A sa gauche, une petite figure le supplie à genoux[1].

Les sept médailles suivantes ont été frappées en grand nombre, tant en argent qu'en cuivre, depuis une vingtaine d'années, pour le grand pèlerinage annuel de Notre-Dame des Miracles et à l'occasion du couronnement solennel de la statue révérée.

320. NOTRE DAME DES MIRACLES PROTÉGEZ NOUS. La madone est ici représentée telle qu'elle est exposée à la cathédrale de Saint-Omer : elle est assise, couronnée, tenant sur le genou gauche l'Enfant Jésus, et à la main droite, un sceptre se terminant en fleur de lis. ℞. S^T OMER PRIEZ POUR NOUS. Le saint, mitré, est assis ; il bénit et tient sa crosse devant lui. Médaille de 21 millimètres.

321. La même médaille réduite à 17 millimètres.

322. Autre plus récente, aux mêmes types légèrement variés ; elle est de 23 millimètres.

323. Le droit est celui du n° précédent. ℞. Dans une couronne de roses et de lis, on lit cette inscription en six lignes : COURONNÉE AU NOM DU SS. PIE IX. S^T OMER 18 JUILLET 1875.

324. Même médaille que le n° 322, mais elle est de 17 millimètres.

1 Parmi les gravures et images de Notre-Dame des Miracles que réunit notre collection, se trouve une planche in-folio qui représente, dans un encadrement ovale soutenu par des anges, la Vierge audomaroise, couronnée, portant long voile et manteau, tenant son Fils et un sceptre. Au bas, sont un pèlerin, un vieillard, une mère avec son nouveau-né et un enfant. Inscription : *Nostre Dame des Miracles honnorée dans la ville de Saint-Omer MDCXCIII* ; elle est placée entre deux écussons, l'un aux armes du chapitre de Notre-Dame, l'autre à celles de la ville.

Il existe une variété plus nouvelle, qui n'offre que des différences bien légères.

325. Droit du n° précédent; quant au revers, il est le même que celui du n° 323, sauf le module.

326. ⋆ N. D. DES MIRACLES PRIEZ POUR NOUS ⋆ Le même type de la madone. A l'exergue : S^T OMER. ℞. S^{IR} DU COURONNEMENT DE N. D. DES MIRACLES DE S^T OMER ⋆; légende avec grènetis intérieur encadrant une couronne. Ce pieux souvenir, porté comme médaille de dévotion, est de forme ronde et n'a que 13 millimètres.

On ne connaît pas de médaille au nom seul de saint Omer. Cependant il existait, au milieu du xve siècle, des enseignes d'or, de vermeil et d'argent, particulières au culte du saint, et qui représentaient son chef. C'est ce que M. Deschamps de Pas a découvert dans un compte de la fabrique de l'église collégiale de Saint-Omer pour 1461-1462, dont il vient de nous envoyer très-obligeamment un extrait. Ce document précieux et important sera publié à la fin de cet article. Les enseignes de saint Omer avaient probablement beaucoup de rapport avec celles que nous avons décrites à l'article de Clarques et avec la grande enseigne qui sera ci-après donnée à Thérouanne; elles provenaient sans doute du même atelier.

Médaille de saint Bertin

Le fondateur de la célèbre abbaye de Saint-Omer est presque toujours représenté dans un bateau voguant sans voile, ayant un disciple d'un côté, et de l'autre, soit un disciple, soit un ange[1]. C'est ainsi qu'on le voit sur des méreaux du monastère. Nous pouvons donc attribuer à la dévotion envers ce saint la médaille décrite ci-après, trouvée à Thérouanne ; et c'est avec d'autant plus de raison, qu'elle appartient à la contrée par son style, sa forme et sa provenance.

327. Religieux nimbé, portant longue chevelure et large chapeau, debout dans un bateau flottant sans agrès ; il tient un objet ressemblant à un calice. A sa droite, est un rameur, et à sa gauche, un timonier. Petite médaille de la première moitié du xvi⁰ siècle, estampée sur une mince feuille de cuivre.

Médailles du Sauveur flagellé

Les deux médailles dont la description termine ce chapitre, sont attribuées au culte audomarois du Sauveur flagellé. Ce qui justifie, selon nous, cette attribution, c'est que jusqu'ici ces pièces ne se sont trouvées qu'à Saint-Omer ; que, par leur style et leur frappe, elles paraissent y avoir été fabriquées par l'orfévre Beevere, et qu'elles reproduisent exactement la statue vénérée à l'église du Saint-Sépulcre[2].

1. Voir notamment la vignette des titres de plusieurs ouvrages sortis des presses audomaroises de Fertel, entre autres : *La science pratique de l'imprimerie.*

2. Nous avons donné, aux articles de Carvin, de Conteville et de Merck-Saint-Liévin, des médailles représentant l'*Ecce Homo.* Nous en possédons d'autres au même type, qui se rattachent à des dévotions de Lille et de Valenciennes ; nous en avons encore plusieurs offrant le même sujet, dont l'attribution est au moins fort difficile, si

328. SAVVEVR FLAGELLE. Le Rédempteur, couronné d'épines, ayant sur les épaules le manteau de pourpre, tel qu'on le représente en *Ecce Homo*.

329. Variété, de la collection de M. Deschamps de Pas; ici le Sauveur tient entre les mains un roseau comme sceptre.

Ces deux médailles, dont les types sont répétés pour les revers, ont été frappées dans la seconde moitié du XVIIe siècle et sont en argent.

Voici le texte du document sur les enseignes de saint Bertin :

« Victor Maes orfévre a livré en grandes enseignes du chief Mons. St Aumer, en avril IIII^c LIX avant Pasques, IIII^XX VI pesant V onches II estrelins et demi au pris de XXIIII^s lonce et dicelles a doré XXX enseignes dont pour le dorure il a eu XX^d de la pièce, lesquelles ont esté vendues : Est assavoir les dorées IIII^s le pièce et les blances II^s le pièce. Et ainsy monte le gaine tout rabattu CIII^s. Item a livré XXXIII enseignes et en doré le XI au pris dessus pesant I^c VIII estrelins vendues comme les dessusd. Et gaigné XXXVI^s. Item a livré le XIIIIe jour de juing LXI, XVI grandes enseignes et XLI petittes pesans une onche demie et demi zizain et dicelles dorées XII petittes dont il a eu XV^d de le pièce et dud. argent XXVI^s de lonce. Mises après les grandes blances à II^s pièce, les dorées petittes à II^s et les petittes blances à XII^d. Ainsi gaigne se tout est vendu XXVII^s IX^d. Item depuis a livré XII grandes et XV petittes et doré les XII grandes et XII petittes dont il a eu le pris avant dit pesans XVII esterlins. Et se touttes

elle n'est presque impossible. On sait combien la dévotion au Sauveur flagellé ou à Dieu flagellé a été répandue dans tout le nord de la France.

estoient vendues, y auroit gaigne xviii^s. Et sy a livré le jour
de déposition St Aumer lxii, liii petittes enseignes pesans
une onche au pris de xxvi^s lonce comme dessus. Et quant
toutes seront vendues doit avoir gaigné xxvii^s.

» Montent ces parties de gaigne. . . . . x^l xi^s ix^d.

» De laquelle gaigne fait a déduire ce que Messrs ont doné.
Primo, à Monsr le Daulphin à présent Roy de France, une
enseigne de fin or pesant en or seul xxvi^s vi^d. It. pour le
faichon iii^s. It. pour vi enseignes dorées à ses serviteurs
xxiiii^s. Item à Mons. le bailli de St Aumer une dorée, à
maistre Extasse Leulier. une dorée It. aux advocat et procureur de Flandres ii dorées. Sont xvi^s. It. le premier jour que
les enseignes furent touchiés, fu donné au prestre qui les
toucha, une blance, aux deux eschevins y estans présens, à
chacun une blance. Et au maistre carpentier pour descendre
et avaler le chief une, sont iiii qui valent viii^s.

» Montent ces parties . . . . lxxvii^s vi^d.

(Sur le gain, on a payé le bois d'une petite *flerte*, montant
à xxxiiii^d).

» Item sire Jehan le Normant a encoire des enseignes
dessusd. en garnison, cy remises pour ce quelle ne sont point
vendues. Est assavoir : deux dorées grandes. Item xxiiii
grandes blances et xlvii petittes qui sont au pris dessusd. ci^s.

» Montent ces parties qui sont à déduire . x^l xii^s vi^d. »
(Reste à porter en compte ix^d).

XXXVII

SAINT-POL

Médaille du Saint-Esprit

On connaît des monnaies du xii° siècle et du xiii° frappées à Saint-Pol par quelques-uns de ses comtes ; il existe aussi un certain nombre d'anciens jetons de plusieurs de ses seigneurs. Mais cette richesse ne s'étend pas jusqu'aux médailles de piété de cette ville ; nous ne pouvons en signaler qu'une, et encore est-elle de bien faible importance et ne date que de quelque quarante ans. Elle est petite, ronde et à bélière ; d'un côté, dans une couronne légère, se lit cette inscription disposée en trois lignes : PELERINAGE DU Sᵗ ESPRIT—Sᵗ POL ; de l'autre, on voit le Saint-Esprit, entouré de rayons formant une étoile à huit branches (N° 330).

Cette médaille, dont le seul exemplaire que nous connaissions, qui est en argent, est attaché au signet d'un missel de l'hospice de Saint-Pol, a été frappée à l'occasion du pèlerinage de cette ville, établi en l'honneur de la Divinité, sous le nom du Saint-Esprit. Ce pèlerinage a lieu depuis bien longtemps dans une ancienne chapelle assez vaste, située en haut de la rue d'Hesdin. Ce lieu de dévotion appelait autrefois un nombre considérable de fidèles ; il est encore bien fréquenté de nos jours par les habitants des villages voisins de la ville, pendant l'octave commençant le jour de la Pentecôte.

La médaille qui nous occupe a dû être surtout frappée en cuivre ; elle se vendait à la porte de la chapelle.

———— ✳ ————

XXXVIII

SAINT-VENANT

———— ✳ ————

Médaille de saint Venant

La petite ville de Saint-Venant, qui nous offre des monnaies seigneuriales, une monnaie de siége et des médailles historiques, nous fournit encore une intéressante médaille de piété, sujet de ce chapitre.

Nous avons déjà parlé de saint Venant, à l'article d'Isbergue, ce qui nous permettra d'abréger ce que nous avons à en dire. Ce saint, issu d'une grande famille de Hainaut, quitta la carrière des armes pour se consacrer entièrement au service de Dieu ; il se retira dans la forêt de Wastelau, où il vécut en ermite, dans la pratique de toutes les vertus chrétiennes. Choisi par sainte Isbergue, fille de Pépin le Bref, pour la former à la vie spirituelle, il la dirigea dans les voies de la perfection ; ce fut la cause de sa mort. Venant eut la tête tranchée par des sicaires qui jetèrent son corps dans la Lys. Bientôt après, des guérisons miraculeuses, opérées par son intercession, le faisaient mettre au nombre des saints[1].

La retraite de l'humble solitaire fut remplacée par une chapelle, berceau de la ville qui porte le nom de ce martyr. Pendant bien des siècles, on vit arriver en ce lieu une foule de fidèles qui venaient implorer la puissante protection du saint, principalement le dix octobre, jour de sa fête[2]. Ce culte, arrêté par la Révolution, ne s'est relevé que faiblement ; de nos jours, il est presque tombé en désuétude.

Comme souvenir de cette dévotion, nous pouvons citer une petite gravure aussi curieuse que rare, de notre collection[3], et la médaille dont la description va suivre.

331. · S · VENANT · PRIES · POVR · NOVS ·. Légende entre deux lignes circulaires. Le saint, nimbé, vêtu en anacho-

1. Malbrancq, *De Morinis*, t. II, pages 88 et 161. — *Petit abrégé du chronique de la ville de S. Vcnant*, grande feuille in-folio. — Hennebert, *Histoire générale de la province d'Artois*, t. II, pages 113 et 157. — L'abbé Van Drival, *Légendaire de la Morinie*, p. 271. — Le même, *Courtes notices sur les saints*. p. 100. — L'abbé Destombes, *Les vies des saints*, t. III, p. 168. — Béghin, *Histoire de la ville de St-Venant*, p. 22.

2 Mêmes sources.
Par bulle du 21 avril 1514, le pape Léon X a octroyé des indulgences aux fidèles qui visiteraient la chapelle de saint Venant.

3. Il n'est pas sans intérêt de décrire ici cette image. Elle représente saint Venant, à mi-corps, à droite, ayant une auréole ; il est vêtu en ermite, porte longue barbe et capuchon, et tient d'une main, un livre, de l'autre, une épée avec un bouclier. Au bas est cette inscription : *S. Venant hermite et martyr. Son corps est encor aviovrd'huy en la ville de S· Venant en vne chapelle dediee en son nom et on y vient le servir povr mal de tête, fievres, galles, ecrovelles, et lon celèbre solennellement sa fête le dixiéme du mois d'octobre.*

rête, tient à la main droite un livre ouvert, allusion à sa piété, de l'autre, une épée baissée, qui rappelle son renoncement à l'état militaire. ℟. ITISBERGVE·PRIE·POVR NOVS. Cette légende est disposée comme celle du droit. Sainte Isbergue, appelée quelquefois Itisbergue, est ici représentée nimbée, portant un long voile, tenant une anguille de la main droite, et un livre ouvert, de l'autre. La sainte est entourée de quatre fleurs de lis, en signe de sa noble extraction. Cette médaille, garnie d'un anneau et de trois globules extérieurs, a été coulée en étain, au xviiᵉ siècle. Elle fait partie de la collection de M. Deschamps de Pas et a été publiée dans notre *Numismatique béthunoise*, sous le nᵒ 9 de la planche xx. La corrélation des deux sujets de cette médaille indique assez qu'elle concernait aussi bien le pèlerinage d'Isbergue que celui de Saint-Venant. On peut donc avancer qu'elle se vendait dans ces deux localités[1].

1. On trouve souvent dans la contrée des médailles italiennes de saint Venant, le jeune martyr dont les reliques sont conservées en grande vénération dans la ville de Camerico, sa patrie Elles le représentent nimbé, en pied ou à mi-corps, portant l'étendard de la foi et protégeant sa ville. On comprendra qu'elles n'ont aucun rapport avec le pèlerinage de Saint-Venant.

XXXIX

SALPERWICK

Médaille de Notre-Dame de Bonne-Fin

Le culte de Notre-Dame de Bonne-Fin existe de temps immémorial dans l'église de Salperwick, ancien village à quelques kilomètres de Saint-Omer. Il fut l'objet d'un pieux pèlerinage que le pape Alexandre III enrichit d'indulgences; de nombreux fidèles s'y rendaient de toutes parts pendant la neuvaine qui commençait le jour de l'Assomption[1]. Sur l'autel de la chapelle dédiée à la Vierge, était placée sa statue révérée, exposée à la vénération publique. La modeste église ne trouva pas grâce auprès de la Révolution, mais elle fut reconstruite bientôt après, avec le généreux concours des habitants. Quant à la sainte image, après avoir échappé aux profanations de la Terreur, elle fut solennellement placée dans le nouveau sanctuaire qui lui avait été préparé; elle y reçut avec une ferveur croissante, les hommages de ses visi-

---

1. Dans ses *Petites histoires de l'arrondissement de Saint-Omer*, M. Piers a donné sur cette commune une intéressante notice, où il est question de ce pèlerinage. On y lit, à la page 25, que les abbés de Saint-Bertin ont eu longtemps en ce lieu une maison de plaisance.

teurs jusqu'en 1830. A cette époque, la dévotion se ralentit ; plus tard, elle reprit un nouvel essor[1].

Nous ignorons si l'on a fabriqué autrefois des médailles pour ce pèlerinage ; nous savons seulement que, depuis 1659 jusqu'ici, l'on a vendu des images de Notre-Dame de Bonne-Fin, destinées à propager cette piété[2]. Dans le désir de raviver et de propager le culte de la puissante Médiatrice, M. Dumetz, curé actuel de Salperwick, a fait graver récemment par M. Mayaud, de Paris, la médaille décrite ci-après. Cette pièce, qui est de cuivre, a été frappée au nombre de quatre mille exemplaires ; elle se vend surtout aux pèlerins durant la neuvaine. En voici la description, sous le n° 332.

.N. DAME DE BONNE FIN P. P. NOUS. La Vierge, couronnée, portant sur le bras gauche l'Enfant Jésus, aussi couronné, et tenant un sceptre en la main gauche, est posée sur un croissant que supporte un piédestal. On voit à sa droite saint Bertin, à genoux, ayant dans les mains l'Évangile ouvert et la crosse ; à sa gauche, est saint Liévin, agenouillé, tenant une tenaille au bout de laquelle est sa langue, et la croix à double croisillon. ℞ L'inscription suivante, disposée en huit lignes, et terminée par un trait orné : N. D. DE BONNE FIN A SAL.-PERWICK PRÈS St OMER P. P. NOUS.

1. Renseignements fournis obligeamment par M. le curé de Salperwick. En 1840, a été instituée aux mêmes fins en l'église de cette commune une confrérie qui a ses statuts et son livret. La brochure, imprimée à Saint-Omer par Guermonprez, a pour titre : *Confrérie de Notre-Dame de Bonne-Fin, érigée en l'église de Salperwick.*

2. La planche de cuivre qui a servi et sert encore à tirer ces images, appartient à la fabrique de l'église.

XL

THÉROUANNE

Que de souvenirs rappelle l'antique capitale des Morins, cette cité tant de fois prise et saccagée depuis Constantin le Grand jusqu'à Charles-Quint ; ce siége épiscopal qu'illustrèrent tant de saints évêques, un pape et huit cardinaux. La ville, détruite et rasée en 1553, a disparu, ne laissant que le souvenir de sa grandeur passée.

On pourrait croire qu'un lieu si important, qui nous a laissé des monnaies carlovingiennes et plus de 300 méreaux[1], devrait nous offrir encore une suite intéressante de médailles religieuses. Il n'en est pourtant pas ainsi. Mais il ne faut pas oublier que ces pièces ont été généralement peu nombreuses avant 1553. A l'article de Clarques, nous avons donné deux belles enseignes attribuées à l'abbaye de Saint-Jean-au-Mont, située autrefois sur le territoire de cette ville. Nous n'avons à décrire ici que deux enseignes, l'une de la sainte face, l'autre de saint Quentin, et une médaille bien moderne de Notre-Dame Panetière. Il nous eût été facile d'en ajouter d'autres, mais, comme les attributions en auraient été trop douteuses, nous avons préféré les omettre.

---

1. V. Dewismes, *Catalogue raisonné des Monnaies du comté d'Artois.* — Deschamps de Pas, *Notice descriptive des Méreaux trouvés à Thérouanne.*

Médaille de la sainte face

La dévotion à la sainte face, si répandue dans la contrée, fut en grande ferveur à Thérouanne. C'est pourquoi nous attribuons à cette ville une grande et belle enseigne ronde, du milieu du xv⁰ siècle, estampée sur une mince lame de cuivre. Cette intéressante médaille, trouvée dans les ruines de Thérouanne, appartient certainement à la Morinie par son style et sa fabrique ; de plus, il existe une analogie frappante entre cette pièce et les deux enseignes de Clarques, malgré la différence des types. Voici cette médaille :

334. ✠ SALVE ✠ SANCTA ✠ FACIES ✠ VVL-CVS ✠ REDENCORIS. Cette légende est entourée d'un double cercle de grènetis ; elle encadre la face du Rédempteur, placée au milieu de quatre larges fleurs de lis, disposées en forme de croix.

Médaille de saint Quentin

Thérouanne avait autrefois un pèlerinage en l'honneur de saint Quentin, le sénateur romain qui souffrit le martyre dans le Vermandois, sous l'empereur Maximilien. On attribue à cette dévotion une petite médaille ronde, composée de deux côtés semblables, frappés sur deux minces feuilles de cuivre réunies par un cercle avec bélière. Cette enseigne offre, entre les initiales S Q, le buste du martyr, nimbé, dont les épaules sont percées de deux grands clous. Notre n⁰ 334 la reproduit. Un exemplaire presque semblable a été publié par M. Deschamps de Pas, sous le n° 107 de sa *Notice descriptive des méreaux trouvés à Thérouanne.*

Le même sujet se retrouve sur des enseignes découpées, en cuivre coulé, munies de bélières, mais ces pièces ne se rencontrent pas seulement à Thérouanne ; nous en avons qui proviennent d'Arras, de Lille et de Cambrai. Il nous suffira de le rappeler ici.

Médaille de Notre-Dame Panetière

On a longtemps supposé que la statue de Notre-Dame Panetière, vénérée à Aire-sur-la-Lys, y avait été apportée de Thérouanne, en 1553, après le sac de cette ville. Cette supposition n'est pas fondée, ainsi que l'ont prouvé M. Jules Rouyer[1] et l'abbé Topping[2]. Néanmoins, s'inspirant de l'ancienne tradition, et dans l'ardent désir de raviver la piété de ses paroissiens envers la Vierge, sous le titre de Notre-Dame Panetière, l'abbé Houvenaghel, desservant de Thérouanne, fit placer, vers 1815, dans son église, une statue copiée sur celle d'Aire. Il répandit en même temps parmi les fidèles une petite gravure représentant la nouvelle madone[3], et leur fit distribuer la médaille dont voici la description :

335. DIVA MATER PANARIA O. P. N. La Vierge, couronnée, portant un long voile, est posée sur un croissant.

1. *Notre-Dame Panetière*, p. 15.

2. *Souvenir de la neuvaine et de la procession de Notre-Dame Panetière*, p. 12.

3. Cette gravure nous montre la madone posée sur un croissant, portant couronne et long voile, ayant une clef à la main gauche. Sur le socle, à deux colonnes, on lit : *Diva Mater Panaria o. p. n. Vraie image de N. D. Panetière vénérée dans l'église paroissiale de Thérouanne.*

℞. NOTRE DAME PANETIÈRE A THÉROUANNE, inscription en cinq lignes. Les deux côtés sont entourés d'un grènetis entre des lignes. Cette médaille, qu'on rencontre assez souvent, a été publiée par M. Deschamps de Pas, dans sa *Notice descriptive des méreaux trouvés à Thérouanne*, n° 119, p. 56.

— ✦ —

XLI

TOURNEHEM

Notre-Dame de la Forêt

On remarquait autrefois dans la forêt de Tournehem un vieux hêtre dont le tronc renfermait une statue de la Vierge. Pendant longtemps les habitants du village et des environs vinrent y implorer la protection de la Consolatrice des affligés. En 1713, l'arbre séculaire fit place à une chapelle construite en forme d'hémicycle, où la foule se rendait en pèlerinage, surtout pendant une neuvaine spéciale. Cette dévotion continua ainsi jusqu'à la Révolution ; le sanctuaire délaissé alors, tomba bientôt en ruines. Mais l'image vénérée avait été mise en sûreté ; elle reparut après le concordat et fut déposée à l'église de Tournehem, où elle resta jusqu'en 1819. En cette année, la madone fut portée solennellement, au milieu d'un immense concours de fidèles, à la chapelle que la piété venait de reconstruire. Depuis lors le culte de Notre-

Dame de la Forêt n'a cessé d'être l'objet d'une vive dévotion[1].

Il n'est pas probable que ce pèlerinage ait eu ses propres médailles au siècle dernier, car on n'en connaît pas. La seule à donner ici ne date que d'un demi-siècle ; elle a été frappée en argent et surtout en cuivre. En voici la description, sous le n° 336, qui est le dernier : La Vierge, couronnée, gracieusement placée sur des nuages, tient sur le bras droit l'Enfant Jésus, aussi couronné. Le revers est occupé par l'inscription suivante, disposée en quatre lignes : NOTRE DAME DE LA FORÊT DE TOURNEHEM, PRIEZ POUR NOUS.

WIERRE-EFFROY, village du Boulonnais, semblerait devoir être compris dans notre travail, car c'est là que naquit, vers l'an 1049, sainte Godeleine ou Godelive, épouse de Bertolf, seigneur de Ghistelles. Son mariage, qui fut un long martyre, eut une fin tragique : vers 1070, le mari faisait étrangler sa femme par deux de ses serviteurs. C'est la scène que représentent les diverses médailles que nous possédons de cette sainte. Toutes concernent spécialement la petite ville de Ghistelles, du diocèse de Bruges, et en particulier le culte édifiant qui s'y rend depuis huit siècles à sainte Godeleine ; nous n'avons donc pas à nous en occuper autrement ici.

1. *Notre-Dame de France*, t. II, p. 487.

Nous ne terminerons pas notre travail sans exprimer notre vive gratitude aux personnes qui ont bien voulu y contribuer par leurs renseignements précieux. Nous recevrons avec reconnaissance toutes nouvelles communications, en nous promettant de les mettre à profit dans un supplément que cet ouvrage rendra bientôt nécessaire.

FIN

TABLE DES MATIÈRES.

G.Lavalette.del.' á sculp.'

Sᵗ NAZAIRE.

13

14

15

16

17

18

19

20

21

22

SAINT NAZAIRE PRIEZ POUR NOUS

G L

St NAZAIRE.

23

24

25

26

27

St JACQUES LE MAJEUR. —— St JEAN-BAPTISTE.

28
C D

29
C

30
C

31
C

32

33
C

34
C

35
C

36
C

37
A

38
A

39
A

G L.

ST JEAN-BAPTISTE.

S.ADRIEN. — MÉDAILLE DU SIÉGE DE 1641.

46

℞

47

℞

48

℞

49

℞

50

C

NOTRE-DAME-PANETIÈRE.

51

52

53

54

55

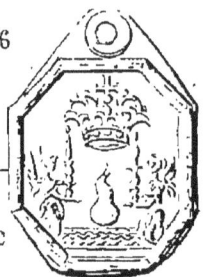
56

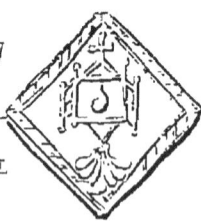
57

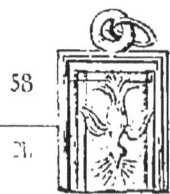
58

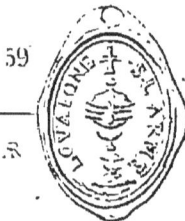
59

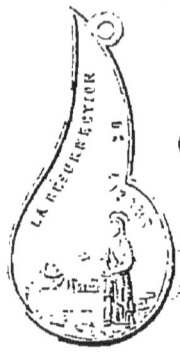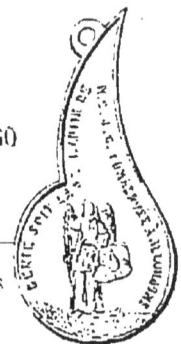
60

LA SAINTE LARME.

61

PL

62

PL

63

PL

64

Æ

LE Bⁱ BENOIT-JOSEPH LABRE.

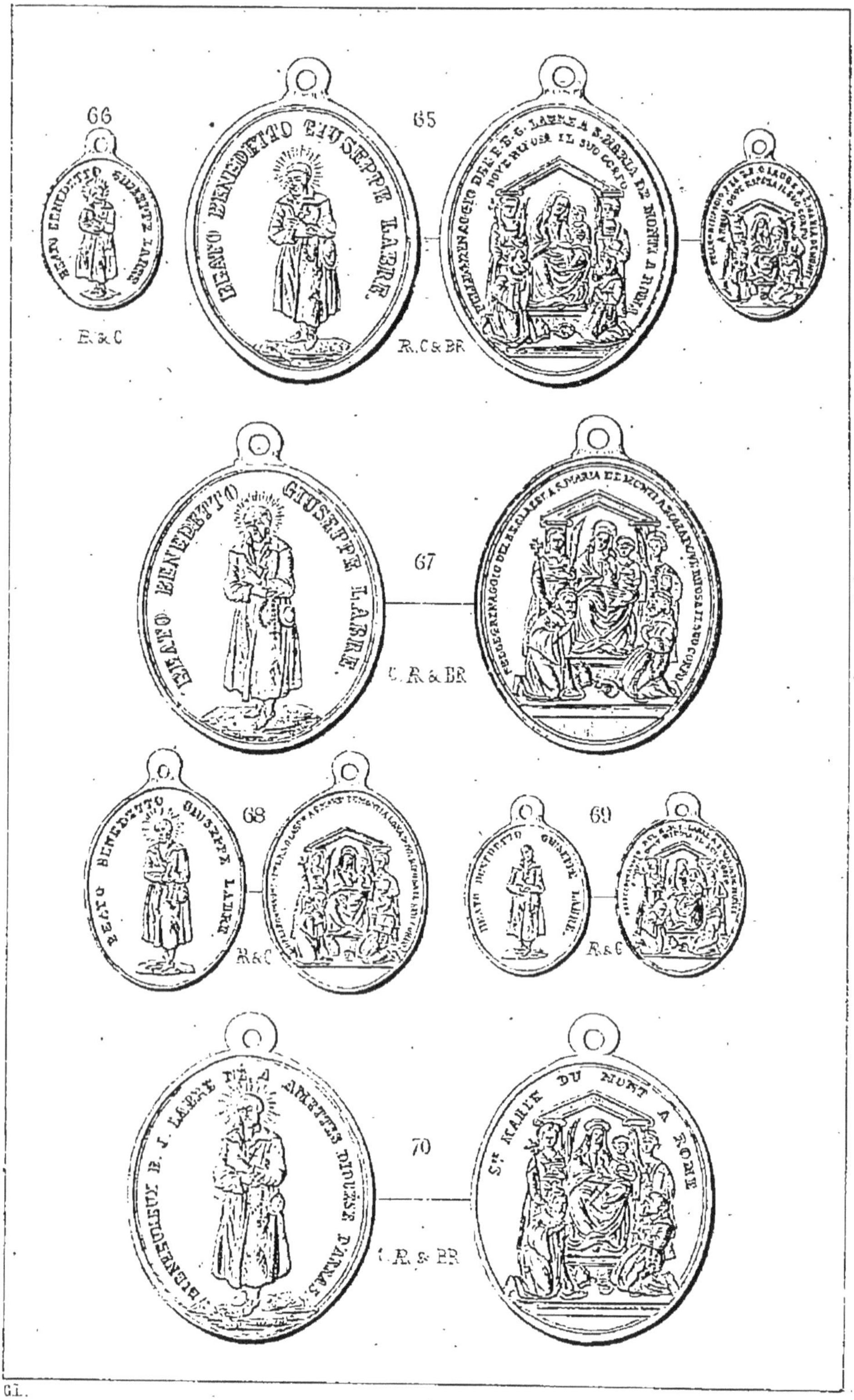
66
65
R. & C
R. C & BR
BEATO BENEDETTO GIUSEPPE LABRE
67
C. R & BR
68
R & C
69
R & C
70
C. R & BR
S^TE MARIE DU MONT A ROME

G.L.

LE B^X BENOIT-JOSEPH LABRE.

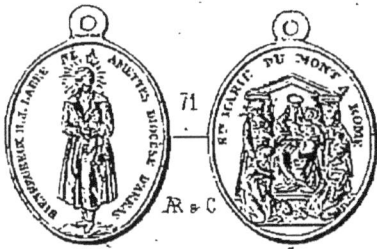
71
R & C

72
R & C

73
R & C

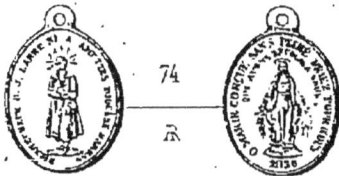
74
R

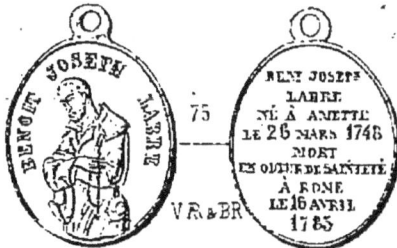
75
V R & BR

76
R & C

77
R

LE B^x BENOIT—JOSEPH LABRE.

78

C

79

R.

30.

R.

81

C

ST IGNACE.

82

83

R

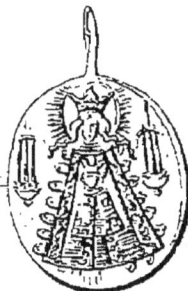

84

C

85

PL

86

PL

87

PL

88

PL

GL.

LE CALVAIRE.

LE CALVAIRE.

99

100

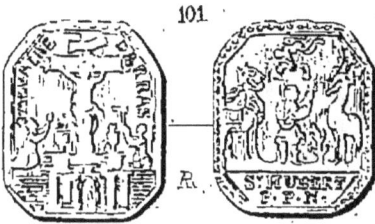

101

102

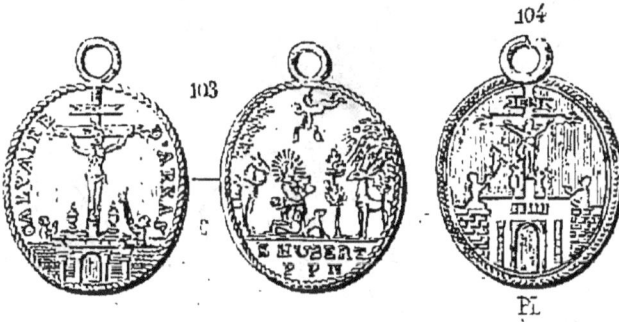

103

104

105

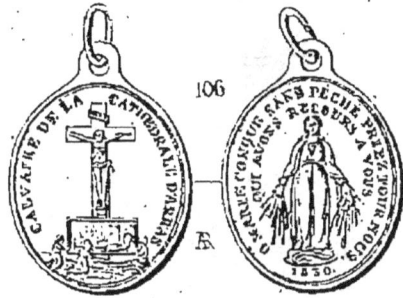

106

LE CALVAIRE.

107

Æ

108

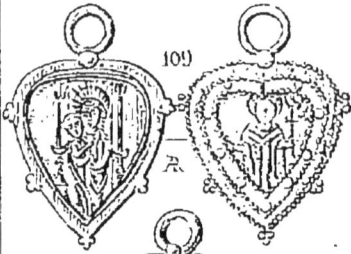

109

Æ

110

Æ

111

Æ

112

Æ

113

Æ

114

Æ

115

Æ

GL

. LA SAINTE MANNE. — LA SAINTE CHANDELLE.

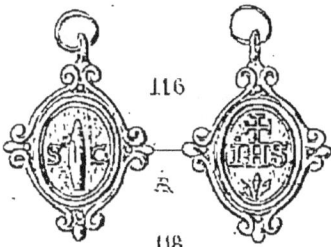

116

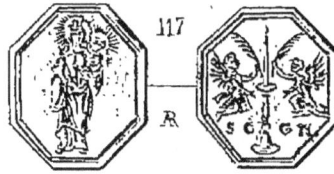

117

118

119

120

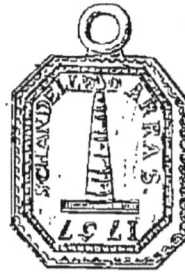

121

122

123

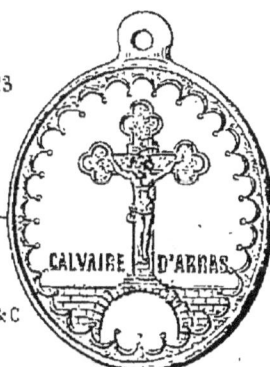

124

125

GL.

LA SAINTE CHANDELLE.

126

127

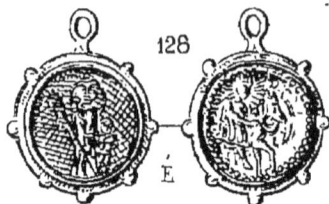

128

129

130

131

132

133

134

135

136

St MARCOU.—St VAAST.

137

C

138

C

139

C

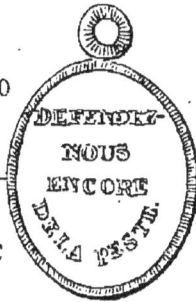

140

C

141

R & C

142

FL

143

C

GL.

Sᵀᴱ APOLLINE.

Sᵀ ELOI.—NOTRE-DAME DU PERROY.—Sᵀᴱ VILGEFORTE.

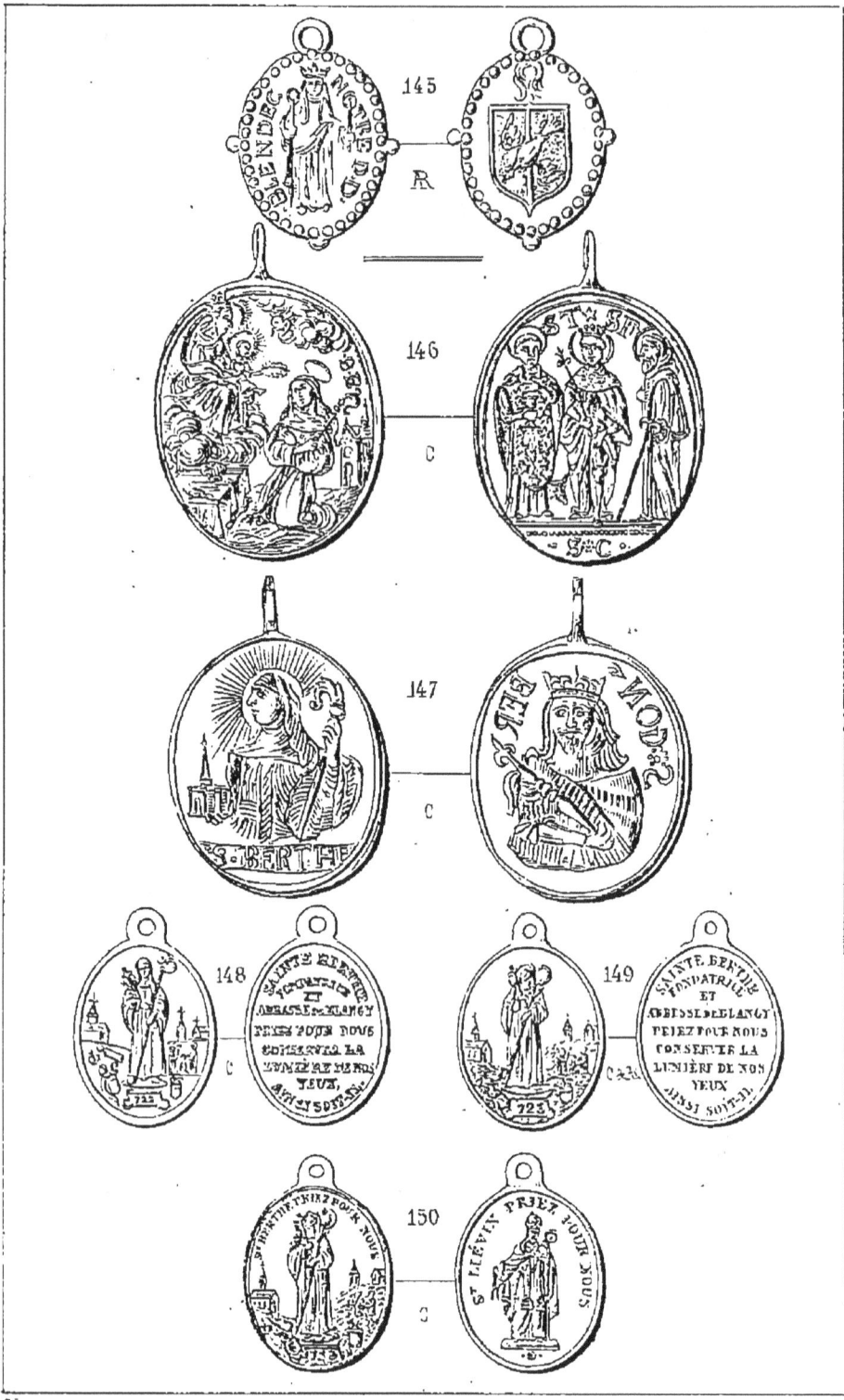

145 R

146 C

147 C

148 C   SAINTE BERTHE
VIERGE
ET
ABBESSE DE BLANGY
PRIEZ POUR NOUS
CONSERVEZ LA
LUMIÈRE DE NOS
YEUX,
AINSI SOIT-IL.

149 C   SAINTE BERTHE
FONDATRICE
ET
ABBESSE DE BLANGY
PRIEZ POUR NOUS
CONSERVEZ LA
LUMIÈRE DE NOS
YEUX.
AINSI SOIT-IL.

150 C   STE BERTHE PRIEZ POUR NOUS   ST LÉEVIN PRIET POUR NOUS

NOTRE-DAME DE BLANDECQUES.

STE BERTHE.

151

2

152

2

153

P

154

OR.

155

156

R

A

NOTRE-DAME DE BOULOGNE.

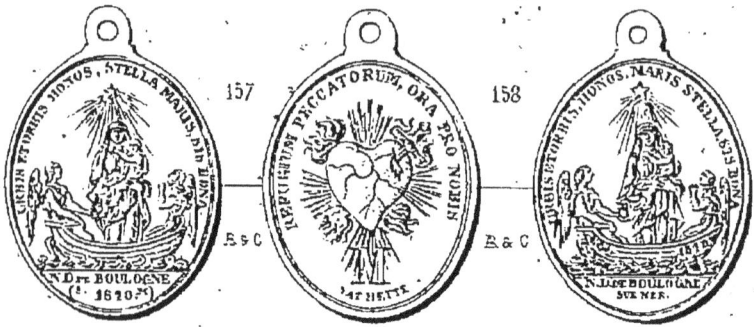

157   R & C   158   R & C

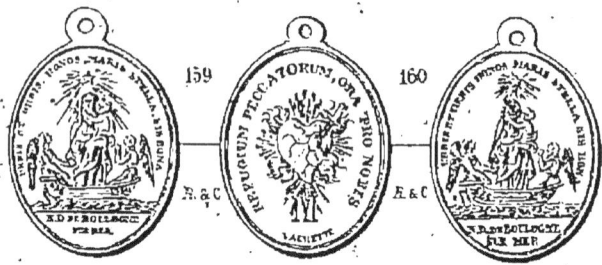

159   R & C   160   R & C

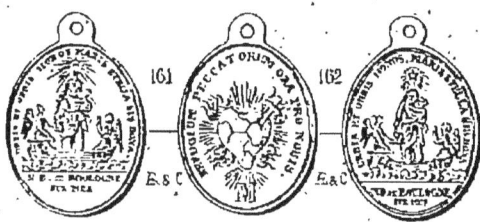

161   R & C   162   R & C

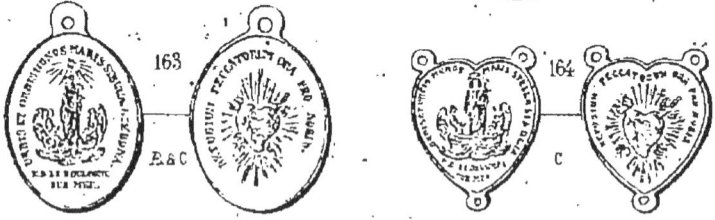

163   R & C   164   C

165   R & C   166   R & C

NOTRE-DAME DE BOULOGNE.

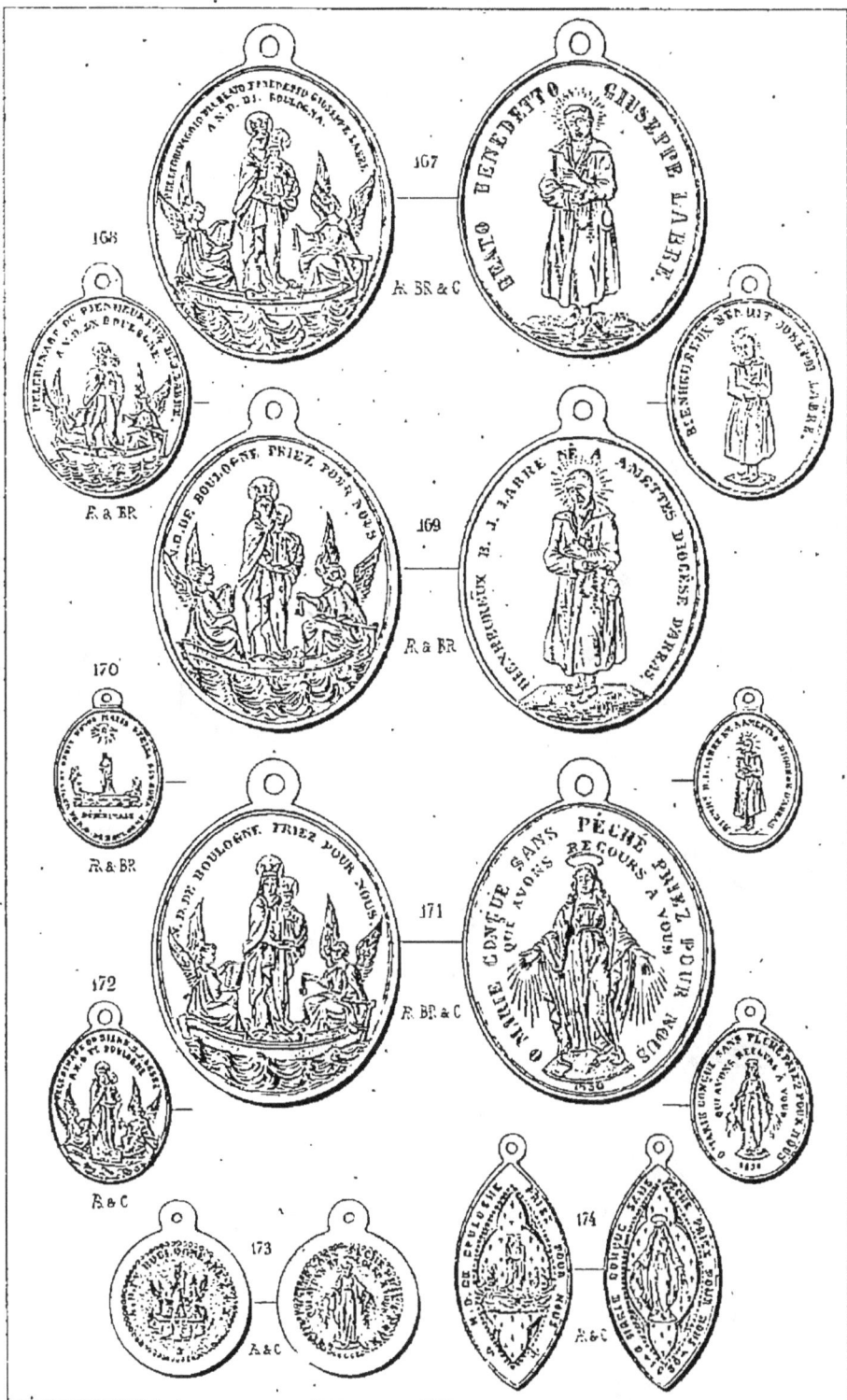

167 · A. BR & C

168 · R. & BR

169 · R. & BR

170 · R. & BR

171 · R. BR & C

172 · B. & C

173 · A. & C

174 · A. & C

NOTRE-DAME DE BOULOGNE.

176

175

179

180

177

178

181 S · Q ROGO

182 S · D RVGO

E

E

183 SANCT DRVON

184 DRVON

185 S · D DRVON

186

SAING DRVON

SAVVEVR FLAGELE

ST QUIRIN.

ST DRUON.

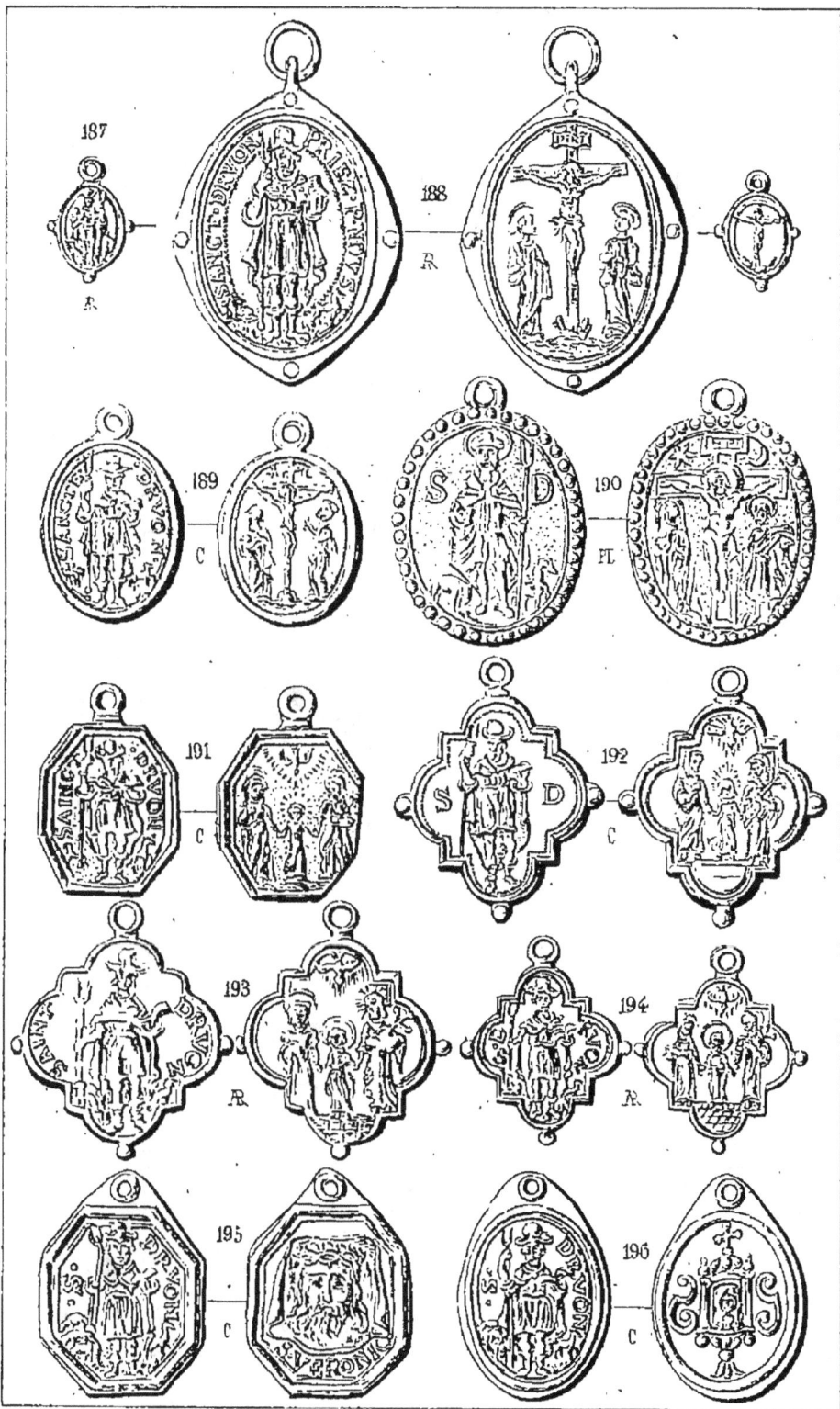

ST DRUON.

  197   198

 199   200

 201   202

 203   204

 205 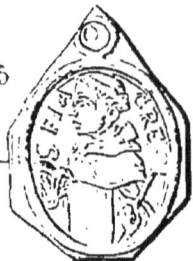  206

Sᵀ DRUON.

207

208

2 9

210

211

212

213

214

Sᵀ DRUON.—NOTRE-DAME DE LIBERCOURT.

215   216

C   C

217

AR

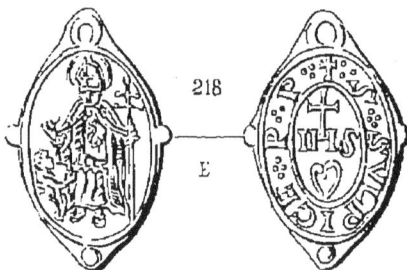

218

E

219

E

St JEAN-AU-MONT—LE SAUVEUR.

St SULPICE—N-D DES FLEURS.

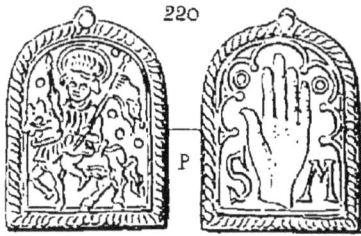

220

221

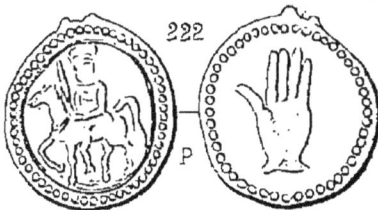

222

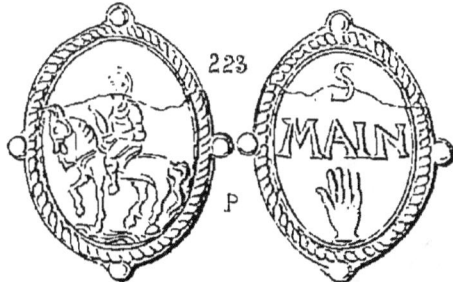

223

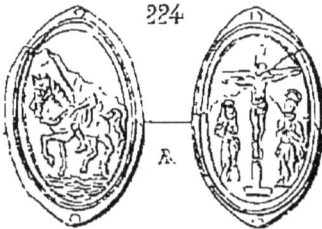

224

225

226

227

S⁺ MENNE.

GL

228

229

230

231

232

233

234

235

236

237

238

239

240

241

Sᵗ BLAISE._ Sᵗᵉ GERMAINE._ Sᵗᵉ PROBE._ Sᵗ ROCH

Sᵗᵉ ISBERGUE.

242

243

244

245

246

246

247

249

Ste
ISBERGUE
P. P. N.
P. LES JUSTES.
P. DES PÉCHEURS
ET P. LE
DIOCÈSE

250

251

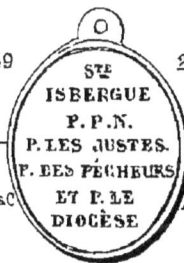

STE ISBERGUE.
STE CHRISTINE.

252

253

254

255

256

257

258

259

260

261

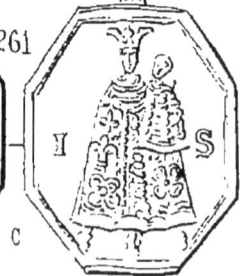

262

St LAMBERT.

263
P

264
C

266
C

265

C

267

C

268
R

269

C

270
E

271
E

Sᵗ VULGAN.

  272  273

 274   275

 276   277

 278  280  279

 281

Sᵗ VULGAN._Sᵗ MAUR.

N-D DE BRUCHINE._Sᵗᵉ BERTILLE.

ST LIEVIN.

294

C

295

E.

296

R.

297

R.

298

R.

299

R.

300

E

301

C

G L

St LIEVIN.

302

303

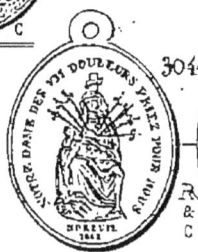
304

305

R & C

306

E

307

C

St GENGOUL _ N-D DES SEPT-DOULEURS _ N. D DE BON LIEU _
N-D. DES VERTIGES _ N D DU SAINT AMOUR

 308

C

 309

C

 310

C

 311

C

 312

A.
S.
C

 313

A.
S.
C

 314

F

 315

F

 316

C

N-D. DE FOY._St JOSSE._St LAURENT._N-D. DU BOIS.

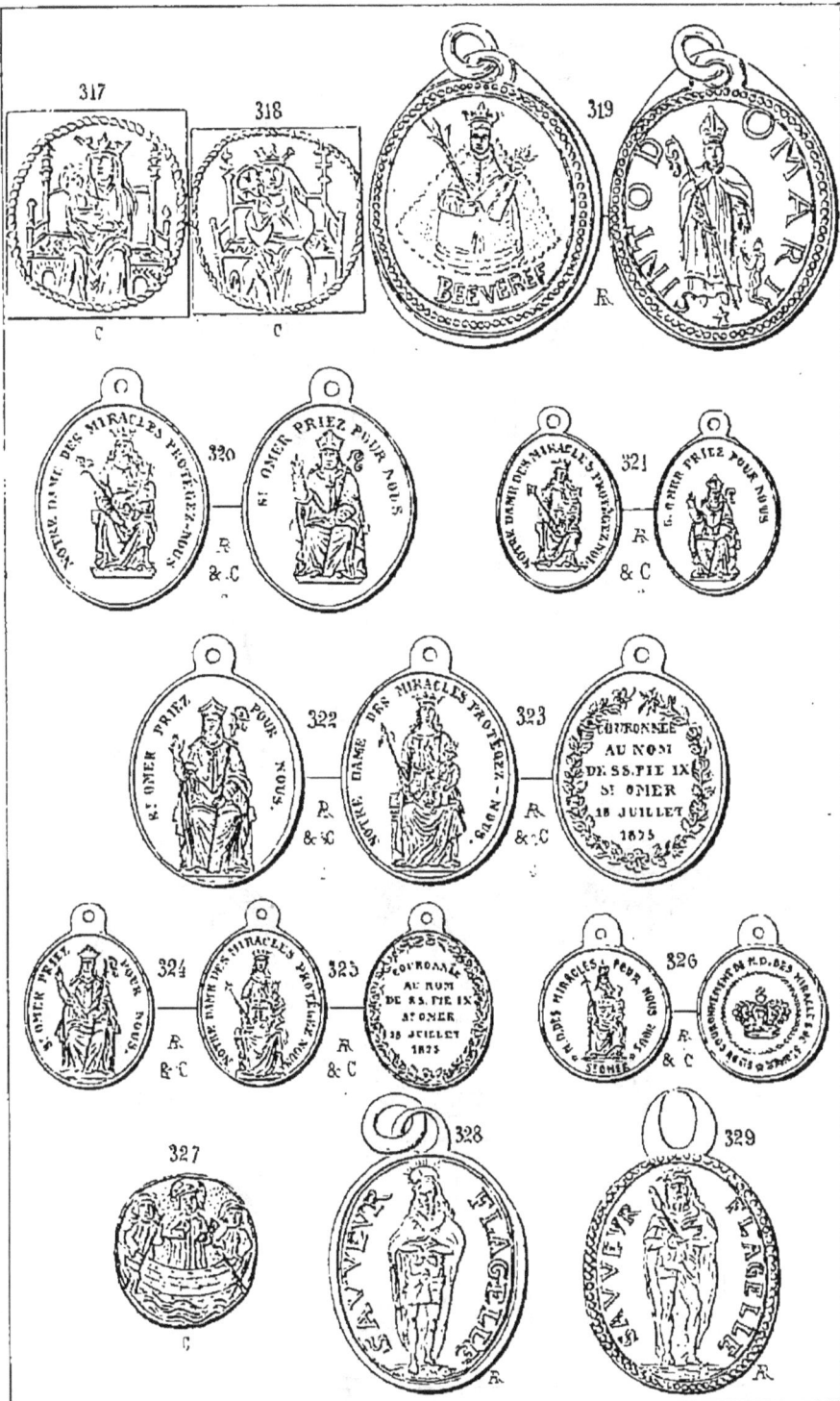

N-D DES MIRACLES _ S⁺ OMER. _ S⁺ BERTIN. _
LE SAUVEUR FLAGELLÉ.

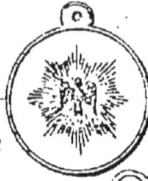

330

R & C

331

E

332

R & C

333

335

E

334

336

LE SAINT-ESPRIT.— St VENANT.— N-D. DE BONNE-FIN.
·LE RÉDEMPTEUR.— St QUENTIN.— N-D. PANETIÈRE.—
N-D. DE LA FORÊT.

www.ingramcontent.com/pod-product-compliance
Lightning Source LLC
Chambersburg PA
CBHW050456270326
41927CB00009B/1774